Anton Rotzetter

Aus Liebe zum Leben

Anton Rotzetter

Aus Liebe zum Leben

Die Evangelischen Räte neu entdecken

Herder
Freiburg · Basel · Wien

Umschlagmotiv:
Ernst Alt, Franziskus von Assisi

Herstellung: Clausen & Bosse, Leck
Gedruckt auf umweltfreundlichem,
chlorfrei gebleichtem Papier
ISBN 3-451-23935-3

Inhalt

Einführung

Dieses Buch hat eine ähnliche Geschichte wie mein 1990 erschienenes Werk «Herr, eile mir zu helfen. Vertraute Gebete neu gedeutet». Auch damals stand am Anfang das gesprochene Wort, dem ich nachträglich auf Bitten der Zuhörerinnen und Zuhörer eine schriftliche Fassung gegeben habe, und auch diesmal hatte ich nichts als Stichworte vor mir, als ich 1994 auf dem Generalkapitel der Franziskanerinnen von Vierzehnheiligen eine Vortragsreihe über die «Evangelischen Räte» zu halten hatte. Im Auftrag der Generaloberin, Schw. Judith Dinkel, hat dann Herr Josef Kraus, Mitarbeiter der Generalleitung, die auf Tonband aufgenommenen Vorträge ins Reine geschrieben. Ihm sei dafür an dieser Stelle ein herzliches Dankeswort gesagt.

Als ich die Vorträge dem Verlag Herder für eine eventuelle Veröffentlichung anbot, stieß ich damit auf großes Wohlwollen. Nur sollte ich die vielen Bezüge und Fragestellungen, die sich aus der spezifischen Situation der Schwestern von Vierzehnheiligen ergaben, weglassen. Auch sollte ich rhetorische Ausgestaltungen zurücknehmen und von der gesprochenen zur geschriebenen Sprache zurückkehren. Beim Wiederlesen der Vorträge konnte ich mich dann allerdings nicht einfach mit einer oberflächlichen Glättung des Stiles begnügen. Neue Gedanken drängten sich auf. Der Vortrag über «die Zeichen der Zeit» wurde sogar gänzlich neu geschrieben und um viele Aspekte ergänzt. Trotz der massiven Eingriffe in die ursprüngliche Wortgestalt werden die Schwestern von Vierzehnheiligen, denen ich das Buch widme, die Gedanken, die ich ihnen vortrug, wiedererkennen und hoffentlich als Perspektive für ihre Lebensform erfahren.

Nun ist es mir natürlich ein Anliegen, daß dieses Buch nicht nur von Ordensleuten gelesen wird. Die Evangelischen Räte sind, wie wir heute glauben, viel grundsätzlicher zu verstehen: In den Orden werden sie zwar soziologisch greifbar und in einer gewissen sozialen Eindeutigkeit verdichtet, aber das, was mit ihnen gemeint ist, gilt an sich für alle Christen.

Wenn man die Geschichte der Evangelischen Räte betrachtet, dann erstaunt es, daß sie im ersten christlichen Jahrtausend gar nicht erkannt sind. Andere Motive stehen im Vordergrund, um sich einem Orden anzuschließen. Erst im zweiten christlichen Jahrtausend werden die Evangelischen Räte entdeckt, theologisch beschrieben und systematisiert. Doch auch dies nur Schritt für Schritt: In der Regel des hl. Franz von Assisi werden sie zwar ausdrücklich genannt, weil sie kurz vorher in die päpstliche Ordenstheologie aufgenommen wurden. Sie wirken darin aber wie nachträglich eingefügt, aufgesetzt oder angeklebt; weder prägen die Evangelischen Räte die damalige franziskanische Lebensform noch den Regeltext. Erst allmählich werden sie dann konsequent ins Zentrum der Theologie des Ordenslebens gerückt, so sehr, daß sie zum inneren und äußeren Aufbauprinzip der Konstitutionen und Regeln und recht eigentlich zur Mitte der Ordenstheologie heranwachsen.

Die Evangelischen Räte sind auf diesem Hintergrund bis und noch zu Zeiten des II. Vatikanischen Konzils *das* Unterscheidungskriterium, das Ordenschristen und Laienchristen voneinander trennt. Erst unmittelbar nach der großen Kirchenversammlung werden Mauern durchbrochen, und immer wieder entdeckt man die grundlegende Identität des christlichen Lebens. Der Geist des Evangeliums wird als allgemein verbindlich erfahren und so auch die Evangelischen Räte.

Exemplarisch für diesen Weg nach dem Konzil sind zwei Bücher von J. B. Metz. 1977 trug er in seinem Werk «Zeit der Orden? Zur Mystik und Politik der Nachfolge» sein leidenschaftliches Plädoyer für die Ordensexistenz vor. Es ging ihm um eine allgemeine Dynamisierung des christlichen Lebens. Die Nachfolge Jesu, zu der sich alle Christen bekennen müssen, braucht nach Metz des «energischen Anstoßes und der anschaulich gelebten Radikalität» (5). Diesen Anstoß und diese Anschaulichkeit erwartet der große Fundamentaltheologe von den Orden. So trägt er seine These von der inneren Einheit von «Mystik und Politik» in die drei Evangelischen Räte hinein, wie sie in den Orden gelebt werden könnten. Ich gehörte damals zu denen, die dieses Buch begeistert und dankbar gelesen haben.

1991, in seinem zusammen mit T. R. Peters herausgegebenen Band «Gottespassion. Zur Ordensexistenz heute», stellt J. B. Metz etwas resigniert fest, daß sein Buch aus dem Jahre 1977 «wie eine überanstrengte Botschaft aus lange vergangener Zeit» wirke. Die Orden hätten leider seinem Appell nicht die «praktische Plausibilität verschafft», «scheinen sich wieder gefaßt zu haben und [sich] ihrer (Nachwuchs-)Krise zu widmen». Doch handle es sich bei der Krise der Orden nicht um eine Nachwuchskrise, sondern um eine Funktionskrise. Orden hätten die «Gottespassion» zu leben, die Leidenschaft und Leiden derer zu verkörpern, «die sich Gott nicht ausreden lassen, selbst wenn alle Welt bereits glaubt, daß die Religion ihn nicht braucht oder nicht mehr brauchen kann». Es geht J. B. Metz letztlich um ein «Kurzporträt einer radikal christlichen Existenz heute» (8). Wiederum wendet der Autor sein Augenmerk auf die Orden, um das Eigentliche des christlichen Lebens in den Blickpunkt zu stellen. Nur richtet er diesmal seinen Blick nicht mehr der Reihe nach auf die drei Evangelischen Räte, sondern stellt das *Gotteszeugnis* in die Mitte, die Radikalität, mit der Menschen «verrückt sind» nach Gott. Die Evangelischen Räte selbst bleiben im Hintergrund, bilden aber so etwas wie ein Wasserzeichen, das durchscheinend alles durchwirkt. Erst im zweiten Teil des Buches werden sie dann wieder ausführlich zum Hauptthema. T. R. Peters, der

Verfasser dieses Teiles, meint dort, «daß die Krise der Orden nicht auf verweigerter Anpassung, sondern auf nicht gewagter Nicht-Anpassung beruht, auf der fehlenden Kraft zum Widerspruch, zur konstruktiven Verweigerung» (66).

Dies ist eine These, die ich in diesem Buch ebenfalls vertrete. Deswegen werden die Leser und Leserinnen, die nur ein paar brave Erwägungen erwarten und nur das hören wollen, was sie bestätigt, das Buch besser gleich jetzt weglegen. Ich äußere immer wieder Gedanken, die quer zur kirchlichen und gesellschaftlichen Wirklichkeit stehen. Und ich sehe jetzt schon Briefe und Rezensionen als Reaktionen auf dieses Werk, welche mir fehlende Bescheidenheit und mangelnden Sachverstand vorwerfen. Selbstverständlich erheben meine Gedanken nicht den Anspruch, absolute, nicht diskutierbare Wahrheiten zu formulieren, ich würde mir mit einer solchen Haltung selbst widersprechen. Aber die Ordensgeschichte zeigt, daß Orden sich immer als Oppositionsbewegungen gegenüber der gesellschaftlichen und auch kirchlichen Entwicklung verstanden haben. Warum sollte ich also nicht an dieser Tradition anknüpfen? Und was den Sachverstand betrifft: Angesichts der lebensbedrohlichen Situation, in die hinein uns gerade der sich selbstvergöttlichende Sachverstand geführt hat, tun Gedanken not, die vom Geist des Widerspruchs geprägt sind. Einiges aus diesen Gedanken mag falsch sein, anderes überbetont, doch vieles sicher auch richtig und begründet.

Dies ist also die Einstellung, mit der ich dieses Buch über die Evangelischen Räte einem offenen und wohlwollenden Leser, einer wohlwollenden und offenen Leserin übergebe. Dabei muß nochmals darauf aufmerksam gemacht werden, daß der Unterschied zwischen Ordenschristen und Laien nicht ein Wesensunterschied ist, sondern nur eine Unterscheidung in der sozialen Verdichtung. J. B. Metz stellt in seinem 1991 erschienenen Werk fest: «Angesichts der radikalen Fraglichkeit, der das Christentum in einer vermeintlich nachchristlichen Zeit bei uns ausgesetzt ist, darf die

Unterscheidung zwischen Ordenschristen und Alltagschristen eigentlich als sekundär gelten. An der Situation der Ordensgemeinschaften wird allenfalls in verschärfter Form deutlich, in welchen Zustand das Christentum überhaupt geraten ist, wenn und insofern man es nicht nur als kulturelles, als ästhetisches oder als psychologisches Phänomen betrachtet und schätzt» (13). Wenn ich also in diesem Buch ausdrücklich zu Ordenschristen spreche, dann nicht deshalb, weil ich nur zu ihnen rede, sondern weil sich hier die Probleme des christlichen Lebens überhaupt verdichten. So bitte ich die Leserinnen und Leser – hoffentlich sind es viele Laien! –, über die Begriffe, welche Ordenschristen meinen, jeweils hinwegzusehen und sich ebenso als Angesprochene und Gemeinte zu fühlen.

Als Erstleserin des Manuskriptes stellte sich diesmal Frau Elisabeth Bernet, Wildegg, zur Verfügung. Ich bin ihr für die Verbesserungen dankbar, welche das Manuskript durch ihr kritisches Lesen erfahren hat.

Formal sei noch angemerkt, daß in diesem Werk auf Fußnoten verzichtet wurde. Zitate werden jeweils mit der Seitenzahl im Text belegt, die vollständigen bibliographischen Angaben zu den zitierten bzw. erwähnten Werken lassen sich dann aus dem Literaturverzeichnis am Ende dieses Buches ermitteln.

Altdorf, Januar 1996 *Anton Rotzetter*

Erster Teil:

DAS VORSPIEL

Der befreiende Gott – Theologische Grundlegung der Evangelischen Räte

Die Evangelischen Räte bezeichnen eine Lebensform, die im biblischen Gott gründet. Man kann nur dann richtig und überzeugend von ihnen reden, wenn zunächst etwas von dem befreienden Geheimnis erfahrbar wird, das durch die Evangelischen Räte bezeugt werden soll. Auch Franz von Assisi († 1226) wußte von dieser Notwendigkeit, sich immer wieder an das Geheimnis Gottes zurückzubinden. Nicht umsonst erteilt er den Brüdern den Rat: «Auf allen Kapiteln, die sie halten, sollen sie zuerst das Reich Gottes und seine Gerechtigkeit suchen und sich gegenseitig ermutigen, damit sie die Regel, die sie versprochen haben, besser beobachten und treu den Fußspuren unseres Herrn Jesus Christus folgen können.» Nur vor dem Horizont des Reiches Gottes, nur in dem unermeßlichen Urgrund, den wir «Gott» nennen dürfen, können wir die Lebensform der Evangelischen Räte entdecken und die Sprache finden, sie zu beschreiben.

1. Spiritualität des Verzichtes?

Zuerst stellt sich die Frage, worauf Spiritualität sich letztlich gründet. Ist es der aszetische Gedanke, der im Verzicht seine Mitte hat, oder eine Kraft und Energie, die Leben zeugt und den Tod überwindet?

Verzicht als Motiv?

Wer vom Verzichtgedanken ausgeht, um von den Evangelischen Räten zu sprechen, ist von vornherein auf einer falschen Spur. Der Verzicht ist kein wirkliches Lebensmotiv. Er kann nicht zum tragenden Grund eines Lebens werden, denn niemand kann aus der bloßen Verneinung existieren. Wer es trotzdem versucht, kann unmöglich ein befreites Leben und die Beschwingtheit des Daseins erfahren und erfahrbar machen. So wird auch niemand ein guter Zeuge, eine gute Zeugin Gottes sein können.

Das dürfte eigentlich selbstverständlich sein. Dennoch leben wir, wie die Erfahrung in vielen Bereichen des Christlichen zeigt, in einer Tradition, die – bezogen auf die irdische Wirklichkeit – weitgehend von einer bloß negativen Motivation bestimmt war. Dafür lassen sich einige Gründe anführen:

Die sogenannte «Naherwartung»

Ein erster Grund ergibt sich aus Einstellungen der frühen Kirche. Die Urchristen glaubten, daß das Ende der Welt unmittelbar bevorstehe. Sie waren überzeugt davon, daß es nur eine Frage kurzer Zeit sei, bis Gott das Ende der Geschichte verfüge und die Welt endgültig nach seinem Willen forme. Alles werde durch das baldige Kommen Gottes, durch die «Wiederkunft Christi», wie man auch sagte, neu geordnet und völlig neu gestaltet. Wenn es also nur eine Frage von Tagen, Monaten oder wenigen Jahren ist, bis Gott einen «neuen Himmel und eine neue Erde» schafft, dann entstehen neue Fragen: Warum dann noch heiraten? Warum dann noch Kraft verschwenden für den Leib, für die Lust am Vergänglichen? Warum noch Kinder zeugen und um Nachkommenschaft besorgt sein? Warum dann noch für eine gerechtere Welt kämpfen? Warum dann noch handeln, verändern, gestalten? So leben, als wäre man nicht verheiratet, als hätte man keinen Besitz, als wäre der kommende Christus schon da, wird dann zum einzig noch sinngebenden Lebensmotiv.

Jakob Taubes, der jüdische Philosoph und Theologe, hat diese urchristliche Einstellung in seinen eindrücklichen Römerbriefvorlesungen in Heidelberg – er hielt sie 1987 angesichts seines nahen Todes, gezeichnet von einem fortschreitenden Krebsleiden – sehr richtig charakterisiert: «Unter diesem Zeitdruck, wenn morgen das ganze Palaver, der ganze Schwindel vorbei ist – da lohnt sich doch keine Revolution! Vollkommen richtig, würd' ich auch raten. Der staatlichen Gewalt Gehorsam erweisen, Steuern zahlen, nichts Böses tun, nicht in Konflikte geraten, denn sonst wird es [das Christentum: A. R.] ja verwechselt mit einer Revoluzzer-Bewegung, was ja auch geschehen ist. Die haben ja gar keine Legitimation, wie etwa die Juden, als eine *religio licita* [= erlaubte Religion: A. R.], komisch, wie sie waren, waren sie eben doch anerkannt und mußten nicht am Kaiserkult teilnehmen. Hier kommt aber eine unterschwellige Gesellschaft, 'n bißchen Juden, 'n bißchen Heiden, man weiß nicht, was ist'n das für ein Gesindel da... Um Gottes willen, nicht auffallen!» (75).

Bezogen auf die Ehelosigkeit bzw. Jungfräulichkeit – ein Thema, das noch näher bei der Theologie der Evangelischen Räte liegt – verweist Jakob Taubes auf einen eklatanten Unterschied zwischen dem Alten und dem Neuen Testament:

«Wenn ich das Alte Testament auf ein Leitmotiv hin lese, so ist es das, daß eine unfruchtbare Frau um ein Kind bittet, schreit. Sara, Rebekka, Rahel, Hanna, die Mutter Samuels, und es gibt noch andere. Wenn du ins Neue Testament guckst, so werden von Christus allerlei Wunder erzählt. Er hat Lahme gehend gemacht, Blinde sehend gemacht, Tote auferweckt, aber *eins* wird nicht berichtet: daß eine Frau kommt, das wär' doch das Evidenteste, und sich vor ihn wirft oder an seinem Kleid zerrt und sagt: ‹Ich möchte einen Sohn!› Das kommt nicht vor...» (82).

Auch gibt es nach Taubes kaum positive Aussagen über die Ehe im Neuen Testament: «Was (bei Paulus) über die Ehe steht, ist nach unserem modernen... Verständnis ja hanebüchen. Nur nicht zu entbrennen, schreibt er vor, aber was Positives steht da nicht drin. ...Der Jude (dagegen) ...ist voller Mensch erst durch die Ehe» (82).

Diese Feststellungen des jüdischen Theologen sind objektiv richtig. Sie werden aber erst verständlich, wenn man die Naherwartung als ihren Hintergrund erkennt. Die Ehe «ist kein zentrales Thema» im Neuen Testament, sagt auch der katholische Theologe G. B. Langenmeyer (107), und erst im 12. und 13. Jahrhundert wird die Ehe als Sakrament anerkannt. Bis heute hat die offizielle Kirche Mühe, so etwas wie eine «Spiritualität der Ehe» zu formulieren.

Schöpfungsblindheit

Die Konsequenz der Naherwartung ist also in einem erschreckenden Maß eine Haltung, die ich Schöpfungsblindheit nennen möchte: Geblendet von der Erwartung des kommenden Christus erkennt das Christentum die Wunder in der Wirklichkeit nicht. Zwar hätten die Augen für ein Erkennen der Schöpfung wieder aufgehen können, ja sogar aufgehen müssen, als allmählich klar wurde, daß die Erwartung des nahen Weltendes ins Leere lief und offensichtlich eine Täuschung war, doch leider blieben die Augen geschlossen! Dies wohl auch deshalb, weil das Christentum anfing, mit dem Judentum als seiner geistigen Grundlage zu brechen, das doch, wie nicht nur Jakob Taubes herausstellt, betont irdisch, materiell, leiblich, geschichtlich und schöpfungsbetont ist. Im Judentum gibt es keine weltverneinende Askese, sondern eine klare Entscheidung für das «Diesseits», für das «Leben vor dem Tod». Dem Alten Testament ist die Frage: Wo ist dein Bruder? bzw. wie geht es den Armen? wichtiger als: Wie komme ich in den Himmel? Da gibt es kein Aus-der-Welt-hinauseilen-Wollen, sondern nur eine große Leidenschaft für das Hier und Jetzt.

Diese Schöpfungsorientiertheit ist ein Grundzug des Alten Testamentes und des Judentums bis heute. Für das osteuropäische Judentum, den spirituellen Weg der sog. «Chassidim» (= der Frommen), hat das Martin Buber auf eindrückliche Weise festgestellt: «Es kann keineswegs unsere wahre Aufgabe in der Welt, in die wir gesetzt sind, sein, uns von Dingen und Wesen, die uns begegnen und unser Herz an sich ziehen, abzuwenden, sondern gerade durch Heiligung unserer Verbindung mit ihnen damit in Berührung zu kommen, was sich in ihnen als Schönheit, als Wohlgefühl, als Genuß offenbart. Der Chassidismus lehrt, daß die Freude an der Welt, wenn wir sie mit unserem ganzen Wesen heiligen, zur Freude an Gott führt. In der Erzählung vom ‹Seher› scheint dem zu widersprechen, daß unter den Wegen neben einem durch Essen auch einer durch Fasten als Beispiel angeführt wird. Betrachten wir dies aber innerhalb der gesamten chassidischen Lehre, so sehen wir, daß das Sich-entfernen von der Natur, das Sich-enthalten dem natürlichen Leben gegenüber wohl zuweilen den einem Menschen notwendigen Wegbeginn, auch wohl an Kreuzpunkten des Daseins ein ihm notwendiges Sich-isolieren, aber nicht den ganzen Weg bedeuten kann. Mancher Mensch muß mit Fasten beginnen und immer wieder beginnen, weil ihm eigentümlich ist, daß er erst durch eine Askese zur Befreiung von der Versklavung unter die Welt, zur tiefsten Selbstbesinnung und von da aus zur Bindung an das Absolute kommen kann. Aber nie darf diese Askese die Herrschaft über das Leben des Menschen beanspruchen. Der Mensch soll sich von der Natur nur entfernen, um erneuert zu ihr zurückzukehren und durch den geheiligten Kontakt mit ihr den Weg zu Gott zu finden. Den Satz der Schrift, der von Abraham, der die Engel bewirtet, erzählt: ‹Und er stand über ihnen unter dem Baum und sie aßen›, deutete Rabbi Sussja dahin, der Mensch stehe über den Engeln, weil er die ihnen unbekannte Intention des Essens kennt, die es heiligt. Auf die Engel, die des Essens ungewohnt waren, zog Abraham die Intention herab, mit der er es Gott zu weihen pflegte. Alle natürliche Handlung führt, wenn sie geheiligt wird, zu Gott, und die Natur bedarf des Menschen, um das an ihr zu vollziehen, was kein Engel an ihr vollziehen kann: sie zu heiligen» (Weg 21–23).

Die Erdhaftigkeit unseres christlichen Glaubens konnte also nicht zurückgewonnen werden, als sich die Wiederkunft Christi nicht gleich einstellte und weil seine jüdischen Wurzeln mehr und mehr in den Hintergrund traten. Die Schöpfungsblindheit wurde sozusagen zum Kennzeichen der christlichen Tradition. Dafür könnten viele Belege angeführt werden. Ich nenne nur einen: Antonius von Padua, der von Franz von Assisi her an sich ja vorbereitet gewesen wäre, die Schönheit der Schöpfung und die Köstlichkeit des Daseins zu preisen. Wenn man seine im übrigen faszinierenden Predigtsammlungen liest, dann stellt man fest: Er kennt schlicht und einfach kein eigenes Gewicht der Natur, kein eigenes Licht der Schöpfung. So beginnt er sein erstes Werk mit der Auslegung des Schöpfungsberichtes. Da wäre ihm genug Gelegenheit gegeben, sich über das Licht von Sonne, Mond und Sternen auszulassen, die Frische des Wassers und die Lust am Gegenwind zu preisen oder die Früchte der Erde zu loben. All das aber sieht Antonius nicht, von all dem geht nichts ein in seine Predigt. Christus ist alles, vorher ist nichts und außerhalb ist nichts! Das Licht, das Gott als erstes schafft, ist das Licht des Glaubens. Die Zeitenfolge, in der Gott ans Werk geht, gibt den Prozeß an, in den der Gläubige ein Leben lang hineingestellt ist. Sie meint die «Zeitigung» und Reifung des Glaubens durch Übungen, Tugenden, Sakramente... Alles wird so zum Gleichnis, zum Hinweis, zum Fingerzeig, zur Metapher und zum Symbol. Nichts Geschöpfliches ist um seiner selbst willen da, nichts darf um seiner selbst willen gesucht und gefeiert werden. Im Gegenteil: Alles verlassen! Auf alles verzichten! Hinaus aus der Schöpfung! Hinaus aus der Zeit durch Abtötung und Verzicht! – dies sind die Umkehrrufe, die Antonius tausendfach wiederholt. Oft spricht er sogar eine äußerst deftige Sprache, um die Erhabenheit Christi gegenüber der irdischen Wirklichkeit zu betonen:

«Der Stolz könnte den Menschen nicht blindmachen, wenn er die erbärmlichen Umstände seiner Zeugung zur Kenntnis nähme: Wir gehen hervor aus stinkigem Samenerguß, aus dem Mutterschoß, in schmerzhafter Geburt. Was also bist du stolz, erbärmlicher Mensch: aus so verächtlicher Spucke gezeugt, in einer so schreckliche Lache des Mutterschoßes geschaffen, während neun Monaten durch Menstruationsblut genährt. Wenn du das, erbärmlicher Mensch, stolzer Blinder, mit Aufmerksamkeit betrachtest, und wenn du erwägst, wie du durch Spucke und Dreck entstanden bist, dann geht dir ein Licht auf, dann wirst du wahrhaft demütig» (Antonius I 42).

Griechischer Dualismus

Man sieht: Antonius muß die Schöpfungswirklichkeit verunglimpfen, um das Christusgeheimnis zu feiern. Er ist, wenn nicht ganz, so doch weitgehend blind für das Wunder des entstehenden Lebens: für die liebende Umarmung von Mann und Frau, für den Akt der Zeugung und der Befruchtung, der darin eingebettet ist; für das pulsierende Leben, das da im Schoß der Frau heranwächst, für das symbiotische Hin- und Herfließen des Lebens zwischen Mutter und Kind; für den majestätisch schweren und faszinierend schönen Gang, mit dem eine Frau das Gewicht des Lebens vor sich herträgt; für die Geburt schließlich, in der sich das Glück unter Wehen und Schreien offenbart und zwei Menschen sich voneinander lösen, um sich nochmals ganz anders miteinander zu verbinden. Von all dem weiß Antonius nichts.

Selbstverständlich ist er darin ein Kind der Zeit und der Erbe einer langen Tradition. Statt der jüdischen hat die junge Kirche bald eine andere Kultur aufgenommen: Mit dem Untergang des Tempels verschwand die jüdisch-christliche Gestalt des Glaubens. Von da an gibt es fast nur noch die sog. «Kirche der Heiden», den Glauben, der ein griechisches Kleid anzog. Dieses griechische Kleid trägt weitgehend die Farben des sog. Dualismus.

Für diesen Dualismus ist Gott eine weltjenseitige Instanz. Gott hatte, sagt diese Lehre, überhaupt nicht im Sinn, diese oder eine andere Welt zu schaffen. Die Welt ist vielmehr das Produkt einer Katastrophe, nicht aber, wie die Bibel sagt, das Ergebnis eines freien, liebenden Willens. Um diesen Gott herum, der gar nicht an Schöpfung denkt, existieren Lichtgestalten, unter anderen auch Luzifer. Dieser Luzifer hat sich nach dieser Auffassung mit den Mächten der Finsternis verbunden, was – leider Gottes! – zur «Schöpfung» führt, besser gesagt: zur großen Katastrophe, unter der wir auch heute noch zu leiden haben. Finsternis und Licht haben sich miteinander vermischt: So entsteht die Welt, die Einbindung des Lichtes in die Materie, in den Leib, in die Sexualität. Alles, was Welt ist, was irdisch ist, ist nichts anderes als das Gefängnis für die Lichtfunken, für die Seelen (oder die Welt«seele»!). Wir müssen diesen Lichtfunken in uns aus seinem irdischen Gefängnis, aus dem Leib befreien. Er soll wieder zurückkehren können in die Lichtsphäre

Gottes. Mit anderen Worten: Gott – Welt, Seele – Leib, Licht – Finsternis stehen sich wie Gut und Böse gegenüber. Der Leib wird zum Gefängnis der Seele, die Materie zur Fessel des Lichtes. Wer Gott suchen und finden will, muß darum möglichst vollständig auf die Welt und auf alles, was dazu gehört, verzichten; der Leib ist abzutöten, die Finsternis im Auszug aus der Welt zurückzulassen.

Aus dem Christentum wird aus dieser Begegnung mit der griechischen Kultur allmählich «eine Kirche aus Asketen. Das Grundgebot dieser Kirche heißt Ehelosigkeit, und, wenn Eheschließung, kein ehelicher Verkehr... Der Gedanke zu Ende gedacht heißt ja: die Welt auszuhungern, indem ihr der Same entzogen wird. Es ist eine das Weltende praktizierende oder exekutierende Kirche. ... Die Schöpfung spielt keine Rolle im Neuen Testament. ... Da ist eines allein: Erlösung. Das ist das Interesse ... Der Faden zwischen Schöpfung und Erlösung ist ein ganz dünner. Ein ganz, ganz dünner. Und er kann reißen (Taubes 81–84).

Es ist der Kirche nicht gelungen, sich von diesem Dualismus gänzlich abzugrenzen. Sie hat sich vielmehr ganz auf die welt- und leibfeindlichen *Aufstiegswege* eingelassen, welche von den beiden griechischen Philosophen Platon und Plotin bestimmt waren. Zuerst muß, wer sich auf Gott einläßt, den «Weg der Reinigung» (!) gehen; als zweites schließt sich dann der «Weg der Erleuchtung» an; vollendet wird der Gottsucher schließlich im «Weg der Einung», auf dem der Mensch völlig außerhalb seines Leibes, außerhalb von Raum und Zeit mit Gott verbunden ist. Dorthin reicht nichts, was die leibhafte Existenz des Menschen ausmacht. Auch der Mitmensch bleibt dabei außerhalb des Glaubensvollzuges, die ganzen Bereiche des Sozialen und Politischen bleiben auf der Strecke. Die Welt ist das Abfallprodukt, das man durch Verzicht und Abtötung, durch eine Vielfalt aszetischer Bußformen von sich abzulegen hat.

Eine solche Perspektive ist letztlich nekrophil, dem Tod verfallen! Wenn die Evangelischen Räte durch die Brille des

Dualismus gelesen werden, dann muß man möglichst auf alles verzichten, was leiblich und irdisch ist, damit der Lichtfunke in uns frei wird. Die irdische Zeit ist möglichst rasch hinter sich zu bringen. Man muß absterben, die Sinne abtöten, die Augen schließen, die Ohren zumachen, mit Scheuklappen durch die Welt gehen. Das Leben des Christen bekommt ein weltfernes, todorientiertes, nekrophiles Gepräge, könnte man sagen, statt ein faszinierender Ausdruck der Lebensfreundlichkeit Gottes zu sein. – Man muß nur einmal die vielen leblosen, toten, verbetonierten Gesichter anschauen, die uns unter Nonnenschleiern und Mönchskukullen entgegenstarren. Was gewisse Filme zur schrecklichen Schauerwelt hochstilisieren, entspricht oft einem erschreckend realen Bild: Ordensleute als «Zombies» und Klöster als «Geisterstädte».

Notwendiger Exorzismus

In weiten Bereichen ist die Kirche heute von dieser Todverfallenheit geprägt. E. Biser sagt das auf seine Weise: «Kaum braucht erwähnt zu werden, daß zu den Hindernissen auch die sich ständig vertiefende Kirchenkrise gehört, insbesondere in jener resignativen Form, die zu der Feststellung nötigt, daß der schon von Nietzsche beschworene ‹Geist der Schwere› in den kirchlichen Lebensraum Einzug gehalten hat. Er wurde von seinem Entdecker dafür haftbar gemacht, daß die Freiheit der Ordnung geopfert, die Kreativität dem Gesetz unterworfen und die spontane Eingebung in vorgegebene Normen gepreßt wird. Im Kirchenraum führte er zu der dem Evangelium denkbar fremden und fernliegenden Vorstellung, daß das fromm und Gott wohlgefällig sei, was dem Menschen schwerfällt und weh tut. Wenn eine Wende zum Besseren einsetzen soll, dann nur unter der Bedingung, daß es gelingt, diesem Ungeist zu wehren. Was mit allen Kräften ins Werk gesetzt werden muß, ist deshalb ein am kirchlichen Lebensgefühl ansetzender Exorzismus: die Austreibung des Dämons, der alles niederdrückt und lähmt, der die Spontaneität und Glaubensfreude zum Verschwinden brachte und alles einem Zustand der Kälte und Erstarrung verfallen läßt» (Glaubensbekenntnis und Vaterunser 16).

Natürlich gibt es im Evangeliums auch Sätze, die – durch die Brille der Aszese gelesen – schwer auf der Seele lasten: «Wer nicht täglich sein Kreuz auf sich nimmt, der ist meiner nicht wert.» Aber wir müssen schon genauer hinschauen, um zu erkennen, was damit wirklich gemeint ist.

Mit der Brille des Dualismus heißt «täglich sein Kreuz auf sich nehmen» (Mt 10,38): Es muß wehtun; wenn etwas nicht weh tut, dann ist es nicht vom lieben Gott. Wenn ich zu wählen habe zwischen einer Sache, die leicht ist und einer Sache, die mir schwer fällt, dann muß ich das Schwere wählen. Das haben früher doch alle, die in einen Orden eintraten, im Noviziat gehört! Der Ausweis des Willens Gottes besteht darin, daß etwas weh tut und Leiden und Opfer kostet!

Aber ist denn das wirklich so? Will Gott wirklich, daß wir immer den schwereren Weg gehen? Gibt es im menschlichen Schicksal nicht genug Schweres, das uns zu tragen aufgegeben ist, und wo wir dann gar keine andere Wahl haben? Müssen wir uns denn zusätzlich noch das Leben schwer machen durch Opfer und Verzicht? Müssen wir das Leben mindern? Ich meine: nein! Der Geist der Schwere, der in der Kirche alles niederdrückt und der keine Freude aufkommen läßt, muß gebannt werden. Ein verkrampftes stressiges Ordensleben, in dem man immer viele Opfer bringen muß und keine Freude haben soll, darf es ganz einfach nicht mehr geben. Diese «Zwanzig-nach-acht-Uhr-Gesichter», diese hängenden Mundwinkel, diese leblosen Augen müssen schwinden. «Zehn-vor-zwei-Gesichter», helle, offene Augen, lachende Christen – das wäre ein viel größeres und viel sprechenderes Zeichen als das Tragen eines besonderen Kleides. Was ist das für ein Zeugnis, wenn ein Ordensmann oder eine Ordensfrau zwar mit Habit, aber mit einem düsteren Gesicht durch die Welt geht?

Wie sind dann aber diese biblischen Worte vom Kreuztragen zu verstehen? Eben genau so, wie sie Jesus selbst verstanden hat. Er wollte nicht das Kreuz, sondern das Leben. Er setzte sich ein für das Leben der Menschen – gegen die Interessen der Mächtigen. Er bezahlte den Preis dafür, indem er zur schändlichsten Todesart, die überhaupt denkbar war, verurteilt wurde. Selbst angesichts solcher Aussichten blieb er bei seinem Engagement für das Leben der Menschen. Er ließ sich davon nicht abhalten, er war bereit, auch den höchsten Preis zu bezahlen, sein eigenes Leben zu geben! An dieser bedingungslosen Hingabe an das Leben wird der Christ gemessen!

Das Leben also ist das, wofür Jesus gelebt hat und wofür er gestorben ist. Er war bereit, dafür an das Kreuz geschlagen zu werden. Das ist auch gemeint, wenn vom Kreuz die Rede ist, das wir auf uns nehmen sollen. Wir sollen unser selbstsüchtiges Streben aufgeben. Wir sollen aufhören, zu meinen: «Ich und der liebe Gott, und dann ist alles schon in Ordnung!» Wir sollen uns vielmehr öffnen für die Ziele, die Jesus verfolgt hat, und dann auch bereit sein, dafür wie er mit unserem ganzen Leben einzustehen.

Die Evangelischen Räte wollen uns für die Ziele Jesu öffnen. Wir sollen uns als Werkzeuge des Auferstandenen verstehen lernen. Die Evangelischen Räte wollen uns wegführen vom egoistischen Streben, vom «Auf-sich-selbst-zurück-gebogen-sein». Wir sollen eingefügt werden in diesen lebensfreundlichen Auftrag Jesu Christi: «Daß sie das Leben haben und es in Fülle haben.» Erst in diesen Zusammenhängen kann man dann auch von Opfern reden, die jemand bringen muß, von Verzicht, den jemand zu leisten hat. Denn Aszese kann es für einen Christen eigentlich nur in einem Rahmen geben, der vom Leben ausgeht und das Leben zum Ziel hat. Absolut, losgelöst von diesem Rahmen muß Aszese den entschiedenen Widerstand des Christen finden. Ebenso entschieden aber wird er eine Praxis leben und propagieren, welche sogar auf Großes und Vieles zu verzichten bereit ist, sofern dieser Verzicht dem Leben dient. Es geht darum, daß wir die frohmachende Botschaft in Wort und Tat bezeugen, eine befreiende Ausrichtung in unserem eigenen Leben einüben, erfahren und auf andere überspringen lassen.

Der Geist der Schwere muß aus der Kirche und aus den christlichen Lebensformen ausgetrieben werden. Wie oft habe ich es erlebt, daß jemand ein schlechtes Gewissen hat, wenn es ihm oder ihr gut geht. «Das kann ja dann unmöglich der Wille Gottes sein», sagen sie zweifelnd. Mit Gewißheit ist das der Wille Gottes, möchte ich sagen, vorausgesetzt, wir leben aus dem Gedanken, daß das Leben mit der liebenden Aufmerksamkeit zusammenfällt. Nach dem Neuen Testament besteht der Wille Gottes ohne Zweifel darin, daß es den Menschen gut geht und daß sie leben; daß sie leiblich, geistig, seelisch lebendig sind, daß ihr Leben in der Verbundenheit mit anderen gelingt. Die Botschaft vom befreienden Gott ernst zu nehmen, ist eine unbedingte Voraussetzung, wenn wir in einem positiven Sinn von den Evangelischen Räten reden wollen. Gehorsam ist nicht genügend definiert durch den Verzicht auf den eigenen Willen! Armut läßt sich ebenso wenig definieren mit dem Verzicht auf dieses und jenes. Und Ehelosigkeit ist nicht Beziehungslosigkeit, ist nicht Verzicht auf Freundschaft und Geborgenheit!

2. Spiritualität des Lebens

Um die Evangelischen Räte in ihrer ganzen Schönheit und in ihrer inneren Wahrheit zu erkennen, müssen wir ganz entschieden die asketische Brille ablegen. Es geht darum, den Gott des Lebens zu entdecken, den Schöpfer des Himmels und der Erde, die Lust und die Leidenschaft, die Freude und das Fest, den lebendigen Atem und die göttliche Energie.

Wählt das Leben!

Schon auf der ersten Seite der Bibel lesen wir vom Atem, vom Hauch Gottes, der alles belebt. Gewiß ist es wahr, daß wir, wie es am Aschermittwoch zum Ausdruck kommt, aus uns selbst nur Vergänglichkeit produzieren, nur Staub und Asche sind. Aber das ist nur der eine Teil der Wahrheit. Wir sind auch aufgehobener Staub, geformte Erde, angehauchte Materie, von Gottes Atem durchdrungene Wesen. Was Gott will, ist nichts anderes, als daß wir leben! Und die ganze Bibel will uns immer nur eines sagen: Gott ist Leben, und er will ein Gott lebendiger Wesen sein.

Wenn die Synoptiker im Neuen Testament von «Reich Gottes» reden, dann meinen sie die ungehinderte Lebendigkeit des einzelnen Menschen und die Lebendigkeit der sozialen Vernetzungen, eine ganzheitliche Geborgenheit der Kreaturen in Gott! Der Evangelist Johannes drückt diesen Zusammenhang anders aus: Er spricht von Liebe, Licht und Leben! Gerade dieses Evangelium bezeugt vorder- und hintergründig immer wieder die «Auferstehung und das Leben», das Überfließen von Wein, von Öl, von Wasser, von Tränen und von Blut. Bei Johannes ist alles im Fluß, und alles soll fließen! Andere Bücher der Bibel sprechen wieder anders. Doch wie immer es ausgedrückt wird: In der Schrift geht es um den lebendigen Gott in dieser Welt und um seine lebendigmachenden Wirkungen. Einer der schönsten Texte, der diesbezüglich benannt werden kann, steht im Buch Deuteronomium. Dort sagt Gott zu den Menschen:

«Hiermit lege ich dir heute das Leben und das Glück, den Tod und das Unglück vor. Wenn du auf die Gebote des Herrn, deines Gottes, auf die ich dich heute verpflichte, hörst, indem du den Herrn, deinen Gott, liebst, auf seinen Wegen gehst und auch seine Gebote, Gesetze und Rechtsvorschriften achtest, dann wirst du leben und zahlreich werden, und der Herr, dein Gott, wird dich in dem Land, in das du hineinziehst, um es in Besitz zu nehmen, segnen. Wenn du aber dein Herz abwendest und nicht hörst, wenn du dich verführen läßt, dich vor anderen Göttern niederwirfst und ihnen dienst, – heute erkläre ich euch, dann werdet ihr ausgetilgt werden. Ihr werdet nicht lange in dem Land leben, in das du jetzt über den Jordan hinüberziehst, um hineinzuziehen und es in Besitz zu nehmen. Denn Himmel und Erde rufe ich heute als Zeugen gegen euch an. Leben und Tod lege ich dir vor, Segen und Fluch. Wähle also das Leben, damit du lebst, du und deine Nachkommen. Liebe den Herrn, deinen Gott, höre auf seine Stimme, und halte dich an ihm fest, denn er ist dein Leben. Er ist die Länge deines Lebens, das du in dem Land verbringen darfst, von dem du weißt, der Herr hat deinen Vätern Abraham, Isaak und Jakob geschworen, es ihnen zu geben» (Dtn 30,15ff).

Selbstverständlich kann selbst dieser wunderbare Text bedrohlich wirken. Aber eigentlich nur dann, wenn wir nicht sehen, daß Gott uns ja die Wahl läßt. Er ist es nicht, der den Tod bringt! Wir haben es in der Hand, ob wir das Leben wollen! Allerdings zeigt sich hier, daß die «Option für das Leben» letztlich gleichbedeutend ist mit der «Option für Gott». Wer sich dem Atem Gottes überläßt, ist ein lebendiges Wesen.

Dieser Text ist so etwas wie eine Zusammenfassung des Alten und des Neuen Testamentes: Gott ist ein Gott der Lebendigen, er will, daß wir leben. Und wenn wir ein religiöses Leben leben wollen, dann erweist sich dessen Echtheit immer in der Lebendigkeit dieses Lebens, am Leben des Lebens.

Schöpfung als Produkt eines liebenden Willens

Wenn wir auf die biblische Botschaft hören, dann ist uns eine Interpretation der Evangelischen Räte auf der Grundlage eines dualistischen Weltbildes verwehrt. Die Bibel stellt entschieden heraus, daß Gott selbst die Welt erschaffen hat. Sie tut es gerade deshalb, um sich von anderen Weltentstehungstheorien zu distanzieren! Schöpfung – das ist Gottes ureigener Wille! Die Welt ist nicht zufällig entstanden, ist nicht das Produkt einer Katastrophe. Der freie, liebende Wille Gottes ist es, der die Welt ins Dasein ruft.

Das erste Werk, das Gott tut, ist bezeichnenderweise die Scheidung von Licht und Finsternis. Die Welt kann also, jüdisch und christlich, biblisch gesprochen, nicht so verstanden werden, daß sie eine Vermischung von Finsternis und Licht ist. Die Welt soll vielmehr so begriffen werden, daß die irdische Zeit, die ganze Schöpfung, der Kosmos, der Ort ist, an dem Gottes Licht aufleuchtet oder wenigstens aufleuchten kann.

Deswegen gehören, wie H. U. v. Balthasar gesagt hat, die Schönheit, die Herrlichkeit ebenso wie Gutheit und Wahrheit zur Schöpfungswirklichkeit. Eine Spiritualität, die aufmerksam auf die Bibel hört, wird darum staunen und kosten und in allem sich getragen wissen; sie wird in der Schöpfung leben und in ihr handeln – mit Lust und guter Laune, auch wenn der Alltag immer auch Last und Dunkelheit bereithält.

Das ist ein ganz anderes Konzept als dasjenige des griechischen Dualismus! Wer so glaubt und wer sich so erlebt, wird das irdische Leben nicht möglichst rasch hinter sich bringen müssen, um beim lieben Gott sein zu können. In der Bibel kommt vielmehr umgekehrt ein göttlicher Zug in die Welt hinein: Ich bin mitverantwortlich; ich muß das Leben suchen, nicht den Tod, das Leben nicht erst nach dem Tod, sondern das Leben schon diesseits des Todes. Der oben zitierte Text aus dem Buch Deuteronomium spricht nicht vom jenseitigen Leben. Er ruft uns zu: «Wählt das Leben hier und jetzt. Wählt Gott, weil er das Leben hier und jetzt ist.» Ebensowenig meint Johannes, wenn er vom «ewigen Leben» spricht, das Leben nach dem Tod, sondern das Leben, das hier und jetzt in der Begegnung mit dem Auferstandenen aufbricht und in die Ewigkeit hineinfließt. Wer Christus begegnet ist, hat den Tod bereits hinter sich gebracht, für ihn ist der Tod etwas, das an und für sich der Vergangenheit angehört; jetzt aber lebt er aus Gott und für Gott inmitten der irdischen Zeit und kämpft gegen Tod und Not mit unbedingter Leidenschaft und Lebendigkeit.

Jahwe: Der da *ist*

Diese lebensstiftende Art Gottes zeigt sich ja auch schon im Namen, den Gott sich gibt. «Ich bin der *da* ist», sagt er zu Moses (vgl. Ex 3, 13ff).

Ich bin der *da* ist! – verstehen wir wirklich, was die Bibel damit meint? Gott –, das ist nicht ein alter Mann, nicht dieser senile Großvater, der mit einem langen Bart irgendwo jenseits der Wolken thront und von Tuten und Blasen keine Ahnung hat. Der Gott, der sich Moses zu erkennen gibt, ist lauter Beziehung, befreiende Gegenwart, hoffnungsvolle Zusage!

«Ich bin der *da* ist» – das ist ein Motiv, das sich durch das ganze Alte und Neue Testament hindurchzieht. Im Grunde genommen könnte man sagen: Das Alte Testament und das Neue Testament sind nichts anderes als eine Illustration dieses Gottesnamens: «Jahwe – ich bin der *da* ist».

Hier entspringt die Lebensform der Evangelischen Räte und die Gotteszeugenschaft, welche darin zum Ausdruck kommen will. Wer sich zu dieser Lebensform bekennt, will und soll Zeuge Gottes sein! Zeuge, Zeugin für den, der *da* ist! – für die, die *da* ist (vgl. E. Johnson)! Die wichtigste Frage, vor die sich die Orden heute gestellt sehen, ist: Sind wir noch Zeugen, Zeuginnen für den Gott, der/die da ist? Und wie können wir heute lebendige Zeuginnen oder Zeugen sein?

Gott, der befreit

Schon im Alten Testament wird der Gottesname «Ich bin der, der *da* ist» weiter ausgedeutet. Moses bekommt einen Auftrag, er soll nach Ägypten gehen. Gott sendet ihn und begründet diese Sendung: «Ich habe das Elend meines Volkes gesehen in Ägypten, ich bin heruntergekommen» (vgl. Ex 3,7ff.). Der Gott, der da ist, ist also auch der «heruntergekommene» Gott – und das nicht erst neutestamentlich an Weihnachten, sondern schon damals in der Wüste, als Moses die Schuhe auszog! Es ist, als ob Gott sagte: Ich hielt es nicht mehr aus da oben im Himmel; ich will, daß dieses Volk frei wird und nicht länger versklavt bleibt. Gott will den «Exodus» seines Volkes: «Führe mein Volk heraus!»

Evangelische Räte sind Konkretisierungen dieses Willens, der in die Freiheit führt. Gott will aus allen Gefängnissen herausführen. Im Grunde sollten «evangelisch» orientierte Christen, also Christen, welche die Evangelischen Räte gewählt haben, bereits befreite Menschen sein oder sich doch wenigstens auf dem Weg zur Befreiung befinden. Und sie sollten dann aus der erfahrenen Freiheit heraus auch andere befreien können.

Die alttestamentliche Geschichte erzählt uns von Jahwe, von dem Gott, der da ist und der sein Dasein darin zeigt, daß er befreit – aus den Gefängnissen, den Sklavenhäusern – durch die Wüste hindurch, aber immer auf Freiheit hin, auf das Gelobte Land zu, dorthin, wo Milch und Honig in überfließender Weise zur Verfügung stehen.

Viele Psalmen, auch viele Prophetentexte, viele Ereignisse und Zusagen des Alten Testamentes sind Ausfaltungen dieses Jahwe-Namens: Er ist da, er geht mit, er ist auf der Seite der Armen – gegen alle, welche das Leben hindern, gegen alle, die durch Macht und Herrschaft andere an den Rand drängen. Alle staatlichen und religiösen, auch kirchlichen Ansprüche und Interessen müssen an diesem unbedingten Willen Jahwes gemessen werden, auf der Seite der Kleinen und Armen zu sein und nichts anderes zu wollen als deren Freiheit und Leben.

Emanuel: Gott mit uns

Das Neue Testament nun kennt keine andere Botschaft! Das Matthäus-Evangelium zum Beispiel steht unter dem Motto: Emanuel. Emanuel – das heißt: Gott mit uns!, was ja eigentlich nichts anderes ist als eine Nuancierung des Wortes «Jahwe», aber jetzt ist die Zusage noch radikaler auf uns bezogen: Gott ist mit *uns*. Das Matthäus-Evangelium schildert, in welcher Weise Gott mit uns ist: im Kind in der Krippe, im Mann, der herumzieht, Kranke heilt und Aussätzige rein macht, Lahme wieder gehen läßt, Tote erweckt, Schuldiggewordenen Vergebung verheißt. Dieser Gott-mit-uns zeigt sich in der Leidenschaftlichkeit, mit der Jesus sich für das Leben engagiert. Auch sein Sterben am Kreuz offenbart noch einmal, daß Gott mit uns ist. Der Tod Jesu, so schrecklich er an sich ist, ist, von der Tiefe her gesehen, ein Ausdruck des «Gott-mit-uns-Seins» mitten im Tod, und das bedeutet ja dann Auferstehung für alle!

Dieser Glaube kann, das muß hier wenigstens angemerkt werden, zum schnellen und billigen Trost verkommen. Deswegen muß an Hiob erinnert werden, der hadert und flucht, der sich nicht einfach mit den Realitäten abfindet, der wegen seiner Leiden sogar mit Gott rechtet. Zu erinnern ist auch an die breit angelegte Klage- und Fluchkultur vor allem des Alten Testamentes und an den lauten Aufschrei Jesu am Kreuz selbst. Da wird nichts entdramatisiert, nichts geschönt, nichts weggeschoben. Der Glaube an das Dasein Gottes ist darum keine schnelle Versöhnung mit dem Leiden, sondern eher eine Verstärkung und Vertiefung der Not. Leiden wird Leiden für das Leben, wird Entgegenleiden und Leidenschaft.

Matthäus will also sagen: Das ganze Leben Jesu ist im Grunde ein faszinierender Ausweis für das Dasein Gottes in der Welt, für das Mit-uns-Sein Gottes. Das Leben Jesu muß von der Empfängnis bis zum gewaltsamen Tod am Kreuz und darüber hinaus als eine «Gott-mit-uns-Geschichte» gedeutet werden.

Daraus ergibt sich dann auch unser Auftrag in der Nachfolge Jesu. Unser Leben soll ein Ausweis werden, eine Art «Beweis», daß Gott da ist, mit uns selbst und mit den Menschen, denen wir begegnen. Wenn wir Kranke pflegen: Gott ist bei den Kranken, wenn wir sie pflegen. Wenn wir bei den Alten und Verwirrten ausharren: Gott ist da bei den Verwirrten und Alten, wenn wir bei ihnen sind. Das ist Nachfolge Jesu, des Emanuel: in unserem Leben, d.h. im Tun und im Lassen, im Ganz-und-gar-da-sein, im Präsent- und Zugewandtsein bezeugen: Gott ist mit uns, Gott ist mit den Menschen.

Darum steht am Ende des Matthäus-Evangeliums noch einmal, was am Anfang stand: «Ich bin bei euch alle Tage bis zum Ende der Welt», geht und bezeugt das (vgl. Mt 28, 20)! Das «Gott-mit-uns-sein», das Dasein Gottes, ist nicht einfach nur eine abstrakte Frage: Gibt es Gott oder gibt es ihn nicht? Das Dasein Gottes in der Welt wird seinen Beweis haben in der Art und Weise, wie die Jünger durch die Welt ziehen, zu den Menschen gehen, wie sie ihn auch unter sich «haben».

Darum heißt es in der Mitte des Matthäus-Evangeliums: «Wo zwei oder drei in meinem Namen versammelt sind, da bin ich mitten unter ihnen» (Mt 18, 20). Am gottesdienstlichen Zusammensein oder eben auch am gemeinsamen Leben in seinem Namen, daran, wie Frauen und Männer untereinander, im Kreis, in der Gruppe, in der Gemeinschaft zusammenstehen, läßt sich Gottes Dabeisein erkennen.

Das ganze Neue Testament ist daraufhin orientiert. Auch das Lukas-Evangelium, etwa wenn Maria den Gruß Gabriels hört: «Der Herr ist mit dir, du bist gebenedeit unter den Frauen» (vgl. Lk 1, 26ff). Hier realisiert und verdichtet sich, was Moses gehört hat. Gott, der da ist, vergegenwärtigt sich jetzt in der Menschwerdung Jesu – hier bei Maria, und danach in der kirchlichen Versammlung. Darum ereignet sich in der Liturgie immer wieder diese Zusage: «Der Herr ist mit euch.»

Dafür sollten Christen, besonders auch Ordensleute, Zeugen und Zeuginnen sein: daß Gott da ist, daß er Leben will, die Freiheit, die Gesundheit, das Heil. Ich wundere mich immer wieder, wenn man in Ordenskreisen oft so genau weiß, was der Wille Gottes ist, zum Beispiel in so konkreten Dingen wie: Müssen wir dieses Haus aufgeben? Müssen wir dieses oder jenes loslassen? Müssen wir das oder das machen? Ein Ordenskleid haben oder keines? Von all dem steht im Neuen Testament gar nichts! Darüber muß man darum auch lange diskutieren und mühsam auf einen Konsens hin arbeiten. Denn was in solchen Fragen tatsächlich der Wille Gottes ist, kann sich nur ergeben aufgrund einer gemeinsamen, oft schwierigen Analyse der Situation. Aber was ohne Zweifel gewiß ist und wovon das Neue Testament auf jeder Seite berichtet, ist, daß Gott das Leben will, die Liebe, die Gesundheit, die Auferweckung der Toten; Gott will ohne Zweifel, daß die Aussätzigen rein werden, daß Kinder in die Mitte gestellt werden, daß Lahme wieder gehen und Blinde wieder sehen können. Lesen wir doch das Evangelium mit diesem Blick eines lebensfreundlich orientierten Gottes!

An dieser Stelle ist an das zu erinnern, was P. L. Berger mit einem starken Wort als «kognitive Revolution» (Berger 202) kennzeichnet. Dieser Begriff faßt zusammen, was ich bisher zu sagen versuchte. Die Jünger Jesu haben nach seinem schrecklichen Kreuzestod zu ihrer eigenen Überraschung eine neue Erfahrung gemacht, eine neue Erkenntnis gewonnen: Jesus, den sie mit einem Schrei sterben sahen, lebt! Er ist nicht im Tod geblieben, er ist ihnen erschienen, hat sich als lebendig erwiesen. Die Geschichte hat sich im Sinne einer revolutionären Wende geändert. Das Leben ist stärker als der Tod, wir werden leben! Diese «kognitive Revolution» muß auch heute noch Überzeugung und Zeugnis der Christen sein. Ohne diesen revolutionären Gedanken ist das Christentum schal und ohne Geschmack!

Die Erfahrung der Gnade

Es kommt in der Nachfolge Jesu darauf an, daß unsere Augen wieder zu leuchten beginnen, daß Gesichter gelöst, locker und lebendig sind. Die Geschichten, die von Jesus erzählt werden, sind Heilungsgeschichten, Begegnungsgeschichten, Geschichten, die Leben ermöglichen. Schon die Struktur dieser Erzählungen ist oft, ja nahezu immer so angelegt, daß sofort deutlich wird, worauf es ankommt: Menschen sollen aufleben und lebendig werden.

Da ist zum Beispiel diese wunderbare Erzählung von Zachäus, einem Menschen, der quasi exkommuniziert war, mit dem man nicht mehr sprach und den man für minderwertig hielt. Schon so klein von Natur aus, macht man ihn noch kleiner. Als einem Kollaborateur – in Ostdeutschland würde man heute wohl von einem «Stasimitarbeiter» reden! –

schlägt ihm offene Feindschaft entgegen. Da kommt eines Tages Jesus von Nazaret und sagt: «Zachäus!» Zum ersten Mal seit langem hört dieser Ausgestoßene wieder seinen eigenen Namen. Welches Aufleben! Jemand nennt ihn bei seinem Namen, da ist endlich wieder jemand, der ihn anerkennt und gelten läßt. Und dann sagt dieser Jesus auch noch: «Ich komme heute abend zu dir zum Essen!» Jesus zeigt in keiner Weise den erhobenen Zeigefinger: «Du sollst nicht!»Du darfst nicht mehr! Du mußt in Zukunft!« Und Zachäus kommt gerade deshalb von sich aus auf die Idee, daß er nun wieder gutmachen muß, was er angerichtet hat.

Moralisch zu handeln ist zwar richtig und gewiß auch notwendig. Aber moralisch richtiges Handeln wird erst möglich durch die Gnade, durch die frohmachende Botschaft von dem Gott, der *da* ist und der den Menschen aufrichtet. Eine Geschichte aus der Bibel um die andere könnte erzählt werden. Immer wieder zeigt sich dieses Gesetz: Vor der Moral steht die Gnade; bevor jemand Gutes tun kann, muß er sich selbst erleben können; bevor er Armen begegnen kann, muß er in die Arme genommen sein; bevor jemand liebesfähig sein kann, muß er sich als geliebtes Wesen erfahren.

Jesus sagt darum gerade den kleinen und unbedeutenden Menschen: «Ihr seid das Salz der Erde!» – «Ihr seid das Licht der Welt!» – «Selig seid ihr!» – «Euch gehört das Reich Gottes!» Sie sollen wissen, daß sie jemand sind und etwas bedeuten; auf sie kommt es an, sogar mehr als auf die, die gewöhnlich das Sagen haben und den Ton angeben. Sie sollen einen geraden Rücken haben und sich ihrer Würde bewußt sein. Jesus ist ganz offensichtlich deswegen durch die Welt gezogen, um den Menschen ihre Würde zurückzugeben, und zwar gerade den Kleinen, Schwachen und Mundtotgemachten.

Ich erinnere hier an einen Abschnitt aus dem Buch «*Hallo Mister Gott – hier spricht Anna!*»: Anna will nicht mehr in den Religionsunterricht gehen, weil die Religionslehrerin ihrer Meinung nach nichts vom lieben Gott versteht. Warum versteht sie nichts vom lieben Gott? – Weil sie Gott immer größer und größer und größer macht und den Menschen immer kleiner und kleiner und kleiner. Die Menschen sind von ihrer Erziehung her und durch die Umwelt klein genug gemacht worden. Sie müssen nicht noch kleiner gemacht werden durch kirchliche Verkündigung oder, um es im Blick auf unser Thema zu sagen, durch eine negative Interpretation der Gelübde. Anna sagt: «Wenn ich von Gott erzähle, mache ich Gott immer größer und größer und den Menschen auch immer größer und größer.» – Wir verkünden die frohmachende Nachricht, daß Gott groß ist und daß wir Menschen in seine Größe mit hineingezogen werden. Der hl. Bonaventura spricht darum vom «Emporgerissenwerden» der Menschen durch Gott. Und im Magnifikat singen wir: «Gott hat herabgeschaut auf die Niedrigkeit seiner Magd, von nun an werden mich seligpreisen alle Geschlechter.»

Gebot oder Rat?

Schon das Alte Testament hat diese lebensfreundliche Orientierung, wie der oben zitierte Text aus dem Buch Deuteronomium gezeigt hat. Es ist nicht so, daß der Gott des Alten Testamentes derjenige ist, der den Tod bringt, wie viele christliche Theologen gesagt haben. Auch im Alten Testament haben wir schon den liebenden Gott, den «verrückten Gott», den Gott, der sich in Liebe verausgabt und sich nach unserer Liebe sehnt. Das sogenannte Hohe Lied der Liebe ist ursprünglich ein erotisches Lied, nach Auffassung der Juden zeigt sich darin aber gleichzeitig Gottes innerstes Wesen als Liebe. In diesem Text werden die kostbarsten Erfahrungen des Menschen herangezogen, um zu sagen, wie Gott ist. Gott ist wie ein verrückter Liebhaber, der uns sucht und findet. Das Leben des Menschen soll eine Antwort werden auf diese vorausgegangene Liebe Gottes.

Die Liebe aber verträgt sich schlecht mit dem Gedanken der Gesetzlichkeit. Liebe will Kreativität, Spontaneität, den lebendigen Fluß. Deswegen spricht die katholische Tradition von den Evangelischen *Räten*, von einem Leben, das nicht vom «Gesetz» geprägt ist, sondern vom freien Eingehen auf den Willen Gottes. Die protestantische Theologie unterscheidet aus dem gleichen Grund zwischen «Gesetz» und «Evangelium». Die Heilige Schrift darf nicht als Gesetz ausgelegt werden, sondern muß als Evangelium, als frohmachende und freigebende Botschaft aufleuchten.

Was aber sagt man genauerhin, wenn man von «Rat» oder «Evangelium» spricht und nicht so sehr von «Gesetz»? Bei der Beantwortung dieser Frage ist darauf zu achten, daß man keinen Gegensatz zwischen Altem und Neuem Testament konstruiert. Denn allzu leichtfertig hat die christliche Tradition das «Gesetz» dem Alten Testament und die «Gnade» dem Neuen zugeordnet. Aber abgesehen davon, daß die Gnade auch das prägende Wort des Alten Testamentes ist, meint das hebräische Wort «Tora», das wir gewöhnlich mit «Gesetz» übersetzen, etwas anderes. «Tora» ist gleichbedeutend mit «Offenbarung», «Weisung», «Lehre». «Gesetz» ist nur eine der Nuancen, die der Begriff auch noch hat. Interessant ist die Tatsache, daß die Juden selbst auch noch ein dynamisches Element unterstreichen und mit «Gehen», «Wandern» und «Weg» übersetzen können. Wenn man all diese Aspekte bedenkt, dann ergibt sich ein faszinierendes Bild: ein Gott, der sich in die Geschichte eines Volkes hineinbegibt, sich darin zeigt und vermittelt. Kein Wunder, daß man auch hier durch die bloßen Buchstaben hindurchschreiten muß, um Gott personal zu begegnen, in Freiheit und in Ver-Antwortung! Ich zitiere hier einmal ausführlich M. Buber, den großen Interpreten des jüdischen Glaubens: «Das Heilige dringt in die Natur ein, ohne sie zu vergewaltigen. Der lebendige Geist will begeistern und beleben; will, daß Geist und Leben einander finden, daß Geist sich ins Leben gestalte, Leben aus Geist sich kläre; er will, daß die Schöpfung sich aus sich vollende. Dieses Willens und des gebotenen Dienstes am lebenverbundenen Geist Zeugnis will das «Alte Testament» sein. Faßt man es als ‹religiöses Schrifttum›, einer Abteilung des abgelösten Geistes zugehörig, dann versagt es, und dann muß man sich ihm versagen. Faßt man es als Abdruck einer lebenumschließenden Wirklichkeit, dann faßt man es, und dann erfaßt es einen. Der spezifisch heutige Mensch aber vermag dies kaum noch. Wenn er an der Schrift überhaupt noch ‹Interesse nimmt›, dann eben ein ‹religiöses›, zumeist nicht einmal das, sondern ein ‹religionsgeschichtliches› oder ein ‹kulturgeschichtliches› oder ein ‹ästhetisches› und dergleichen mehr, jedenfalls ein Interesse des abgelösten, in autonome ‹Bereiche› aufgeteilten Geistes. Er stellt sich dem biblischen Wort nicht mehr, wie die früheren Geschlechter, um auf es zu hören, er konfrontiert sein Leben nicht mehr mit dem Wort; er bringt das Wort in einer der vielen unheiligen Laden unter und schafft sich Ruhe davor. So lähmt er die Gewalt, die unter allem Bestehenden am ehesten ihn zu retten vermöchte.

Die sich Besinnenden mögen mich fragen: ‹Und wenn dieser Mensch – und wenn wir es zustande brächten, als Ganze vor die Ganzheit des Buches, von dem du redest, zu treten, würde nicht auch dann noch das zu einer echten Rezeption Unentbehrlichste fehlen? Würden wir dem Buch dann *glauben* können? Würden wir *es* glauben können? Können wir mehr als glauben, daß einst so geglaubt worden ist, wie es berichtet und bekundet?›

Dem ‹heutigen Menschen› ist die Glaubenssicherheit nicht zugänglich und kann ihm nicht zugänglich gemacht werden. Wenn es ihm um die Sache ernst ist, weiß er das und darf sich nichts vortäuschen. Aber die Glaubensaufgeschlossenheit ist ihm nicht versagt. Auch er kann sich, eben wenn er mit der Sache wahrhaft Ernst macht, diesem Buch auftun und sich von dessen Strahlen treffen lassen, wo sie ihn eben treffen; er kann sich, ohne Vorwegnahme und ohne Vorbehalt, hergeben und sich erproben lassen; er kann aufnehmen, mit allen Kräften aufnehmen, und erwarten, was etwa an ihm geschehen wird, warten, ob nicht zu dem und jenem in dem Buch eine neue Unbefangenheit in ihm aufkeimt. Dazu muß er freilich die Schrift vornehmen, als kennte er sie noch nicht; als hätte er sie nicht in der Schule und seither im Schein ‹religiöser› und ‹wissenschaftlicher› Sicherheiten vorgesetzt bekommen; als hätte er nicht zeitlebens allerlei auf sie sich berufende Scheinbegriffe und Scheinsätze erfahren; neu muß er sich dem neugewordenen Buch stellen, nichts von sich vorenthalten, alles zwischen jenem und ihm geschehen lassen, was geschehen mag. Er weiß nicht, welcher Spruch, welches Bild ihn von dort aus angreifen und umschmelzen, woher der Geist brausen und in ihn fahren wird, um sich in seinem Leben neu zu verleiben; aber er ist aufgetan. Er glaubt nichts von vornherein, er glaubt nichts von vornherein nicht. Er liest laut, was dasteht, er hört das Wort, das er spricht, und es kommt zu ihm, nichts ist präjudiziert, der Strom der Zeiten strömt, und dieses Menschen Heutigkeit wird selber zum auffangenden Gefäß» (Buber, Verdeutschung 3).

Was M. Buber hier beschreibt, ist das Anliegen jener Schriftinterpretation, die wir als «Evangelische Räte» bezeichnen. Es ist der Geist des lebendigen Gottes, der keine Sklaven als seine Bündnispartner will, sondern ein befreites Volk und befreite Menschen. Johannes sagt: «Ich nenne euch nicht mehr Knechte; denn der Knecht weiß nicht, was sein Herr tut. Vielmehr habe ich euch Freunde genannt; denn ich habe euch alles mitgeteilt» (Joh 15,15). Der Gläubige lebt in einem offenen, freien Raum, in einem Spielraum der Liebe.

Was mit «Rat» gemeint ist, zeigt sich meines Erachtens sehr gut in einem Zitat des ehemaligen Abtes von Boquen in Belgien. E. Besret schreibt: «Die Zeit ist gekommen, das Christentum muß aufhören, ein Dogma zu sein, um eine Poetik zu werden... Die Wissenschaft will wahr sein; die

Religion legt Wert darauf, vor allem schön zu sein... Die Präzision, die Genauigkeit, die Zurückhaltung im Erfinderischen, der Mangel an Vorstellungskraft können die Qualitäten eines wissenschaftlichen Werks sein, aber sie sind es nie bei einem Epos. Es geht nicht darum, ein wahres, sondern ein reiches und schönes Werk zu vollbringen. Nichts kommt dem Katholizismus gleich, wenn man ihn unter diesem Gesichtspunkt betrachtet: die großartigen Proportionen, die Mysterien, der Kult, die Sakramente, die mythische Geschichte, die Patriarchen, die Propheten, die Apostel, die Märtyrer, die Jungfrauen, die Heiligen... Wir sind es gewohnt, einen Unterschied zwischen ‹Gebot› und ‹Rat› zu machen. Evangelische Räte sind keine Gesetze, die immer und überall gelten, sondern eben Räte. Räte! – das bedeutet das freie Verhalten des Menschen, die unterschiedlichsten Situationen im Geist der Bergpredigt und der Seligpreisungen zu erspüren und das zu tun, was am meisten Leben hervorbringt!» (Besret 48f).

Zweiter Teil:
DAS SPIEL

Die Evangelischen Räte

Nun sollen die drei Evangelischen Räte in einem immer gleichbleibenden Grundrhythmus vorgestellt werden. Vier Aspekte wurden dabei nacheinander behandelt:

Der erste Aspekt betrifft die theologisch-mystische Dimension des einzelnen Evangelischen Rates. Die Frage, auf die ich zu antworten suche, lautet hier: Was sagt der «Rat» aus über mein Verhältnis zu Gott und über die Erfahrung, die ich von Gott machen kann?

Der zweite Aspekt bezieht sich auf die Frage: Was bedeutet der entsprechende Rat für das Zusammenleben in einer konkreten Gemeinschaft bzw. für die Verbindlichkeit, mit der eine Anzahl von Menschen zusammengehören können?

Eine dritte Dimension kommt dann im «politischen» Aspekt zur Sprache. Die Frage lautet hier: Was bedeutet der Rat für die Solidarität mit der ganzen Welt, mit den Menschen, die uns umgeben? Was heißt das für meine Beziehungen nach außen, für die Art meiner Tätigkeiten vielleicht, für die Beziehungen einer Gemeinschaft zu den Menschen?

Und an vierter Stelle wende ich mich schließlich der aszetischen Dimension des jeweiligen Rates zu, die, wie wir ja gesehen haben, in der Vergangenheit sehr oft im Vordergrund stand, jetzt aber unter dem Vorzeichen einer lebensfreundlichen Grundeinstellung neu interpretiert wird. Die entsprechende Frage lautet: Worauf müssen wir verzichten, damit für uns und für die Welt eine bessere Lebensqualität spürbar wird?

I. Armut

Eigentlich könnte man die Darlegungen mit jedem der Evangelischen Räte beginnen. Wenn ich die Armut an den Anfang stelle, dann hat das zu tun mit der franziskanischen Tradition, der ich angehöre. Letztlich aber wird sich – trotz der unterschiedlichen Akzentsetzungen, die jemand vornehmen kann – eine innere Entsprechung zeigen und deutlich werden, daß die Lebensform, die mit den drei Räten beschrieben wird, eine innerlich zusammenhängende Einheit darstellt.

1. Die theologisch-mystische Dimension der Armut

Zunächst stellt sich also die Frage: «Wer ist Gott für mich, und wer bin ich vor diesem Gott?» Oder, um es mit der bekannten Frage des hl. Franz von Assisi zu sagen: «Wer bist du, süßester Herr, mein Gott, und wer bin ich, kleiner Wurm, dein Diener?»

Seinsarmut

Wenn Franziskus die Frage stellt, gibt er, wie wir sehen, gleich auch die Antwort. Er ist ein Wurm! Er könnte auch sagen: ein «Nichts»! Uns fällt es schwer, eine solche Aussage verstehen oder gar annehmen zu können.

Gehen wir also behutsam vor. Die Antwort auf die Frage, wer ich vor Gott bin, kann auch lauten: Ich bin ein geschaffenes Wesen, ein Geschöpf! So antwortend könnte man Armut auch als «Seinsarmut» verstehen.

Der Gedanke von der Seinsarmut legt sich nahe, wenn wir uns fragen: Wem verdanke ich mein Leben? – Die Antwort des religiösen Menschen lautet: Gott hat mich geschaffen. Wenn ich also bin, dann verdanke ich meine ganze Existenz dem schaffenden, schöpferischen Geist Gottes. Ich habe nichts aus mir selbst. Was ich bin, bin ich, weil Gott es so will und weil ich mir vom lebendigen Gott geschenkt bin.

Franziskus hat diesen Gedanken immer wieder herausgestellt. Alles, was wir sind, sind wir aus Gott: Wenn wir gut sind, dann stammt diese Güte von Gott; wenn uns etwas gelingt, dann gelingt es aus Gnade. Deswegen müssen wir Gott nach Franziskus in einem ständigen Lobpreis alles «zurückerstatten». Er hat es gegeben, ihm soll es ewig gehören! Ich bin nur der Ort, an dem sich Gottes Gaben ansiedeln, ein Kanal, durch den Gott Wasser fließen läßt, ein Gefäß, das er sowohl schafft wie füllt. Wir könnten dies im Anschluß an das großartige Schöpfungslied, das Franziskus gesungen hat, auch bildhaft sagen: Gott ist die Sonne, und wir sind der Mond, der das Licht empfängt und widerstrahlt; er ist der Wind, und wir sind das Wasser, das von ihm belebt und bewegt wird; er ist das Feuer, und wir sind die Erde, die durch das Feuer gehen muß, um Bestand, Dauer, Ewigkeit zu haben; er ist die Liebe, und wir sind der Tod, der durch den Kuß der Liebe vernichtet wird, und wir dürfen darum unerwarteterweise leben. «Armut» in diesem Sinne ist also gleichbedeutend mit Geschöpflichkeit: Wir sind arm an Sein, an Leben ..., wir sind und leben nur in dem Maße, in dem Gott uns Sein und Leben schenkt.

Antonius von Padua zeigt, wie sehr diese Armut gleichzeitig Überfluß ist:

Der Geist des Menschen
vor Gott
ist ein Lustgarten.
Welch große Lust,
welche Freude

ist es für den Geist des Menschen
vor Gott zu sein.
Denn in ihm
und von ihm
ist alles, was ist,
wirklich und wahr.
Ohne ihn
ist nichts,
was zu sein scheint.
Und ohne ihn
ist alles, was überfließt.

Armut (I 145 f.)

Ich kann und darf mir also nichts einbilden, weder auf mein Dasein noch auf meine Intelligenz, weder auf meinen Charakter noch auf meine Fähigkeiten. Alles, was ich bin: mag ich noch so gut sein, noch so wahr, noch so schön, alle meine Seinsqualitäten und mein Sein selbst, gehen auf Gott zurück. Ich verdanke mich im wortwörtlichen Sinn dem Geheimnis Gottes.

Deswegen hat der hl. Franz von Assisi, wie gesagt, den Dank als grundlegende menschliche Haltung nicht nur gefordert, sondern auch gelebt: eine umfassende und andauernde Eucharistie (= Danksagung) das ganze Leben lang, in der er immer wieder zurückgeben wollte, was er war und was ihm gelang. Er konnte und wollte nichts für sich beanspruchen. Sich von den Quellen abzulösen bzw. der Anspruch, aus eigenen Quellen zu leben und sich nicht mehr verdanken zu wollen, ist danach das Grundübel der Menschheit und für Franziskus und jeden in seiner Tradition stehenden Theologen bereits die Sünde schlechthin, das, was man mit «Erbsünde» meint: Ich verkenne sündhaft mein eigentliches Wesen, wenn ich irgendetwas, was ich bin oder habe, als meinen Besitz und mein Eigentum betrachte. «Aneignung» – das ist die Ursünde des Menschen, damit fängt das Übel an, damit wird es fortwährend fortgezeugt.

«Selbstenteignung» (vgl. Phil 2) dagegen – das ist der Weg der Erlösung: Gott ist ihn in Jesus gegangen, und ihm nachfolgend müssen wir selbst uns enteignen und auf alles Besitzdenken verzichten.

Die christlichen Mystiker gehen, zwar nicht sachlich, aber sprachlich, noch einen Schritt weiter. Sie benützen ein Vokabular, das uns heute kaum mehr verständlich ist und sagen: «Ich bin nichts». Das zu erkennen und zu erfahren, ist nicht die Steigerung eines ohnehin vorhandenen Minderwertigkeitsgefühls, sondern höchstes Glück, Lust, sagt Antonius. Denn dieser Satz ist von Gott her gleichbedeutend mit einem anderen: «Ich bin alles!» – weil Gott alles in mir und in allem ist!

Eines der häufigsten Probleme, das mir in meiner Seelsorgetätigkeit begegnet, ist das Gefühl: «Ich bin nichts!» – «Ich kann nichts!» Dieses Minderwertigkeitsgefühl ist gewiß nicht gemeint, wenn die Mystiker den gleichen Satz aussprechen. Genau das Gegenteil ist der Fall. Zur inneren Armut, welche die Mystiker meinen, können nur die gelangen, die bereits ihre innere Mächtigkeit erfahren und ihre Ichstärke erlebt haben. Die Ichstärke ist die eigentliche Voraussetzung, um geistlich arm sein zu können. Ich muß zuerst jemand sein, um dann auch sagen zu können: «Ja, letztlich bin ich nichts».

Das mystische «Nichts» ist also ein anderes «Nichts» als das «Nichts», das vielen auf ihrem Schicksalsweg als leidvolle Erfahrung mitgegeben ist. Ihnen muß man zunächst einmal sagen: «Ihr seid jemand, ihr seid das Salz der Erde, ihr dürft stolz sein, mit aufrechtem Gang eure Wege gehen, Gott richtet euch auf, ihr seid etwas, jemand, von nun an werden euch seligpreisen alle Geschlechter».

Das «Ich» muß erfahrbar werden im Leben. Tun wir also alles, damit dieses «Ich» aufgebaut wird: in uns selbst und in den Menschen, mit denen wir es zu tun bekommen. Hüten wir uns vor allem, was dazu führen könnte, daß Menschen als gebrochene Existenzen aus der Begegnung mit uns herauskommen. Das ist eines der größten Vergehen, welches wir als Erzieher, als Verkünder oder in welcher Funktion auch immer begehen können – eine schwerwiegende Sünde gegen den Menschen selbst und gegen Gott, der ihn geschaffen hat. Viele Menschen verlassen tatsächlich als Geknickte und Gekrümmte, als Gebrochene unsere Schulen, unsere Familien und unsere Pfarreien. Und wenn in gewissen geistlichen Werken der Mensch auch noch als «Dreck» und «Abfalleimer» bezeichnet wird wie zum Beispiel im «Weg» des Opus-Dei-Gründers Escriva de Balaguer, dann zeigt sich noch einmal die Sünde der Schöpfungsverachtung, eine tödliche und todbringende Versündigung am Geschöpf Gottes. Ich darf den Menschen nicht das Bewußtsein geben, ein Dreck oder ein Abfallkübel zu sein. Wir sind jemand! Und nichts anderes ist der Wille Gottes, als daß wir die Menschen in ihrer Würde achten und ihnen ihre Würde bewußt machen.

Wenn die Mystiker sagen, daß wir ein «Nichts» sind, dann ist also etwas völlig anderes gemeint: Nicht die Erfahrung der Nichtigkeit und Wertlosigkeit, sondern die Erfahrung der Überfülle, der Überlebendigkeit. Aber: diese Lebendigkeit und diese Seinsfülle sprudeln nicht aus eigenen Quellen des Menschen hervor, sondern sind der «Überfluß Gottes». Es handelt sich, wenn die Mystiker vom «Nichts» sprechen, also nicht um ein «ontologisches Nichts», wie ein Philosoph sagen würde: Dieses Nichts ist nicht das «pure Nichtsein», nicht das «Nichts an und für sich». Es handelt sich vielmehr um ein – wie man sagen könnte – «komparativisches Nichts», was soviel heißt wie: Im Vergleich zu Gott sind wir nichts; in der Beziehung zu Gott stehen wir so sehr im Sog der Lebensmacht Gottes, daß alles, was in uns lebt und sich bewegt, von ihm herkommt und grundsätzlich auf ihn bezogen bleibt. Deswegen kann zum Beispiel Margarete Porete, eine Begine, die anfangs des 14. Jahrhunderts in Paris auf kirchliche Anordnung hin verbrannt worden ist, sagen: «Die durch die wahre Liebe vernichtigten Seelen». Der hl. Bonaventura und der hl. Johannes vom Kreuz haben das gleiche gesagt – und sind deswegen nicht verbrannt worden!

Sich als Geschöpf Gottes zu verstehen, das aus lauter Zuwendung lebt und jemand ist, das bedeutet geistliche Armut! Alles anzusehen als ein Ausdruck der Huld, der Zuwendung Gottes, des auf uns überfließenden Lebens, das ist die Haltung des Armen.

Der arme Gott

Es gibt noch eine zweite Dimension dieser geistlichen Armut innerhalb der spezifisch christlichen Mystik: Gott selbst ist ein Armer, ein armer Gott, ein ohnmächtiger Gott, ein demütiger Gott, ein Gott, der uns seine Seinsmacht nicht aufdrängt, weil wir sonst vor ihm ins Nichts versinken müßten! Gott nimmt nach dieser Vorstellung vielmehr seine Seinsmacht zurück und erscheint unter uns als der arme Gott: als Kind in der Krippe, als Mann, der auf seinen Wegen durch Palästina nichts hat, worauf er sein Haupt legen könnte, als nackter, sterbender Gott am Kreuz.

Die hl. Klara hat diese Armut Gottes besonders herausgestellt:

> In diesem Spiegel
> blitzt wider
> die selige Armut
> die heilige Demut
> und die unaussprechliche Liebe.
> Mit der Gnade Gottes
> kannst du ihn schauen
> durch den ganzen Spiegel hindurch.
>
> Schau,
> am Anfang des Spiegels

die Armut dessen,
der in die Krippe gelegt ist
und in die Windeln gelegt.
O wundervolle Demut!
O erstaunliche Armut!
Der König der Engel,
der Herr des Himmels und der Erde
– in die Krippe gelegt!

Schau,
in der Mitte des Spiegels
die Demut
und die Armut,
die unzähligen Mühen
die er erduldet hat
zur Erlösung des Menschengeschlechts.

Schau,
am Ende des Spiegels
die unaussprechliche Liebe,
mit der er leiden wollte
am Schandmal des Kreuzes,
mit der er sterben wollte
den schändlichsten Tod überhaupt.

Der Spiegel
ans Kreuz geheftet
mahnt die Vorübergehenden:
Sie sollen hinschauen:
‹o, die ihr vorübergeht
auf diesem Weg,
schaut und seht,
ob ein Schmerz ist
wie meiner›.
Wir wollen antworten dem,
der ruft und schreit:
Im Gedenken

wollen wir
deiner gedenken,
und es zerfließt in mir
meine Seele.
(4. Brief an die hl. Agnes 15–24)

Was wir viel zu wenig ins Bewußtsein heben, ist, daß Gott selbst arm ist, sich als armer Gott erfahrbar macht und wir ihn in besonderer Weise unter den Armen finden.

Wir müßten darum eigentlich noch hinter die Aussage der hl. Klara zurückgehen. Allzu oft reden wir vom «reichen Gott». Wir vergessen dabei, daß sich Gott nicht als Besitzer und Eigentümer definieren läßt. Er hält sein Gottsein nicht fest, er läßt es los! Er verströmt sich, verausgabt sich, teilt sich mit. Schon innertrinitarisch wird dies deutlich: Gott gibt sich ganz weg, ist der Weggegebene, ist sich selbst Gabe! Hüten wir uns also, unsere kapitalistischen Besitz- und Eigentumsvorstellungen auf Gott zu übertragen und unsere Verhältnisse so ideologisch zu rechtfertigen! Gott ist nicht «reich» wie die Großgrundbesitzer und Hauseigentümer, wie die Milliardäre, Konzerne und Banken. Er ist reich an Kraft und Leben, gewiß, aber kein Eigentümer! Er ist auch kein Egoist, der alles auf sich bezieht. Das innere Wesen Gottes ist Liebe, und das heißt: Er hält sich selbst nicht fest, sondern läßt sich los und gibt sich hin.

Dieses innere Wesen Gottes spiegelt sich nun in Jesus Christus, dem Menschen aus Nazaret. Klara von Assisi sieht den armen Gott bei der Geburt Jesu, in der Krippe von Betlehem, und am Kreuz, an dem er dann stirbt, aber ebenso auch in seinem Engagement, in der alltäglichen und oft mühevollen Begegnung mit den Menschen. Ich glaube, daß wir den Evangelischen Rat der Armut nicht begreifen, wenn wir sein Geheimnis nicht ablesen am Leben, an der öffentlichen Wirksamkeit Jesu, an der Art und Weise, wie er den Menschen begegnet ist, an seiner Reich-Gottes-Verkündigung, an den alltäglichen Mühen, die er dabei zu erdulden und zu erleiden hatte. Das ist in der Auffassung Klaras die Mitte, das Zentrale: die Art und Weise, wie Jesus arm war im Verhältnis zu seinen Zeitgenossen.

Lesen wir also die Geschichten, die von Jesus erzählt werden unter diesem Gesichtspunkt. Die Armut in der Krippe und die Armut am Kreuz sind Projektionen der gelebten Armut Jesu in die Vergangenheit bzw. Zukunft hinein, zurück in die Geburt und voraus auf das Kreuz! Nur unter dieser Bedingung bedeutet die Erniedrigung des sich armgebenden Gottes auch die Hinwendung zu den Armen. Das erwähnte Werk des Escriva de Balaguer kommt ohne die Armut des im Land herumziehenden Jesus aus – und darum kann das Opus Dei wohl auch nichts mit der sog. Option für die Armen anfangen. Oder hält es sich die öffentliche Wirksamkeit Jesu vom Leib, um nichts mit den Armen zu tun haben zu müssen?

Wenn ich hier so deutlich werde, dann deshalb, um auf die Konsequenzen aufmerksam zu machen, welche eine bibelferne Betrachtung des Evangelischen Rates der Armut auch für uns haben könnte. Dieser Rat lebt ja ganz wesentlich vom Glauben, daß Gott der Arme ist, der unter den Armen lebt und sich unter den Armen erfahren läßt. Nun gilt es natürlich, die Armut des armen Gottes «nachzuahmen»! Sich selbst nicht als Besitzer oder Eigentümer verstehen, sondern als Wesen, die in den Strom des fließenden Lebens einbezogen sind, darauf kommt es an. Alles haben wir empfangen, alles sollen wir verdanken und geben! Wir sind nicht das Zentrum, auf das sich alles bezieht. Vor Gott sind wir arm, weil er uns alles schenkt. Vor den Menschen sind wir arm, weil uns nichts gehört und weil wir Gott in seiner sich schenkenden Liebe bezeugen, indem wir alles, was wir haben, teilen, ja sogar gänzlich geben.

Wer diese Gedanken biblisch vertiefen möchte, greife zum zweiten Kapitel des Philipperbriefes. Da ist auf eindrückliche Weise von diesem Nicht-an-sich-Festhalten Gottes die Rede, von der totalen Entäußerung, von der vollständigen Selbstenteignung Gottes, von der «Kenosis», der «Ent-Leerung» Gottes, wie der griechische Begriff heißt. Der letzte Ausdruck dieser Ent-Leerung ist dann das Kreuz, an dem Gott sich auf einen Nullpunkt, ins Nichts hinein reduziert. Dieser Geist der Ent-Leerung ist die Gesinnung, die nach Paulus jeden Christen erfüllen soll.

Oder man lese die ersten zwei Kapitel des 1. Korintherbriefes. Gott erscheint im «Nichts», sein Handeln ist nicht faszinierende Weisheit, sondern Blödsinn in den Augen der Welt, nicht getragen von Macht und Herrlichkeit, sondern von der Ohnmacht des Kreuzes, er erscheint nicht bei den Großen und Mächtigen, sondern bei den Armen, die nichts sind und nichts gelten, bei den Unbehausten und den Obdachlosen, sozusagen zwischen den Häusern (= paroikia: das griechische Wort für Pfarrei!). Jedes Amt und jede kirchliche Institution, jede Gemeinde und jede Gruppe, jeder und jede, die sich Christen nennen wollen, müssen sich auf genau diese Gottesoffenbarung einlassen.

Dies sind Kernaussagen des Neuen Testamentes, Vertiefungen und Überbietungen dessen, was schon das Alte Testament verkündet hat: Die Psalmen preisen den Gott, der für die Ausgebeuteten und ungerecht Verarmten die einzige Hoffnung bleibt. Und die Propheten reklamieren immer wieder das Ineinander von Gottesglaube und Zuwendung zu den Armen. Jesus bewegt sich in diesem geistlichen Milieu der Armen und der prophetischen Kritik, wie vor allem auch das Lukasevangelium bezeugt.

Ich kann diesen Abschnitt zusammenfassen mit der erstaunlichen Feststellung L. Bloys: «Wehe dem, der nie gebettelt hat! Es gibt nichts Größeres als das Betteln. Gott bettelt. Die Engel betteln. Könige, Propheten, Heilige betteln. Auch die Toten betteln. Alles, was in der Glorie und im Lichte ist, bettelt. Wie sollte ich es da nicht als eine Ehre empfinden, auch ein Bettler gewesen zu sein, ja ein ‹undankbarer› Bettler?» (W. Nigg 122).

2. Die Gemeinschaftsdimension der Armut

Aus dem bisher Dargelegten ergibt sich bereits ein zweiter Aspekt: Geistliche Armut führt in die Gemeinschaft.

Verzicht auf Privateigentum

Im Anschluß an das zweite und vierte Kapitel der Apostelgeschichte hat der hl. Pachomius einen Gedanken in den Mittelpunkt des Ordenslebens gestellt, der recht eigentlich unaufgebbar ist: Die Notwendigkeit einer gemeinsamen Kasse, aus der alle Bedürfnisse der einzelnen Mitglieder einer Gemeinschaft zu stillen sind, – alle Bedürfnisse!

Im Raum einer verbindlich gelebten Gemeinschaft kann man also sagen: Armut ist gleichbedeutend mit radikalem Teilen, mit konsequenter Geschwisterlichkeit, mit einer Grundhaltung, die gewillt ist, alles mit allen gemeinsam zu haben und alles allen zur Verfügung zu stellen. Vor allem eben materielle Güter, aber nicht nur sie, sondern auch Zeit und Fähigkeiten, einfach alles, auch sich selbst! Armut ist also die Absage an jede Form des Besitzes, des Habens, des privaten Eigentums, des Egoismus in all seinen Ausdrucksformen. Erich Fromms Buch mit den bezeichnenden Titel: «*Haben oder Sein*» kann sehr hilfreich sein, diesen Aspekt und seine Aktualität zu begreifen: Fromm setzt an bei der Unterscheidung zwischen dem, was wir wirklich sind, und dem, was wir bloß haben. Dabei möchte ich, bezogen auf das erste Element, an die eben beschriebene mystische Dimension erinnern. Wodurch definieren wir uns? Wir definieren uns fälschlicherweise durch das, was wir haben. Deswegen kann bald einmal gefolgert werden, daß derjenige, der mehr hat, auch mehr ist. Bin ich mehr als die anderen, nur weil ich den Doktortitel habe? Bin ich mehr als die anderen, nur weil ich diese bestimmte Funktion bekleide? Bin ich mehr als die anderen, nur weil ich ein eigenes Telefon besitze? Bin ich mehr als andere, nur weil ich mehr Geld, einen Beruf, einen Mann, eine Arbeit, einen Computer, ein Haus, einen autonomen Bereich, dieses oder jenes mein Eigentum nenne, was andere nicht haben?

Der hl. Pachomius wollte die Grundbedingung für ein echtes und authentisches Gemeinschaftsleben schaffen. Niemand sollte sich definieren können durch das, was er hat. Deswegen schaffte er den Besitz und das Eigentum des einzelnen ab. Er wollte radikal ausmerzen, was die Menschen voneinander trennen könnte. Alle Bedürfnisse sollten darum aus der gemeinsamen Kasse gestillt werden! Alle Brüder und Schwestern sollen also die gleichen Möglichkeiten haben! Keiner und keine soll privilegiert sein durch das, was er oder sie mitgebracht hat oder «verdient».

Diese bis heute grundlegende Auffassung des hl. Pachomius wird ganz offensichtlich im Ordensleben immer mehr unterhöhlt. Die kapitalistische Mentalität, die durch Besitz und Eigentum und darum auch durch entsprechende Privilegierung geprägt ist, ist auch in eine Lebensform eingedrungen, in der sie nichts zu suchen hat. Fast in jedem Konvent gibt es heute versteckte Kassen und «Geheimkonten», durch die man individuelle Bedürfnisse deckt. Oder eine Schwester oder ein Bruder hat außerhalb der Gemeinschaft eine Verwandte oder einen Freund, die sich erkenntlich zeigen wollen, indem sie eine Reise ins Heilige Land oder einen Computer oder ein Auto bezahlen. Was aber ist dann mit den anderen?! Was ist mit der einfachen Küchenschwester oder mit dem Gärtner, die nicht die Gelegenheit haben, zum Beispiel einen Patienten zu pflegen, der sich später mit einem großzügigen Geschenk erkenntlich zeigt?

Wir müssen uns also fragen: Wie können wir zur pachomianischen Grundbedingung des gemeinsamen Lebens, zur innergemeinschaftlichen Armut, zum radikalen und umfassenden geschwisterlichen Teilen zurückfinden? Wie können wir die Bedürfnisse, die wir haben, aus der gemeinsamen Kasse stillen? Und wie können wir dafür sorgen, daß kein Mitbruder und keine Mitschwester sich gezwungen sieht, ein verstecktes Konto zu unterhalten? Diese Fragen zu beantworten ist etwas vom Dringlichsten, das wir Ordensleute anpacken müssen. Es gilt wieder, die gemeinsame Kasse in den Mittelpunkt zu stellen, das gemeinsame Teilen! Ohne dies ist wahre «vita communis», echte Gemeinschaft, wirkliche Gemeinsamkeit nicht möglich.

Ich bitte zu beachten, daß ich an dieser Stelle nichts feststelle über konkrete Bedürfnisse. Was die konkreten Bedürfnisse einer Gemeinschaft sind, muß im gemeinsamen Suchen und Diskutieren herausgefunden und als Konsens festgehalten werden. Unter Umständen gibt es unterschiedliche Bedürfnisse der einzelnen Schwestern und Brüder. Deswegen muß man, um allen gerecht zu werden, auch diese unterschiedlichen Bedürfnisse wahrnehmen. Vor allem aber muß eine Gemeinschaft festlegen, was für alle Mitglieder gleichermaßen möglich sein soll und was für alle auszuschließen ist, damit nicht Ungleichheiten und Ungerechtigkeiten entstehen. Sie muß sicher auch darüber diskutieren, ob eine Reise in das Heilige Land in der Gemeinschaft möglich sein soll oder nicht. Das ist durchaus eine Sache, über die jede Gemeinschaft unterschiedlicher Meinung sein kann. Was aber nicht diskutierbar ist, ist die Frage, ob etwas nur einigen wenigen möglich sein soll und dann auch noch von außen bezahlt wird. Denn alles muß allen möglich sein und allen alles gleichermaßen verschlossen bleiben, weil wir eine geschwisterliche Gemeinschaft wollen, in der Privilegien und Monopole fremd sind.

Schon viel wäre gewonnen, wenn wir diesen pachomianischen Gedanken der gemeinsamen Kasse und des konsequent gemeinsamen Lebens wieder entdecken würden. Es geht dabei um innergemeinschaftliche Solidarität! Es geht darum, daß alle einander Schwestern sind und Brüder, um eine Gemeinschaft, in der allen alles gehört und alle die gleichen Pflichten und Chancen haben.

Der Eigentumsverzicht des einzelnen und das Bekenntnis zu einer Art «Kommunismus» sind für die Lebensform der Evangelischen Räte von zentraler Bedeutung. Nur wenn man bereits von der Krankheit des Kapitalismus infiziert ist, kann man den urchristlichen Kommunismus der Jerusalemer Gemeinde und der pachomianischen Tradition belächeln. Und vom Armutsgedanken her, der zum Wesen des Ordenslebens gehört, ist auch kaum zu verstehen, warum die Kirche und besonders die Ordensleute die Wahrheit, die hinter den sozialistischen und kommunistischen Theorien liegt, nicht erkennen konnten. Zwar sind die politischen Systeme, die aus diesen Theorien erwuchsen, dieser Wahrheit in einem Maße untreu geworden, daß sie sie ins Gegenteil pervertiert haben, so daß man ihrem Untergang nicht nachzutrauern braucht. Doch die Idee, die dahinter steht, steht dem Kern des Evangeliums näher als der Kapitalismus, der ganz wesentlich vom Geist der Gier bestimmt zu sein scheint.

Zwar hat auch der Kapitalismus einen Gedanke zur Grundlage, den es zu verteidigen gilt: die Freiheit des einzelnen. Die Freiheit ist, wie ich im theologischen Teil aufzuzeigen versucht habe, eine wesentliche Voraussetzung des christlichen Lebens. Als Ebenbild Gottes ist der Mensch wesentlich frei. Das muß sich auch in der Lebensform zeigen, welche in der Tradition des Pachomius das Privateigentum ablehnt. Doch die Freiheit des einzelnen ist immer auch die Freiheit der anderen: Es gibt darum keine Freiheit auf Kosten der anderen! Der Kapitalismus kann deshalb in seinem Wesen schon eine Verkennung der Grundfreiheit des einzelnen sein, und der ungebremste und «deregulierte», durch keinerlei Gesetz und Politik kontrollierte Kapitalismus ist es erst recht. Er realisiert die Freiheit weniger auf Kosten der Mehrheit der Menschen. Die zunehmende Verelendung ganzer Erdteile und großer Teile der europäischen und nordamerikanischen Bevölkerung ist das direkte Nebenprodukt des Kapitalismus. Nach Angaben der UNO befinden sich heute 82,7 % des gesamten Welteinkommens in den Händen von einem Fünftel der Weltbevölkerung. Anders gesagt: 80 % aller Menschen der Welt müssen von 17,3 % des Welteinkommens leben.

Ich werde im letzten Kapitel dieses Buches nochmals auf diese Problematik zurückkommen. Jetzt möchte ich nur eine Folgerung festhalten: Angesichts der Schreckensbilder des Kapitalismus, welche täglich über unsere Bildschirme rollen, wird eine Lebensform, die – im Binnenraum einer konkret gelebten Gemeinschaft! – konsequent das Privateigentum ablehnt, zur einer gesellschaftlichen Provokation, zu einem prophetischen Zeichen! Allerdings wird sie dazu nur dann, wenn sich die Gemeinschaft als solche bewußt ist, daß sie den Selbstenteignungsgedanken nicht einfach bloß auf den einzelnen beziehen darf. Die Gemeinschaft als solche und ganze muß Mittel und Wege finden, die die Distanz zur kapitalistischen Gesellschaft deutlich machen. Der Besitz einer Ordensgemeinschaft darf darum nicht nach den gleichen ökonomischen Prinzipien verwaltet werden wie derjenige eines internationalen Konzerns oder einer nationalen Institution.

Hier ist an eine von M. Weber hervorgehobene paradoxale Gesetzmäßigkeit zu erinnern. Der berühmte Wissenschaftler wies darauf hin, daß jede Ordensgemeinschaft, die nach dem Prinzip der gemeinsamen Kasse funktioniert, früher oder später «kippt». Mag ihr Ursprung noch so armselig und mögen die einzelnen Mitglieder noch so arm sein, sie wird in ihrer Entwicklung bald einmal einen kritischen Punkt erreichen, an dem aus einer armen Gemeinschaft eine reiche wird. Deshalb müssen junge Gründungen sich fragen, wie sie soziale und ökonomische Sperren vorsehen können, so daß sie diesen kritischen Punkt gar nicht erreichen. Die älteren Gemeinschaften müssen sich fragen, durch welche Maßnahmen sie ihren Besitzstand verringern oder aber wenigstens sozial und solidarisch nutzen können.

Abgesehen von diesem objektiv feststellbaren «Kippen» in der Entwicklung einer Gemeinschaft müßte man sich vermehrt den Gesetzen und der autonomen Dynamik zuwenden, die Institutionen und sozialen Gebilden innewohnen. Da darf man sich nicht einfach naiv in Unternehmen baulicher Art stürzen, ohne die Folgen, die daraus entstehen, miteinzubeziehen.

Mir geht es in diesem Abschnitt darum, daß wir unsere prophetische Kraft gegenüber dem Kapitalismus zurückgewinnen. Das kann nur geschehen, wenn wir uns das Wissen und die Erkenntnisse zunutze machen, welche die modernen Sozialwissenschaften und die inzwischen gut entwikkelte kapitalismuskritische Ökonomie zur Verfügung stellen (vgl. zum Beispiel U. Duchrow). Im übrigen soll nach den Ergebnissen einer Marburger Forschungsgruppe der Kapitalismus wesentlich von den Klöstern gelernt haben: Die Fabrik des 19. Jahrhunderts sei bis in einzelne architektonische Details hinein den alten monastischen Klöstern nachgebaut, und die Art und Weise, mit der Zeit und mit Gütern umzugehen, sei der Aszese der alten Mönche abgeschaut. Wenn das stimmt, dann ergäbe sich daraus sogar die Hoffnung, daß Ordensgemeinschaften Vorreiter für eine gerechtere Ökonomie sein können.

3. Solidarität mit der Welt: Arm mit den Armen

Mit diesen Gedanken habe ich den Binnenraum einer nichtkapitalistisch funktionierenden Ordensgemeinschaft schon längst überschritten, und es ist hoffentlich schon längst deutlich geworden, daß sich die nichtkapitalistische Mentalität auch auf die Außenbeziehungen einer Gemeinschaft auswirkt. Der Slogan dieser dritten Dimension der geistlichen Armut lautet deshalb: «Solidarität mit der Um- und Mitwelt, mit dem Universum, besonders aber mit den Armen.»

Die Not der Menschen

Der berühmte Philosoph aus dem Dominikanerorden, J. M. Bochenski, dessen Denken mich sonst sehr fasziniert, rechtfertigte seinerzeit die Tatsache, daß er schnelle Autos und ein Privatflugzeug besaß, mit dem Hinweis, er sei schließlich kein Franziskaner. Bochenski verweist mit diesem Hinweis auf die an sich selbstverständliche Einsicht, daß der Evangelische Rat der Armut verschiedene Ausformungen und Nuancierungen hat. Nicht jeder muß ein Franziskus sein, nicht einmal muß jede franziskanische Gemeinschaft so weit gehen wie Franziskus selbst. Bochenskis Satz ist trotzdem nicht nachzuvollziehen! Denn das Evangelium ist doch ganz eindeutig in seiner Option für die Armen, so daß schon der Christ, der nicht einem Orden angehört, solche Äußerungen schockiert zur Kenntnis nimmt. Als Ordensmann müßte Bochenski aber erst recht auf dem Hintergrund des pachomianischen Gedanken der innergemeinschaftlichen Solidarität zur Einsicht gelangt sein, daß seine Autos und sein Flugzeug seiner Ordensexistenz widersprechen. Und selbst Dominikus würde sich wohl im Grab umdrehen, müßte er solche Worte hören. Denn gerade deswegen gründete er ja seine Lebensform auf die Armut, weil er als Prediger erkennen mußte, daß seine Predigten, solange er als Reicher auftrat, ohne Wirkungen blieben.

Die «Armut» des Evangeliums darf nicht losgelöst von der Not der Menschen betrachtet werden. Auf diesem Hintergrund erscheint es angesichts des vielfältigen Elends, unter dem mehr als die Hälfte der Weltbevölkerung leiden muß, doch beinahe gotteslästerlich, evangelische Armut und soziale Not mit dem gleichen Begriff zu bezeichnen. «Einfachheit» als Ersatzbegriff für evangelische Armut wäre schon angemessener, obwohl auch dieses Wort nicht unbedingt zutrifft, wenn man sieht, was in vielen Ordensgemeinschaften jeden Tag auf den Tisch kommt. Doch sollte man vielleicht nur noch von «Einfachheit» reden, wenigstens im Sinn eines Zieles, das man sich setzt. Trotzdem bin ich dafür, daß man weiterhin von der Evangelischen Armut spricht, um nicht dem Sog der Banalisierung zu erliegen. Lieber ein permanent schlechtes Gewissen, das durch die gleiche Benennung aufrecht erhalten bleibt, als der totale Verlust der Solidarität.

Übrigens ist erstaunlich, in welchem Ausmaß auch schon das pachomianische Ordensleben sich den Armen zuwandte. Armenstuben und andere caritative Einrichtungen waren selbstverständlich. Vom Kloster Heisterbach wird berichtet, daß es in Hungerzeiten täglich bis zu 1500 Essen ausgegeben hat. Und immer wieder trifft man im Schrifttum der vorfranziskanischen Zeit die Frage: Was haben uns die Armen zu sagen? Wo sind unsere Möglichkeiten, mit den Armen solidarisch zu sein?

Franz von Assisi

Die Antwort auf diese Fragen ist nun der spezifische Gedanke, den der hl. Franziskus und andere im 12. und 13. Jahrhundert in die «Theologie der Räte» eingebracht haben. Neben der konsequenten Geschwisterlichkeit und der gemeinsamen Bedürfnisdeckung, zwei Aspekten, die ja beide auch den heiligen Franz kennzeichnen, stellt er in besonderer Weise die konsequente Solidarität mit den Armen in den Mittelpunkt. Deswegen bricht er völlig mit einer Gesellschaft, die immerzu Menschen in die Armut treibt. Er verkauft gemäß dem Evangelium (vgl. Mk 10) seinen ganzen Besitz und gibt den Erlös den Armen. Franziskus will als Armer unter Armen leben, unter den gleichen gesellschaftlichen und wirtschaftlichen Bedingungen: Er lehnt das Geld ab, weil es für ihn das Symbol der Habsucht und Gier schlechthin ist. Er arbeitet mit seinen Händen und erwartet den Lohn in Form von Lebensmitteln. Wenn ihm der gerechte Lohn verweigert wird, geht er bettelnd von Tür zu Tür. Auf keinen Fall aber will er etwas haben, das bereits heute die Bedürfnisse des morgigen Tages abdeckt. Das Heute ist ihm genug, Anhäufung, wirtschaftlich gesprochen: «Akkumulation» lehnt er gänzlich ab, kapitalistische Eigentums- und Geldvermehrung soll bereits im Ansatz verunmöglicht werden, Eigentums- und Geldbesitz sind darum verboten. Franziskus lehnt nicht nur das Privateigentum ab, sondern auch den Eigentumsbesitz der entstehenden Gemeinschaft. «Sine proprio», ohne Eigentum und Besitz leben soll sowohl der einzelne Bruder (und die einzelne Schwester) als auch die Bruderschaft bzw. die Gemeinschaft als ganze.

Klara von Assisi hat diesen Aspekt zur Mitte auch der kontemplativen Lebensform gemacht. Sie rang den Päpsten das sog. «Armutsprivileg» ab, und R. Manselli sprach im Bezug darauf vom «Privileg, keine Privilegien zu haben». Daran hing Klaras Herz jahrzehntelang. Das war auch der ausschlaggebende Grund, warum sie zur ersten Verfasserin einer Ordensregel für Frauen wurde.

Die absolute Besitzlosigkeit ist natürlich ein sehr hoher Anspruch. Die Franziskaner selbst konnten nicht auf der Höhe dieser Forderung bleiben. Bald suchten sie durch theologische und philosophische Unterscheidungen, durch juristische Fiktionen und Delegationen die Vorstellung des hl. Franz zu retten, wie sie meinten, bzw. zu unterhöhlen, wie wir von heute aus urteilen. Dennoch ist die konsequente Solidarität mit den Armen ein Stachel im Fleisch der Franziskaner. Und immer wieder finden sich solche, die auch diesen Weg gehen wollen: So konnte man vor einiger Zeit in einem sehr eindrücklichen Fernsehfilm drei Franziskaner kennenlernen, die in Paris als «Clochards» leben: unter Brücken, auf Bahnhöfen, in den Gängen der Metro; sie erbetteln das, was sie zum Essen brauchen, nehmen aber kein Geld; und ab und an durchwühlen sie sogar Abfallkübel nach Eßbarem. Der Film zeigte auch, welche Wirkung von einer solchen Lebensweise ausgeht: Die anderen Clochards spüren, daß sich hier jemand um ihretwillen arm macht. Da ist jemand, der nicht aus sozialer Not oder aus gesellschaftlichem Zwang heraus Clochard wird, sondern aus dem Motiv der Solidarität heraus. Eine Vernetzung der Clochards kommt zustande, ein Beziehungsnetz, das trägt. Ähnliches lebt der Kapuziner Benoit Charlemagne, der seine Abenteuer unter dem eindrücklichen Titel «Ein Kamel im Nadelöhr» (vgl. Mt 19,24) erzählt.

Solche Beispiele können vermehrt werden. Es gibt sogar ganze Klöster, die in Europa und anderswo ohne Geld von Abfällen der Warenhäuser und Hotels leben. Auch in den Elendsvierteln der Großstädte findet man in aller Welt immer wieder Franziskanerinnen und Franziskaner und auch viele andere, die die sog. «Option für die Armen» so ernst nehmen, daß sie unter den gleichen Lebensbedingungen wie die Menschen in Not leben.

Aber selbstverständlich sind das im Vergleich zu den großen Mitgliederzahlen der verschiedenen Zweige der franziskanischen Familie immer nur wenige. Überdies ist eine solche Lebensweise immer noch weit entfernt von dem, was ein Franziskus gelebt hat und was die Armen tatsächlich täglich leben müssen. Denn ein Ordensmitglied kann immer wieder in die Gemeinschaft zurück, in die gemütlich bergende Sicherheit, z.B. sobald es krank wird. Trotzdem ist es gut, daß es so mutige Menschen, wie oben beschrieben, gibt. Es wäre zu wünschen, daß sie noch zahlreicher würden. Denn das Selbstbewußtsein derer, die diese Armutssituation erzwungenermaßen erleiden müssen, steigt durch diese Solidarität erheblich. Auf diese Weise werden mehr Kräfte und Energien freigesetzt als durch Geld und Entwicklungshilfe.

Ich möchte aber die Interpretation des franziskanischen

Grundanliegens der Armut nicht einengen. Eine bloß buchstäbliche Deutung des Geld- und Eigentumsverbotes greift deshalb zu kurz. Zu fragen ist vielmehr, welche weiteren Ausdrucksformen die radikale Solidarität mit den Armen auch sonst noch finden kann. Diese Frage stellt sich in allen Gemeinschaften, die das oben erwähnte «Kippen» von einer armen zu einer reichen Kommunität erlebt haben. Hier sind Phantasie und Wille gefragt.

Die neue Armut

Wir leben heute in einer Situation, in der die Schere zwischen arm und reich immer größer wird. Es ist ja nicht mehr nur so, wenn es denn je der Fall gewesen sein sollte, daß wir beim Stichwort «Armut» allein an die «Dritte Welt» denken müssen. Die Armut ist vielmehr zu einer Realität auch in Deutschland und der Schweiz geworden, und wir sprechen heute von der sog. «neuen Armut». In Basel hat eine Untersuchung, die von der Regierung veranlaßt wurde, ergeben, daß etwa 20 % der Stadtbevölkerung an der Armutsgrenze leben. Ein Fünftel der Einwohner einer Schweizer Stadt an der Armutsgrenze! In Österreich und Deutschland werden es sicher nicht weniger sein, und sicher ist, daß es aus verschiedenen Gründen auch in den hochentwickelten Industrienationen mehr Menschen in Armut geben wird.

Das Problem der Arbeitslosigkeit ist dafür symptomatisch und wird so schnell nicht zu lösen sein, auch wenn die Politiker uns natürlich Hoffnung machen, daß sie bald durch Innovationen und durch erneutes Wachstum überwunden werden kann, wobei auch der Gedanke weiteren Wachstums selbst Zweifel wecken muß. Denn: darf eine Wirtschaft, die auf unbegrenztes Wachstum setzt, überhaupt noch unterstützt werden? Müssen nicht die begrenzten Ressourcen der Erde für immer mehr Menschen genügen, und drohen wir nicht, in eine ökologische Krise zu laufen? «Klimakatastrophe» und «Ozonloch» sind dafür Stichworte, die eine Gewißheit anzeigen und nicht mehr nur eine Wahrscheinlichkeit. Denn eine Gewißheit ist es, daß in den nächsten 70 bis 80 Jahren die Temperatur der Erdhülle um ca. 2 °C ansteigen wird. Das hat zur Folge, daß sich überall das Klima verändert, daß zum Beispiel in der Schweiz tropische Verhältnisse entstehen; daß zum Beispiel ein Teil der Niederlande und von BanglaDesh und eine Anzahl anderer Länder im Meer versinken werden. Es werden neue Fluchtbewegungen entstehen; wir werden noch mehr Flüchtlinge haben, noch mehr Asylanten, noch mehr Not. Das sind die Realitäten, auf die wir zugehen.

Die Folgerung daraus ist klar: Wir müssen um ein Vielfaches einfacher werden; wir müssen in Europa und in Nordamerika lernen, mit viel weniger auszukommen. Deswegen ergibt sich auch die Notwendigkeit zu fragen: Wie können wir solidarisch sein, mit den Armen der Welt von heute und den Armen der Welt von morgen? Und ich möchte provokativ hinzufügen: Diese Fragen reichen schon lange nicht mehr aus. Die Frage lautet vielmehr: Wie können wir anders leben? Wir müssen zum heute geltenden Lebensstil eine wirkliche Alternative finden. Nicht *ein wenig* anders leben, ist das Motto, sondern: *ganz anders leben*!

4. Aszetische Praxis

Mit dieser Feststellung sind wir bei der aszetischen Praxis angelangt. Diese Aszese ist nicht Selbstzweck und bewegt sich nicht in einem dualistischen Bezugsrahmen, wie die antike Verzichtspraxis, die so großen Einfluß auf die christliche Spiritualität hatte. Sie ist vielmehr das Postulat einer lebensfreundlichen Weltanschauung. Solche Aszese sucht nicht die Abtötung, sondern das Leben! Weil ich das Leben fördern will, in mir selbst, in der Gemeinschaft, in der Welt, für alle Menschen, muß ich auf vieles verzichten.

Worauf aber muß ich verzichten, wenn ich dem Leben dienen will? Das ist die Grundfrage, die noch in verschiedene weitere Fragen aufgefächert werden kann:

Worauf muß ich verzichten, wenn ich meiner Gesundheit dienen will? Einige Stichworte sollen genügen: Lebensmittel, die Gift enthalten; übermäßigen Fleisch-, Alkohol- und Genußmittelkonsum; auf gesundheitlich bedenkliche Baumaterialien, auf ständige Lärmberieselung, auf die Bilderflut und andere gesundheitsschädigende Dinge.

Und dann die Schöpfung ganz allgemein? Worauf muß ich verzichten, wenn ich einen Beitrag leisten will, damit die ökologische Katastrophe, die voraussehbar ist, noch verhindert werden kann? Und wenn sie nicht mehr zu verhindern ist, dann müssen wir doch wenigstens alles tun, damit sie aufgeschoben und gemindert oder in ihren Auswirkungen weniger todbringend sein wird.

Worauf muß ich drittens verzichten, wenn ich will, daß den Leuten Gerechtigkeit widerfahren soll? Die hl. Elisabeth von Thüringen hat auf das Essen verzichtet, wenn sie erkannte, daß das, was auf dem Tisch lag, aus ungerechten Einkünften stammte. Auch hier haben wir sehr, sehr viele Dinge noch überhaupt nicht bedacht. Zum Beispiel: Was kochen wir? Was essen wir? Man muß sich doch die Tatsache einmal vor Augen halten, daß wir mit Getreide 7 bis 10 mal mehr Menschen ernähren können als mit Fleisch. Die Frage stellt sich also schon bei den täglichen Mahlzeiten: Wo werde ich mitschuldig, daß Menschen vor Hunger sterben, indem wir in einem solchen Maße Fleisch konsumieren, wie das heute bei uns fast überall der Fall ist. Haben wir schon einmal zur Kenntnis genommen, daß in den Entwicklungsländern, in denen immer wieder Hunger herrscht, Getreide angepflanzt und dann in unsere Länder exportiert wird, nur damit wir es den Schweinen füttern können und unsere tägliche Wurst haben, oder daß in Lateinamerika ganze Wälder abgeholzt werden, um Weideflächen zu erhalten für Rinderherden, die bestimmt sind für den Fleischexport. Das Schweizer Bündner-Fleisch, ein Markenartikel der Schweiz, ist zu einem guten Teil schon lange kein Fleisch mehr aus dem Bündner Land!

Die Information über solche ökonomischen Zusammenhänge über die sich absolutgebende und menschentötende sogenannte «freie» Marktwirtschaft und über ihre verheerenden Folgen sind unbedingt notwendig. Nur so können wir zu einer konsequent lebensfreundlichen Aszese gelangen. Deswegen werde ich im letzten Teil dieses Buches die Problematik, die mit dem Evangelischen Rat der Armut verbunden ist, von der Ökonomie her nochmals aufgreifen.

II. Gehorsam

Gehorsam ist ein besonderes Wort, und zwar deswegen, weil es wie kaum ein anderes im Verlaufe dieses Jahrhunderts mißbraucht wurde. Ich nenne nur ein Stichwort: Auschwitz. Es gibt Menschen, die ihr Unrechtshandeln während der nationalsozialistischen Diktatur dadurch rechtfertigen wollen, daß sie sagen: «Man hat mir befohlen, so zu handeln. Ich kann für die Ermordung von Menschen nicht verantwortlich gemacht werden, weil ich nur ausgeführt habe, was man mir aufgetragen hat.» Und nicht nur damals hat man sich so gerechtfertigt. Dieses Argument ist vielmehr ein stets wiederkehrendes, dem wir immer wieder erliegen. So stellt sich im 20. Jahrhundert nach all dem millionenfachen Mord im Namen des Gehorsams die Frage: «Wie können wir nach Auschwitz in den Orden, innerhalb der Kirche, noch von Gehorsam reden?» Ich möchte meinen, daß der Gehorsam zur Zeit des Nazi-Regimes oder auch der Gehorsam des Stasi-Spitzels nichts zu tun hat mit dem, was wir im Orden leben wollen! Zufällig werden zwei völlig unterschiedliche Verhaltensweisen mit demselben Wort bezeichnet. Immer wieder wird der fundamentale Unterschied zwischen dem «Ordnungsgehorsam» in einem Staat, in einem System, in einer Armee einerseits und dem Gehorsam, den wir als gläubige Menschen meinen, andererseits verwischt. Was also ist Gehorsam im Sinne des Ordenslebens, im Sinne der Kirche? Ich möchte das wiederum anhand der vier Dimensionen aufzeigen, die wir bereits kennen.

1. Theologisch-mystische Dimension des Gehorsams

Wenn bei der Armut die Geschöpflichkeit des Menschens und Gottes Herabsteigen zum Menschen im Vordergrund stehen, so können wir beim Gehorsam sagen: Wir stehen mit Gott in einem dialogischen Verhältnis.

Der hörende Mensch

Gehorsam hat etwas mit der spezifisch-biblischen Gottesauffassung zu tun, mit der Art und Weise, wie wir innerhalb der jüdisch-christlichen Tradition von Gott reden: Gott ist uns zugewandt. Er ist Antlitz und Wort, ein personhaftes Gegenüber, mit dem wir in einem dialogischen Austausch stehen.

Wir können, um diese Aussage deutlicher zu machen, ausgehen vom Personbegriff. «Person» – das vergessen wir oft – ist ein spezifisch christlicher Begriff! Es gab ihn so noch nicht im vorchristlichen, heidnischen Vokabular. Das Wort existierte zwar, meinte aber etwas völlig anderes. Es ist grundlegend umgeprägt worden in der Auseinandersetzung mit dem geoffenbarten Geheimnis Gottes. Früher bezeichnete das Wort «Persona» eine Maske, die man beim Theaterspielen aufsetzte, kennzeichnete also die fremde Rolle, die man zu spielen hatte und somit gerade nicht das Eigentliche, das man war. Im Verlauf der großen Diskussionen, die man in der alten Kirche über Gott und Christus führte, wurde dann unter «Person» immer mehr das Innerste und Eigentliche des Geistwesens bezeichnet, das wahre Ich Gottes, Jesu, des Menschen. Mit diesem Begriff verband sich immer mehr die Vorstellung von einem Geheimnis, das zu hüten ist, von einem Gegenüber, dem man Anerkennung schuldete, von einer Würde, die durch nichts verloren werden kann. Die Menschenrechte, die sich im Westen ausgebildet haben, wären gar nicht denkbar ohne diesen spezifisch christlichen Begriff.

Person kommt weiterhin von «personare», was soviel bedeutet wie «durchtönen». In der biblischen Tradition wird Gott, wenn er denn personhaft ist, als einer begriffen, der ruft und der diesen Ruf in die Tiefen der menschlichen Seele hineinspricht. Der Mensch auf der anderen Seite ist der Angerufene, der antwortet. In dem Maße, wie der Mensch durchtönt wird und sich dessen bewußt ist, mit anderen Worten: in dem Maße, wie er hört, wird er Person. Der Mensch wird von Gott angesprochen, bei seinem Namen gerufen, und sagt: Ja, hier bin ich. In dem Maße, wie er diesen Ruf hört, seinen eigenen unaustauschbaren Namen vernimmt, ist er Person.

Damit ist aber, wie sich von selbst ergibt, einiges für das Verständnis des Gehorsams ausgesagt. Wir stehen in einem dialogischen Verhältnis: Gott spricht und ruft – wir hören und geben Antwort. Dieses hörende Antwortgeben – das ist Gehorsam! Das Wort «Gehorsam» heißt ja schon von der Wortbedeutung her: ein Ohr haben, hören, das Ohr hinhalten. Gehorsam bedeutet also grundsätzliche Hellhörigkeit, die feinstmögliche Sensibilität des Hörens.

Dieser Zusammenhang wird besonders deutlich in der Samuel-Geschichte im Alten Testament (vgl. 1 Sam 3): Da ist einer, der hört, der nichts als hörender Mensch ist, der seinen Namen vernimmt und dann sagt: «Rede, Herr, dein Diener hört.» Samuel ist darum der Typus des Gehorsams, das heißt: Jeder einzelne ist hörend auf das Geheimnis Gottes verwiesen, will seinen Namen hören, die eigene Identität vernehmen und erfahren, die eigene Sendung, den ganz persönlichen Auftrag in der Begegnung mit Gott entdecken und empfangen.

Aber auch die ganze Kirche, das ganze Volk Gottes, «Israel» im Alten Testament, ist hörend auf Gott verwiesen. «Höre, Israel, dein Gott spricht!» ist ein sehr häufiger Aufruf im Alten Testament! Im Neuen Testament, in der Apokalypse, heißt es in den sieben Sendschreiben: «Hört, was der Geist der Gemeinde sagt!» Die ganze Kirche realisiert sich, indem sie hörend auf den Geist Gottes ausgespannt ist.

Der Christ wird bei Johannes definiert als einer, der die Stimme Jesu Christi, des guten Hirten kennt. Es geht also darum, aus den vielen Stimmen der Welt die eine wirklich geltende Stimme herauszuhören; man muß die Stimme Jesu Christi aus der Vielstimmigkeit der Töne und Laute herausfiltrieren.

«Glaube kommt vom Hören», sagt weiterhin Paulus. Glaube ist nicht einfach das ungeprüfte und geistlose Übernehmen von sog. «Wahrheiten», sondern die Hingabe an das, was man aufgrund eines intensiven Hörvorgangs als wirklich sinnstiftend und lebenserhaltend erfährt.

Ich könnte so fortfahren mit dem Aufweis von biblischen Bezügen. Die Worte «hören», «ge-hören», «horchen», «ge-horchen» und in der Folge davon das Wort «Gehorsam» gehören zum grundlegenden Vokabular der Bibel.

Nur der hörende Mensch also realisiert letztlich sein Menschsein. Vielleicht müssen wir von hierher sogar sagen, daß «hören» und «Gehorsam» die einzig mögliche Konkretisierung unserer Freiheit sind. Denn wenn Gott frei ist, wenn er aus sich heraus ungehindert schafft, und wenn wir seine Ebenbilder sind, dann muß doch auch die Freiheit wesentlich zur menschlichen Person gehören, die freie Selbstverfügung. Fremdbestimmung dagegen wäre nicht nur die Verkennung des Menschseins des Menschen, sondern auch eine Sünde gegen Gott, der den Menschen als sein freies Gegenüber geschaffen hat.

Freilich ist gleich hinzuzufügen: Wir sind nicht im gleichen Maße frei, in dem Gott frei ist. Wenn er absolut frei ist, dann sind wir es nur auf relative Weise. Wir können unsere Freiheit nur realisieren im ständigen Hören auf Gott und die Mitmenschen. Nur der hörende Mensch realisiert sein Wesen, seine Freiheit. Einerseits müssen wir uns an Gott orientieren, und andererseits müssen wir auch nach links und rechts hin orientiert sein, weil ja auch die anderen Geschöpfe – Menschen wie wir! – frei sind, und weil meine Freiheit dann immer auch die Freiheit der anderen einschließen muß. Ich kann meine Freiheit nur realisieren, wenn ich auf die anderen höre und auf die Freiheit der anderen bezogen bleibe.

Wir stehen also in einem vielfältigen Netz von Beziehungen, die durch ein allseitiges Hören gekennzeichnet sind. Diese vertikale Bezogenheit des einzelnen Menschen wie auch des Volkes Gottes – der Kirche – auf Gott und diese horizontale Bezogenheit der Menschen untereinander sind zusammengenommen das, was wir Gehorsam nennen. Wir stehen in einer grundlegend dialogisch verfaßten Welt.

Deswegen hat Karl Rahner den Menschen als den «Hörer des Wortes» definiert. Wenn das eine richtige oder gute Definition des Menschen ist, dann heißt das: Nur der Mensch, der in allem, was ist, Gottes Wort hört, ist auf der Höhe seines Menschseins. Nur der hat sein Menschsein wirklich realisiert, der Gottes Wort gehört hat.

Neuerdings bekommen wir in dieser mystisch theologischen Auffassung vom Menschen Unterstützung von einem Arzt aus Frankreich, von A. Thomatis, einem berühmten Ohrenarzt, der Studien zur Entwicklungsgeschichte des Ohres gemacht hat. Er sagt, es sei ihm, als ob die ganze Entwicklung der Menschheit auf jenen Punkt hinläuft, an dem das Hörorgan, das Ohr, ausgebildet wird, die Fähigkeit nämlich, den Logos zu vernehmen, den letzten Sinn, der in die Welt eingestiftet ist und der in der gesamten Realität «an-west». Es ist außerordentlich bezeichnend, wenn ein Ohrenarzt denselben Begriff gebraucht wie die Theologen, wenn sie von Gott reden oder von Jesus Christus, dem menschgewordenen Logos.

Das erinnert uns an die Grundaussage des Johannes-Prologes: Gott ist von allem Anfang an «Wort»: Logos. Gott, dieser sich uns zuwendende und anredende Gott ist mit seinem «Wort» eingegangen in die ganze Schöpfung. «Im Wort ist alles geschaffen.» Darum kann jeder Stein zur Botschaft werden. Alles ist Kunde von Gott. Die ganze Schöpfung ist Offenbarung. Wir stehen in einem weltweiten universalen Gefüge von Worten Gottes, die an uns adressiert sind. Und in der Mitte des Kosmos steht das menschgewordene Wort Gottes, Jesus, den wir als unseren Christus bekennen.

Im Grunde genommen ist dann die Lebensgeschichte Jesu nichts anderes als eine Biographie des Wortes Gottes, eine Entfaltung dessen, was Gott uns sagen will. Jesus von Nazaret ist das Wort, in dem alles gesagt ist, was Gott überhaupt sagen kann. Mehr als in ihm und durch ihn kann Gott nicht sagen! In Jesus sagt sich Gott aus als Liebe, er teilt sich selbst mit, und mehr als diese totale Selbstgabe kann Gott nicht geben, mehr kann er nicht sagen! Deswegen besteht die Notwendigkeit für die Ordensleute und eigentlich für jeden Christen, sich ständig an Jesus Christus zu orientieren.

Wir leben aus dem gehörten Wort Gottes! «Wort Gottes» – das kann alles sein, alles und jedes. Wo immer ich stehe, wenn ich eine Arbeit gut verrichte – man spricht dann vielleicht mit Edith Stein von «Sachgehorsam» – oder wenn ich in einer Beziehung oder eben in einer konkreten Gemeinschaft lebe oder wenn ich in einer bestimmten Zeit lebe, immer stehe ich letztlich Gott gegenüber, der zu mir spricht. Alles und jedes kann zur Vermittlung dieses Wortes Gottes werden. In allem kann ich dieses Wort Gottes heraushören, wenn ich ein horchender Mensch bin. Christliche Meditation ist auf diesem Hintergrund wesentlich als Einübung in das Hören oder gar in den Gehorsam zu verstehen.

Der hörende Gott

Wie schon beim Rat der Armut wage ich es, den Begriff «Gehorsam» mit Gott selbst in Verbindung zu setzen. Gott selbst ist wesentlich ein Ge-hor-samer, ein Hörender. Schon die ursprüngliche Bedeutung des deutschen Wortes «Gott» weist darauf hin. Denn es ist gleichbedeutend mit «das Wesen, das angerufen wird», was dann wiederum gleichbedeutend ist mit: «das Wesen, das uns hört». Darum würden wir auf eine falsche Fährte geraten, wenn wir Gott nur als Sprechenden, Befehlenden, Tonangebenden verstünden.

Gott ist in sich selbst spannungsvolles Reden und Hören und auch zutiefst kommunikatives Schweigen; er ist das Sich-aussprechen und das Ausgesprochene und dann das Hin- und Herfluten ständiger Zuwendung. Wenn wir Christen von der Dreifaltigkeit reden, so gerade deswegen, weil wir Gott nie angemessen mit Begriffen verstehen können. Sobald wir eine Aussage über Gott machen, müssen wir sie auch gleich wieder verneinen, um zu versuchen, Gott mit dem jeweiligen Gegenteil zu fassen. Gott ist, so könnten wir darum sagen, ebenso das Wort schlechthin wie er auch das Hören des Wortes schlechthin ist. Gott selbst verkörpert den absoluten Gehorsam, weil er nicht nur das aus sich heraus sprudelnde Wort ist, sondern auch die liebende Aufmerksamkeit, mit der er dieses Wort vernimmt.

Folglich erfahren wir Gott in der Geschichte auf zweierlei Weise: als das Geheimnis, das uns ruft, und als das Geheimnis, das sich ansprechen läßt und hört, ja, wir erfahren Gott sogar so, daß er sich in seinem Reden völlig zurücknimmt und nur noch Gehorsam ist.

Zum Größten, das es in unserem Glauben zu bezeugen gilt, gehört die Offenbarung des Gottesnamens: «Jahwe.» *Der, der da ist!* Gott ist lauter Gegenwart, Zuwendung, befreiende Anrede! Er ist das Geheimnis, das, wie kein anderes Wesen sonst, ganz bei sich ist und darum «Ich» sagt und sich zu uns Menschen in Beziehung setzt. In dem Maße, wie er zu Moses «Ich» sagt, kann dann auch er, der Mensch, «Ich» sagen; er findet sein eigentliches «Ich», indem er auf den hört, der da ist für sein Volk; Moses entdeckt im brennenden Dornbusch auch sein eigenes inneres Feuer, seine Leidenschaft für seine Mitmenschen, für das Volk, das sich Gott zueigen gemacht hat; Moses entdeckt den Auftrag, den er zu erfüllen hat. So verschlingen sich in einer Art mystischer Erfahrung das Ich Gottes und das Ich des Moses ineinander; es kommt zur Synergie, zum Zusammenspiel der göttlichen und menschlichen Kräfte. Das Eingehen des Moses auf die befreiende Gegenwart Gottes ist nichts anderes als das, was wir Gehorsam nennen. Aber auch das Verhalten Gottes enthüllt sich als Gehorsam, wenn wir bedenken, daß Gott die Schreie der Sklaven in Ägypten hört und nun sich auf eine verbindliche Weise der Freiheit des Volkes Israel verschreibt. Doch wird bereits da deutlich, daß Gott auf keinem anderen Weg die Freiheit herbeiführen kann als dadurch, daß er gehorsame Menschen in seinen Dienst nimmt. Das ist Selbstverzicht, gewählte Ohnmacht, eben Gehorsam.

Gehorsam ist, wenn wir genau hinschauen, ein Wort mit großer mystischer Qualität. Deswegen spricht die Dichterin und Nonne S. Walter vom «Tanz des Gehorsams». Viele Jahre vor ihr hat Madeleine Delbrêl, die als engagierte Sozialarbeiterin im kommunistischen Milieu Frankreichs vielen zu einem gelösteren Dasein verhelfen konnte, das gleiche schöne Bild gebraucht:

Der Ball des Gehorsams

Heute ist der 14. Juli.
Allerorten, seit Monaten, Jahren,
tanzt die Welt.
Je mehr man drin stirbt,
um so mehr tanzt man.
Wogen des Krieges, wogender Ballsaal.
Das Ganze macht wirklich viel Lärm.

Die ernsthaften Leute
haben sich schlafen gelegt.
Die Mönche singen
die Matutin vom heiligen König Heinrich.

Ich aber denke
an den anderen König.
Den König David, der vor der Arche tanzte.
Denn wenn es viele heiligmäßigen Leute gibt,
die nicht gern tanzen,
gibt es doch viele Heilige,
die ein Bedürfnis nach Tanz besaßen,
so froh waren sie zu leben:
Teresa mit ihren Kastagnetten,
Juan vom Kreuz
mit dem Jesuskind auf seinem Arm,
und Francesco angesichts des Papstes.

Wären wir mit dir zufrieden, Herr,
wir könnten dieser Tanzlust nicht widerstehen,
die sich durch die Welt hin ergießt.
Und wir könnten sogar erraten,
welchen Tanz du von uns aufgeführt haben möchtest,
einstimmend in den Rhythmus deiner Vorsehung.

Denn ich vermute, du hast von den Leuten genug,
die ständig davon reden,
dir zu Diensten zu sein

mit der Miene von Feldwebeln,
dich zu kennen
mit der Pose von Professoren,
nach Sportregeln zu dir gelangen
und dich lieben,
wie man einander liebt
in einem alten Haushalt.

Eines Tages,
da du ein wenig Lust
nach etwas anderem hattest,
erfandest du den heiligen Franz
und machtest deinen Gaukler aus ihm.

An uns ist's,
uns von dir erfinden zu lassen,
um fröhliche Leute zu sein,
die ihr Leben mit dir tanzen.

Will einer ein guter Tänzer sein,
mit dir oder sonstwie,
darf er nicht wissen,
wohin es führt.
Nur folgen muß man,
aufgelegt sein
und schwerelos,
und vor allem sich nicht versteifen.

Man soll dir
keine Erklärungen abverlangen
über die Schritte, die du zu tun beliebst,
sondern sein
wie eine Verlängerung deiner,
behende und wendig,
und durch dich hindurch
den Takt des Orchesters aufnehmen.

Man darf nicht um jeden Preis
vorankommen wollen,
sondern soll zufrieden sein,
sich zu drehen,
seitwärts zu steppen,
anzuhalten, wenn nötig,
und zu gleiten, anstatt zu schreiten.

Und all das
wären nur idiotische Schritte,
machte nicht die Musik daraus
eine Harmonie.

Wir hingegen
vergessen die Musik deines Geistes,
und machen aus unserem Leben
eine Turnübung;
wir vergessen,
daß es in deinen Armen getanzt wird,
daß dein heiliger Wille
von unvorstellbarer Phantasie ist,
daß es monoton und langweilig
nur für ältliche Seelen zugeht,
die als Mauerblümchen sitzen
am Rand
des lustigen Balls deiner Liebe.

Herr, komm und lade uns ein.
Wir sind bereit,
dir diese Besorgung vorzutanzen,
dieses Haushaltungsbuch,
diese Mahlzeitbereitung,
diese Nachtwache,
bei der wir schläfrig sein werden.
Wir sind bereit,
dir den Walzer der Arbeit zu tanzen,
den der Hitze
und dann wieder den der Kälte.

Wenn gewisse Melodien
in Moll stehen,
werden wir nicht behaupten,
sie seien traurig.

Wenn andere uns
etwas außer Atem bringen,
sagen wir nicht,
sie stießen uns die Lunge aus dem Leib.

Und wenn Leute uns anrempeln,
werden wir's lachend hinnehmen,
wohl wissend,
daß beim Tanz so was immer geschieht.

Herr,
lehre uns den genauen Platz,
den in dem endlosen Roman,
der sich zwischen dir und uns abspielt,
der Ball einnimmt,
dieser seltsame Ball des Gehorsams.

Offenbare uns
das große Orchester deiner Heilspläne,
worin das, was du zuläßt,
befremdliche Töne von sich gibt
inmitten der Heiterkeit deiner Verfügungen.

Lehre uns,
täglich die Art
unseres Menschseins anzuziehen
wie ein Ballkleid,
das uns alles an ihm
um deinetwillen
liebenswert macht
wie unentbehrlichen Schmuck.

Gib,
daß wir unser Dasein leben
nicht wie ein Schachspiel,
bei dem alles berechnet ist,
nicht wie einen Match,
bei dem alles schwierig ist,
nicht wie ein Zahlenproblem,
bei dem man sich den Kopf zerbricht,
sondern
wie ein endloses Fest,
bei dem man dir immer wieder begegnet,
wie einen Ball,
einen Tanz
in den Armen deiner Gnade,
während Musik der Liebe uns allseits umfaßt.

Herr, komm und lade uns ein.

(67–69).

Jesus Christus

Das Wesen, das diesen Tanz des Gehorsams am vollkommensten getanzt hat und das darum zum Maßstab für alle geworden ist, die ihm nachfolgen wollen, ist Jesus von Nazaret. Wir nennen ihn deswegen Gottes Sohn, ja sogar Gott. Oder anders gesagt: Gott selbst ist der Gehorsame, er will «durch Leiden den Gehorsam lernen» (Hebr 5,8); er entäußert sich so sehr, daß er nur noch Gehorsam ist; da ist nichts mehr von Macht, nur noch Dienst; nichts mehr von Befehl und Herrschaft, nur noch Einfühlung und Hellhörigkeit (vgl. wiederum das zweite Kapitel des Philipperbriefes).

Das ganze Leben Jesu kann im Begriff «Gehorsam» zusammengefaßt werden. Er ist nicht gekommen, zu herrschen, sondern zu dienen. Er beugt sich nieder und wäscht den anderen einfühlend die Füße. Er drängt sich nicht auf, sondern ist sensibel für die Not der Menschen. Er revolutioniert das Gottesbild, indem er folgende Gleichnisgeschichte erzählt: Alle warten auf den Herrn, der wiederkommen soll. Alles ist gut vorbereitet, der Tisch gedeckt, die Diener sind bereit, um ihn zu bedienen, und nun kommt der Herr, und zur Überraschung aller sagt er: Nein, der Tisch ist für euch gedeckt, setzt euch hin, ich (Gott!) werde euch bedienen (vgl. Lk 12,36ff.).

Wenn das keine Revolution ist! Religion darf nach dieser Offenbarung nie mehr zum Zweck der Machtvermehrung und Machtbegründung mißbraucht werden. Gott bringt besonders in der Gestalt Jesu eine andere Logik in die Welt: «Unter euch soll es nicht so sein!» (Mt 20,24). Unter den Christen soll die Logik der einfühlenden, «gehorsamen» Liebe gelten, nicht das Gesetz der Macht. Nur dann ist Gott in der Welt gegenwärtig, nur in dem Maße, wie die Entmachtung der Mächtigen stattfindet und die Logik der Liebe Raum gewinnt, wird Gott wahrhaft gegenwärtig.

Deswegen kann sich das kirchliche Amt, selbst wenn es sich so nennt, nicht als «Hierarchie» (= Heilige Herrschaft) legitimieren. Wenn die Kirche das trotzdem tut, muß sie wissen, daß sie den Geist Jesu damit verrät. Kirche ist ein Raum der sich hingebenden Liebe; wenn sie etwas anderes zu sein verkündet, begeht sie Verrat!

Aus diesem Grund ist der Evangelische Rat des Gehorsams die einzige Logik, die auf allen Ebenen der Kirche gelten sollte. Den revolutionären Charakter dieses «Gehorsams» hat neuerdings P. L. Berger, der berühmte Soziologe, herausgestellt: «Wenn Paulus von der «Torheit» des Evangeliums spricht und ihr die «Weisheit der Welt» gegenüberstellt, dann weist er damit auf einen kognitiven Aspekt der kenosis Gottes hin, auf dessen Erniedrigung. In der christlichen Lehre, wie sie uns generell gepredigt wird, ist es zu Recht eher der moralische Aspekt, der im Vordergrund steht: Jesus kam vor allem zu den Armen und den Verachteten an den Rändern der Gesellschaft; der Tod, den er starb, war der Tod eines Kriminellen. Tatsächlich suchen wir ihn auch heute noch eher in den Randzonen der Gesellschaft als unter den Reichen, Mächtigen und Angesehenen. Dies ist der moralisch-revolutionäre Gehalt des «Wortes vom Kreuz», und wie mir scheint, ist diese schockierende Botschaft in den vielen Jahrhunderten christlicher Geschichte niemals voll akzeptiert und verdaut worden. Sie erschüttert nach wie vor die Fundamente aller von Menschen erfundenen Moralsysteme, sie relativiert alle sozialen Hierarchien und läßt die Hohlheit aller menschlichen Gesellschaftsordnungen sichtbar werden. Aber während die «Weisheit der Welt» wesentlicher Bestandteil aller dieser Sozialordnungen ist, besteht die «Torheit» des Evangeliums eben darin, daß es alles, was als «Weisheit» gilt, und jeden, der behauptet, sie zu besitzen, relativiert und in Frage stellt (S. 19).

2. Die Gemeinschaftsdimension des Gehorsams

Wenn das aber der Kern des Evangeliums ist, dann kommt auch dem spezifischen Ordensgehorsam erneut große Bedeutung zu. Jene, die ein gemeinsames Leben führen wollen, finden sich zu verbindlichen Gehorsams-Beziehungen zusammen, die dem eben beschriebenen Kenosisgedanken verpflichtet sind.

Horizontaler Gehorsam

Zunächst müssen wir im Anschluß an Franz von Assisi von einem «horizontalen Gehorsam» reden, und erst nachher dann auch von einem «vertikalen».

Der vertikale Gehorsam besteht darin, daß da einer ist, der befiehlt, und ein anderer, eben ein Untergebener, der gehorcht. Der Befehl läuft von oben nach unten, und der Gehorsam von unten nach oben. Demgegenüber müssen wir für den innermenschlichen Bereich – franziskanisch und wohl auch biblisch gesprochen – zunächst von einem horizontalen Gehorsam reden, das heißt von dem waagerechten Verlauf von Ruf und Antwort. Wenn wir die Schriften des hl. Franz oder auch anderer Ordensgründer, zum Beispiel den Prolog zur Benediktusregel genauer studieren, dann müssen wir feststellen, daß die Fixierung auf den Oberen, auf die Oberin, auf das Amt, eine krankhafte Beziehungsform ist, die sich eigentlich erst in den letzten Jahrhunderten herausgebildet hat.

Alle Orden haben demgegenüber ursprünglich in erster Linie den horizontalen Gehorsam betont. Das heißt: Jede Schwester, jeder Bruder, ist hörend auf jede andere, jeden anderen verwiesen. Gehorsam ist darum zunächst einmal ein anderes Wort für eine verbindlich gelebte Geschwisterlichkeit. Gehorsam ist die Art und Weise, wie eine Schwester Schwester einer anderen, wie ein Bruder Bruder eines anderen ist. Gehorsam besteht darin, daß jede Schwester, jeder Bruder eine besondere Sensibilität im Hören auf die anderen entfaltet: hinschauen – hinhören! Vielleicht sogar noch bevor eine Schwester, ein Bruder spricht, hören, was die anderen für ihr Wohlsein, für ihr Heil brauchen – und das dann tun! Gehorsam kennzeichnet zunächst die individuelle Beziehung von Schwester zu Schwester, von Bruder zu Bruder, von Mensch zu Mensch.

Einbettung

Ein zweiter Aspekt dieses Gehorsamsverständnisses meint ein Verhalten, das ebenfalls noch vor den organisierten und hierarchischen Strukturen der Gemeinschaft angesiedelt ist. Gehorsam meint auf dieser Ebene die Einfügung einer einzelnen Schwester, eines einzelnen Bruders in eine Gruppe, in eine Gemeinschaft, in ein umfassendes Ganzes. Hier geht es darum, daß die einzelnen hellhörig auf alle anderen verwiesen sind und sich immerzu fragen: Was braucht jetzt diese Gruppe? – Was braucht jetzt diese Gemeinschaft, damit sie funktioniert, damit sie spielt, damit es klappt? – Was wird von mir erwartet, was muß gerade ich tun?

Über diesen im Hier und Jetzt angesiedelten Gehorsam hinaus geht es darum, sich in die großen Perspektiven, Ziele, Pläne einer Gemeinschaft einzubetten. Schließlich gehört die Übernahme der Intentionen, die einer konkreten Gemeinschaft vom Ursprung her eingestiftet sind, zu den Gründen, um derentwillen jemand Mitglied gerade dieser Gemeinschaft geworden ist. Die Selbstverwirklichung des einzelnen hat ihren Ort in der Zielrichtung, welche eine Gemeinschaft vor Augen hat.

Sowohl im Hier und Jetzt des Alltages als auch in der Übernahme der spezifischen Ordensziele ist Gehorsam gleichbedeutend mit Phantasie. Ich brauche nicht zu warten, bis eine Oberin, ein Oberer sagt: Jetzt muß das Fenster zugemacht werden; jetzt muß ein Blumenstock in dieses Zimmer hinein, oder er muß ersetzt werden. Gehorsam ist Initiative und Phantasie. Ebenso müssen der Grund, warum eine Gemeinschaft besteht, und die Ziele, die sie verfolgt, Gegenstand von Initiative und von Phantasie sein. Da eröffnet sich ein großer Spielraum für die einzelnen, für Mitsprache, Mitverantwortung, Mitgestaltung. Gehorsam ist nicht bloße Passivität, sondern aktive Beteiligung.

Absteigender Gehorsam

Nachdem dann die Gemeinschaft als Organisation und in notwendigen Institutionen auftritt, wird Gehorsam – und das ist das Überraschende bei Franziskus! – zuerst ein spezifisches Verhalten des Obern, der Oberin. Die Oberin, der Obere ist nicht in erster Linie jemand, der befiehlt, sondern vor allen Dingen jemand, der hört. So wird das Amt bei Franziskus nicht durch Macht, sondern durch Dienst definiert. Darum nennt Franziskus den Leiter einer Kommunität nicht Oberer, sondern Minister, Diener.

Dieser Begriff darf nicht zum bloßen Wort verkommen. Die Bezeichnung benennt eine Realität. Sobald Befehl, Macht, autoritäres Gehabe, absolute und einsame Entscheidungen oder Angst und Einengung die realen Beziehungen zwischen «Ministern» und «Brüdern» bestimmen, ist die Benennung falsch geworden! Darum achte man auf die Übereinstimmung von Wort und Realität, das allein ist Wahrheit, alles andere ist Lüge!

Was also ist gemeint, wenn die Realität mit zutreffenden Bezeichnungen benannt ist? Zuerst heißt das: Der Minister (jeder «Obere» und jede «Oberin» in den franziskanischen Gemeinschaften!) muß auf jeden einzelnen orientiert sein. Er darf den Brüdern, für die er Verantwortung trägt, nicht einfach von oben herab begegnen, sondern muß ihnen von unten her begegnen, als wäre er, der Obere, der Niedere, des anderen Knecht. Der «Minister» muß auf den einzelnen Bruder hören und sich immerzu fragen: Was braucht jetzt dieser einzelne Mensch für seine individuelle Entfaltung, für sein Heil? Und entsprechend muß er dann handeln. Das gleiche Verhalten muß der Obere auch auf die ganze Gemeinschaft beziehen, der er vorsteht. Man muß also vom Oberen reden als von einem, der auf die ganze Ordensgemeinschaft hörend, gehorsam verwiesen ist.

Und auch eine Hausoberin oder eine Provinzoberin oder eine Generaloberin kann auf der Ebene, auf der sie ihren Dienst zu tun hat, nicht unabhängig von der Schwesternschaft definiert werden. Kein Amtsinhaber darf sich absolutsetzen und sich definieren als jemand, der alles aus sich ableitet oder selbstmächtig entscheidet. Einmal kam eine Schwester nach ihrer Wahl zur Provinzoberin zu mir und schaute ganz unglücklich in die Welt. Sie hat ausgesehen wie der gekreuzigte Heiland in Person. Ich habe ihr gesagt:

«Schwester, Sie nehmen sich da viel zu wichtig. Sie haben nicht die Geschichte der Provinz zu schreiben, Sie haben nur auf die anderen Schwestern zu hören, was natürlich nicht ganz leicht ist; aber Sie haben weder die Verantwortung der anderen noch die Last der Kongregation zu tragen!» Diese befreiende Haltung entdeckte ich in Johannes XXIII., der nach seiner Wahl zum Papst sagte: «Johannes, nimm dich nicht so wichtig.» Und mein früherer Generalminister, Pascal Rywalski, rief einmal: «Wie ist es schön, General zu sein!» So etwas kann eigentlich nur sagen, wer sich grundsätzlich als Bruder versteht, der eingebettet bleibt in das Ganze, hörend bezogen auf alle und jeden.

Hören auf die Gesamtheit der Schwestern und Brüder oder auf eine Hausgemeinschaft ist dabei allerdings vielleicht schwerer, als einsame Befehle zu erteilen. Aber zu hören ist das einzig Richtige! Einsame Befehle sollten heute keine mehr erteilt werden. Das, was angeordnet werden muß, muß organisch aus dem Hören herauswachsen. Es gibt von der Bibel her keine Aufteilung in Befehlende hier und in Gehorsame dort! Es gibt nur Hörende, es sollte nur Hörende geben! So entsteht ein herrschaftsfreier Raum, ein Raum, in dem die Mitglieder eines Konvents geborgen, zuhause, daheim sind, weil es da nicht einige wenige gibt, die den ganzen Raum beanspruchen.

In der heutigen gesellschaftlichen und kirchlichen Situation hört man immer wieder den Ruf nach dem Durchgreifen. Doch ist dies wirklich die Auffassung vom Amt der Leitung, wie sie aus dem Evangelium herzuleiten ist? Durchgreifen? – Das ist keine geistliche Art! Die Art und Weise Gottes, mit uns umzugehen, ist ja auch nicht die des Durchgreifens. Wie geht Gott mit uns um, wenn wir ihm gegenüber nicht gehorsam sind? Ist es nicht das geduldige Warten des Vaters auf den sog. «verlorenen Sohn»? Das suchende Nachgehen des Guten Hirten, der sich selbst in Gefahr begibt, um das entlaufene Schaf zu retten? Die Barmherzigkeit, die sich an keinerlei vorausliegende Bedingungen knüpft? Die Vergebung sogar noch im Blick auf den eigenen Tod? Das jesuanische Gleichnis vom Kraut und vom Unkraut ist auch auf die Orden zu übertragen. Die Obern müssen die Haltung der Langmut Gottes verkörpern und vielleicht auch daran leiden.

Die Ordensgenerale werden vom Vatikan schon seit Jahren regelmäßig gemahnt, sie würden ihr Amt nicht richtig verstehen. Sie versehen diese herrschaftsfreie Art des Oberenamtes seit geraumer Zeit und haben im Hören auf die Bibel und in großer Sensibilität für die Brüder einen langen Atem entwickeln müssen, in Gesprächen, im Hören, im Warten und in großer Geduld. Und jetzt bekommen sie vom Vatikan immer wieder den mahnenden Hinweis, sie müßten durchgreifen! Darauf können sie guten Gewissens antworten: Wir können es nicht mehr, unser Amtsverständnis ist von der Bibel her ein anderes geworden. Wir müssen im Orden einen herrschaftsfreien Raum schaffen und die Verantwortung des einzelnen fördern. Wir verstehen uns weniger als Befehlende denn als Menschen, welche diesen herrschaftsfreien Raum des allseitigen Hörens herstellen und gewährleisten wollen.

Vertikaler Gehorsam

Erst jetzt kann und muß vom «vertikalen» Gehorsam des einzelnen gegenüber der Kongregation bzw. den Obern gesprochen werden, wobei aber diesbezüglich schon vieles gesagt ist. Es bleibt eigentlich nur noch, zu betonen, daß die einzelnen ihren eigenen Individualismus opfern müssen. Denn sie sind ja in eine Gemeinschaft eingetreten, deren Ziele vorgegeben sind und deren Tätigkeitsfelder Konkretisierungen dieser Ziele sein wollen. Gehorsam heißt darum: sich in die Gemeinschaft und ihre Zielausrichtung integrieren.

An dieser Stelle wäre natürlich einiges zum Thema «Opfer» zu sagen. Es kann gar nicht anders sein: ein Bruder, eine Schwester muß seine, ihre eigene Selbstverwirklichung in die Gesamtausrichtung des Ordens einbetten. Das hat notwendigerweise etwas zu tun mit Leiden, Opfer, Verzicht, oft aber auch mit neuen Anforderungen, Herausforderungen, mit neuen Chancen und neuen Perspektiven. Manche könnten berichten, wie sie erst durch die Zumutungen der Situation, der Gemeinschaft, der Obern zu dem geworden sind, was sie jetzt sind. Anders als in der Form des Antwortgebens, des Gehorsams eben, funktioniert Selbstverwirklichung gar nicht. Vielleicht hängen die vielen Frustrationen und Enttäuschungen der Menschen auch damit zusammen, daß man sich zu wenig in die objektive Struktur der Selbstverwirklichung einfühlt und immerzu nur einer Fata Morgana des eigenen Selbst nachrennt. Unter dem aszetischen Gesichtspunkt werden wir auf einzelne Aspekte dieser Realität zurückkommen.

Regelgehorsam

Jetzt möchte ich noch zu einem weiteren Aspekt des Gehorsams kommen: zum sog. Regelgehorsam. Die «Regel» – da und dort wird das Gemeinte auch anders bezeichnet – ist das Grundlagendokument einer Gemeinschaft. In ihm sind die Ziele niedergelegt, die alle Mitglieder gemeinsam und jedes einzelne für sich genommen anstreben wollen. Sie enthält den Geist, dem alle nachzueifern suchen, und kennzeichnet eine Lebensform, die sich von anderen Orientierungen unterscheidet. Es dürfte sich von selbst verstehen, daß die Regel ihre letzte Autorität nicht aus sich selbst bezieht, sondern aus dem Evangelium. Dieses ist das «Mark der Regel», und am Evangelium ist darum jeder ihrer Sätze zu messen.

Dies vorausgesetzt, ist die Regel jene Instanz, auf die alle Ordensmitglieder im Gehorsam verpflichtet sind und die bei allem, was man plant oder vollzieht, anzuhören ist. Neben diesem alltäglichen Hinhören gibt es einen institutionellen Vorgang des Hörens, das sog. Kapitel, bei dem man um den gemeinsamen Gehorsam ringt. Bei dieser Gelegenheit vollzieht sich das Ereignis des Hörens der ganzen Gemeinschaft, das Kapitel ist der Akt des Ordensgehorsams schlechthin. Man kann diesbezüglich vier verschiedene Punkte herausstellen oder von einem Spiel des Gehorsams sprechen, an dem sich vier Spieler beteiligen.

Da gibt es also die Regel, dazu noch die *Konstitutionen*. In diesen Texten hat eine Gemeinschaft, wie gesagt, die Art und Weise ihres Lebens niedergelegt und schriftlich festgehalten. Hier steht das, was in einer Gemeinschaft gelten soll! Alles, was anläßlich eines Kapitels besprochen wird, muß regel- und konstitutionsbezogen sein. Die Teilnehmer an einem Kapitel dürfen nicht willkürlich debattieren, sie haben eine Grundlage, woran sie sich messen und worauf sie sich hörend beziehen müssen. Es ist wie bei einem Verein, der einen Zweckparagraphen hat. Ein Verein, der sich zum Schachspielen konstituiert hat, kann nicht einfach ohne weiteres Kaninchen züchten wollen. Mitglieder eines Ordens können auf einem Kapitel also nicht ohne weiteres, sagen wir einmal, über das Management der VW-Werke diskutieren.

Der zweite Aspekt des Spiels ist, wie eigentlich klar sein dürfte, *die Auslegung*: Wie sind Regel und Konstitutionen hier und jetzt zu verstehen? Auslegung ist dabei ein Akt des Hörens. Hie und da muß man wieder nach der ursprünglichen Intention eines Textes fragen und Exegese betreiben, wobei unterschiedliche Meinungen auftreten können (= historische Frage). Aber ebenso entstehen unterschiedliche Meinungen bei der Frage, wie der Text im Hier und Jetzt zu verstehen ist (= hermeneutische Frage). Text – veränderte Zeit – unterschiedliche Meinungen: Immer geht es darum, gehorsam zu sein, hinzuhören.

Dann gibt es als dritten Aspekt des Spiels eine *Sache*, auf die zu hören, ein bestimmtes Sachproblem, das zu entscheiden ist: zum Beispiel Probleme im Zusammenhang mit dem

Evangelischen Rat der Armut, indem z. B. neue Formen der Solidarität, Probleme mit der gemeinsamen Kasse usw. zu klären sind. Die Sache, die zu entscheiden ist, ist hörend anzugehen. Man muß genau hinsehen, analysieren, Möglichkeiten ertasten, Schlüsse ziehen. Es muß eine Art «Sachgehorsam» gegenüber den Problemen entstehen, wie Edith Stein sagen würde.

Der vierte Aspekt des Spiels sind die beteiligten *Personen*, die Schwestern bzw. Brüder, die die Regel hören, sie hörend auslegen und die einem Sachproblem gegenüberstehen. Im personalen Miteinander können natürlich die unterschiedlichsten Gesichtspunkte auftauchen und höchst spannende Meinungsunterschiede zu Tage treten. Auch in solchen Auseinandersetzungen, bei denen es, wie ja selbstverständlich ist, sehr kontrovers zugehen kann und auch darf, muß man sehr gut zuhören.

Die Sache hören – die Regel hören – die Auslegung hören – die Auseinandersetzungen der einzelnen Schwestern und Brüder hören: Der Entscheidungs- und Auslegungsprozeß ist ein Akt gemeinsamen und gegenseitigen Hörens. Die gegebenen Funktionen, die Oberen, sind in ihrem Amt ebenso zurückgebunden an diese vier Aspekte des Spiels wie die ganze Gemeinschaft und in ihr jede einzelne Schwester bzw. jeder einzelne Bruder.

Das Kapitel ist das Ohr der Kongregation, das Organ des gemeinsamen Hörens und also des Gehorsams der ganzen Schwesternschaft, der ganzen Bruderschaft. Aber auch außerhalb des Kapitels muß das aufmerksame Hören eigentlich die Weise sein, auf die eine Kongregation gemeinsam gehorsam bleibt: im ständigen Aufeinanderhören und im hörenden Verwiesensein auf eine Sache, auf Regel und Konstitutionen. Unter Umständen muß man vielleicht sogar die Regel und die Konstitutionen ändern, wenn sie nicht mehr das Kriterium für den hörenden Gehorsam sein können.

Das gemeinsame Ringen um eine Sache gehört zum richtigen Gehorsamsverständnis. Es geht darum, hier und jetzt in einer gewissen Frage gehorsam zu sein. Was der Wille Gottes hier und jetzt ist, ist nicht einfach offensichtlich klar. Der Wille Gottes schwimmt nicht wie ein klarer Fettfleck auf der Suppe, den man einfach abschöpfen könnte. Um ihn zu erkennen muß man schon tiefer in die Wirklichkeit hinabsteigen. Er ist verborgen wie ein Schatz in der Erde, der auch nur mit viel Mühen und unter tagelangen Anstrengungen gehoben werden kann. Wichtig ist, daß miteinander um die bestmögliche Problemlösung gerungen wird. Um diese zu erreichen, darf, ja soll man auch miteinander streiten, denn niemand hat ein Meinungs- oder gar Wahrheitsmonopol. Bei allem aber ist die Unterscheidung, die die hl. Klara bezüglich des kirchlichen Gehorsams gemacht hat, zu beachten, die Unterscheidung nämlich zwischen Beziehungs- und Sachebene. Wenn dreißig Schwestern am Kapitel sind, kann und darf es auch dreißig verschiedene Meinungen geben, dennoch bleibt man aber *eine* Schwesterngemeinschaft. Das Hören, das Aufeinanderhören, geschieht im Raum einer Beziehung, die zu beachten ist: Auf die dreißig verschiedenen Meinungen hören, ist Gehorsam! Im Hören aufeinander kann sich die Zahl der Meinungen vielleicht auf drei oder vier reduzieren. Und auch dann noch sollen die Teilnehmerinnen bzw. Teilnehmer hart um die Sache ringen, um zu einer endgültigen Entscheidung zu kommen. Sie müssen klar und überzeugend argumentieren und im gegenseitigem Hören dann die beste der vorhandenen Problemlösungen herausfinden. Das ist die Art und Weise, wie Gott zu uns spricht, und wie der Wille Gottes an uns geschieht.

Auf der Beziehungsebene aber sollte bei aller harten Auseinandersetzung um die Sache eines immer feststehen und nicht in Frage gestellt werden, daß alle Diskussionsteilnehmer einander Schwestern, Brüder sind und sich einander als solche begegnen wollen. Da darf niemand sagen: «Ja, wenn du für die Auflösung dieses Hauses bist, dann bist du nicht mehr Mitglied unserer Gemeinschaft.» Und auch nicht: «Wenn du jetzt das Kleid nicht mehr als tragendes Element unserer Ordensidentität ansiehst, dann bist du nicht mehr eine Schwester von uns.» Man darf Mittel der Erpressung und des Liebesentzuges, die Beziehungsebene also, nicht gebrauchen, um eine bestimmte Entscheidung in einer Sache herbeizuführen.

Ich bin im übrigen der Auffassung, daß es nie mehr eine Zeit geben wird, in der man zu einem Punkt nur noch eine einzige Meinung haben kann. Die Vielzahl der Meinungen ist heute mit dem Pluralismus der Gesellschaft gegeben. Was bleibt und bleiben soll, ist: daß wir trotzdem eine Gemeinschaft sind, die aufeinander hört und die miteinander den Gehorsam lebt.

3. Gehorsam nach außen

Damit komme ich zur dritten Dimension dieses Rates, zur Frage der Außenbeziehungen, zu denen weiter oben schon einiges angedeutet wurde. Wenn es darum geht, den Gehorsam im Kontext der Gesellschaft zu leben, dann heißt das vor allem: Ich muß auf die Zeichen der Zeit hören!

Auf die Zeichen der Zeit hören? Es wäre jetzt wichtig, sich Rechenschaft zu geben über all die Phänomene unserer Welt, die wir seit dem Konzil als solche bezeichnen. Die Frauenfrage, die Arbeitslosigkeit, AIDS, die Bedrohung durch ökonomische und ökologische Unwägbarkeiten, die «Neue Armut», das Flüchtlingsproblem und vieles mehr. Auf alles, was wir Zeichen der Zeit nennen oder «Bedürfnis der Zeit» (Theodosius Florentini), ist hörend, gehorsam zu reagieren. Immer ist zu fragen: Was bedeutet dieser oder jener gesellschaftliche Umstand jetzt für unsere Gemeinschaft? Und dann kann es natürlich wieder unterschiedliche Meinungen geben, auf allen Ebenen: im Generalkapitel, oder dann zuhause in der Hausgemeinschaft, oder wenn es darum geht, neue Aufbrüche zu wagen und Altes aufzugeben. Franz von Assisi kann diesbezüglich wieder einmal Vorbild sein: In seinem Lied auf die Tugenden räumt er dem Gehorsam sehr viel mehr Sätze ein als allen anderen Tugenden. Er fängt an mit dem Hören auf die Seele, auf sich selbst und die eigenen Bedürfnisse; dann geht es um das Hören auf die anderen, um das Recht und das Bedürfnis des anderen, des Bruders, der Schwester; dann geht es um die Menschen, ja um die ganze Menschheit, auf die zu hören ist; und schließlich soll man auch noch auf die wilden Tiere hören; in allem will Gott uns ansprechen! Nichts ist zu weltlich, nichts zu banal, als daß es nicht ein Anruf des lebendigen Gottes sein könnte und auf Antwort, auf Gehorsam wartete.

Im Grunde genommen dreht sich in der Frage des Gehorsams alles um einen einzigen Punkt: daß wir Hörende sind in dieser Zeit, in unserer Welt, in einer gegebenen Situation! Gehorsam gegenüber den Entwicklungen außen und innen, ein gemeinsames Ringen um die besten Möglichkeiten und Entscheidungen hier und jetzt, eine Überprüfung alter Tätigkeitsfelder angesichts der Entwicklungen, die Provokation zu Neuem – das ist Gehorsam, und in dieser Weise gehorsam zu sein ist gewiß ein schwieriger Prozeß. Vielleicht müssen wir durch sehr viel Leiden hindurch das heraushören, was jetzt notwendig oder noch möglich ist.

4. Gehorsam als Verzicht und Opfer

Dann müssen wir in diesem Zusammenhang selbstverständlich auch reden vom Gehorsam, insofern er Verzicht bedeutet und Opfer kostet. Zunächst aber ist eine Grundeinsicht unseres Glaubens in Erinnerung zu rufen: Es gibt an sich kein Opfer mehr, seit Jesus Christus sich am Kreuz dahingegeben hat. Gott erwartet von uns kein Opfer, mit dem wir ihn versöhnen müßten! Es gibt nur noch seine Liebe, in die hinein wir uns fallen lassen dürfen. Deswegen dürfen wir auch nicht so tun, als müßte der Christ, besonders derjenige, der in einem Orden lebt, Opfer an Opfer häufen und immer das tun, was ihm schwer fällt! Ich glaube, daß wir uns an dieser Grundtatsache unseres Glaubens festhalten können.

Auf der anderen Seite gibt es aber, wie schon erwähnt, das Phänomen des Individualismus, der immerzu nur das eigene Interesse und das eigene Wohl sucht und die Zielsetzung einer konkreten Gemeinschaft nicht oder zu wenig in Betracht zieht. Darum stellt sich die Frage: «Was bedeutet der Individualismus in einer Ordensgemeinschaft?»

Heute gibt es sicher mehr als früher das legitime Bedürfnis, selbst jemand zu sein, eine eigenständige Frau, ein selbstbewußter Mann. Früher ist die Einbettung in ein Ganzes, in die Ordensgemeinschaft, wahrscheinlich leichter gewesen! Das Opfer, sich einzuordnen, zum Beispiel in eine Hausordnung, oder sich unterzuordnen, etwa dadurch, daß man ein gemeinsames, erkennbares Kleid trägt, oder ähnliches, war früher mehr oder weniger selbstverständlich. Heute ist, bei den jüngeren Schwestern und Brüdern vor allem, das legitime Bedürfnis, jemand eigener zu sein, sehr stark geworden; man will nicht nur eine Nummer sein oder eine Uniform tragen, sondern ein eigenes Profil haben, eine eigene Aufgabe, einen eigenen Verantwortungsbereich.

Der Begriff «Selbstverwirklichung» hat in diesem Zusammenhang dabei nicht nur negative Seiten, sondern auch sein Recht! Darum muß eine Ordensgemeinschaft, müssen die Obern zunächst einmal hörend auf die einzelne Schwester, den einzelnen Bruder eingehen und schauen, wie sie diese in ihrem legitimen Bedürfnis, jemand zu sein und selbst ihr Leben gestalten zu wollen, in die Gemeinschaft und in das Gesamtziel der Kongregation integrieren können. Unter Umständen ergibt sich ja auf diese Weise auch die willkommene Gelegenheit, Neues zu beginnen.

Auf der anderen Seite ist es natürlich so, daß eine Ordensgemeinschaft nicht bestehen kann, wenn sie aus lauter Individuen gebildet wird, die nur auf sich selbst schauen und die ihr Leben ohne Rücksicht auf die Gemeinschaft gestalten wollen. Wenn jede und jeder einfach tut, was sie und er will, haben sie die Berufung verfehlt. Denn zum Wesentlichen des Ordensgedankens gehört doch, daß sich die einzelnen dem gemeinsamen Ziel der Kongregation unterordnen. Ich gehe ja auch nicht in einen Kegelklub, um dort Golf zu spielen. Darum ist es wichtig, daß eine Gemeinschaft sich einig wird, welche konkreten, auch neue Möglichkeiten es gibt bzw. geben soll, um das Ziel der Kongregation zu leben. Wenn Neuaufbrüche gewagt werden wollen, dann müssen sie den Konsens eines Kapitels oder der Gemeinschaft finden, damit sie in die ordenseigene Zielsetzung und Dynamik eingebettet werden können.

Unter Umständen muß die einzelne Schwester, der einzelne Bruder dann das «Opfer» bringen und persönliche Vorstellungen und Wünsche aufgeben. Diese Einsicht wird sich aber nur im Gespräch, im gegenseitigen Aufeinanderhören einstellen; ich muß möglicherweise erkennen, daß etwas nicht möglich ist und daß die Gemeinschaft ganz andere Bedürfnisse hat, anderen Notwendigkeiten folgen und andere Akzente setzen muß. Dann muß ich mich eben diesem vorgeordneten Ziel unterwerfen. Das ist Gehorsam: auf individuelle Ziele und Ausrichtungen verzichten, und das im Namen des Ganzen! Aber ebenso gilt: Das individuelle Ziel einer Schwester kann möglicherweise für die Aktualisierung des Gesamtzieles einer Gemeinschaft fruchtbar gemacht werden. Darum gibt es weder zur einen noch zur anderen Seite hin leichte Antworten, und so werden diesbezüglich gerade die Personalprobleme der Konvente zu einer schweren Last. Eine Gemeinschaft muß heute unter konkreten Teilzielen wählen, weil sie zu wenig Berufungen hat, um alle Ziele, die sie sich ursprünglich gesetzt hat, zu erreichen. Sie kann nicht alles tun, auch die besten Dinge können nicht mehr in Angriff genommen werden, weil es an Menschen fehlt. Unter Umständen muß darum eine Schwester oder ein Bruder sich opfern und von einem Ort zu einem anderen gehen, um dort einen Dienst zu versehen, den sie bzw. er nicht angestrebt hat. Vielleicht kommen sie dann allmählich durch die Lebenserfahrungen zur Auffassung, daß ein solches Opfer nicht nur negativ ist für die Selbstverwirklichung, sondern sich diesbezüglich sogar positiv auswirken kann. Wenn ich auf mein eigenes Leben zurückschaue, dann stelle ich fest: Die Oberen haben mir immer wieder Entfaltungsmöglichkeiten gegeben, wofür ich ihnen dankbar sein muß.

III. Jungfräulichkeit

Die drei Evangelischen Räte zielen auf das Selbstverständnis des Menschen. Die evangelische Armut definiert den Menschen als ein Wesen, das aus sich heraus arm, d.h. seinsbedürftig ist: Der Mensch verwirklicht sein Wesen in der Weise des Empfangens. Nur wenn er sich von Gott empfängt, wird er sich bewußt, wer er wirklich ist. Gleichzeitig begegnet dieser Rat einem der größten Probleme, das sich uns heute stellt: dem ökonomischen Problem bzw. der Frage, wie wir mit unseren Bedürfnissen umgehen. Der Gehorsam vertieft dieses Selbstverständnis. Er definiert den Menschen als dialogisches Wesen, das sich nur im Hören verwirklicht: Der Mensch weiß, wer er wirklich ist, nur wenn er sich als Hörender begreift. Gleichzeitig begegnet der Rat einem anderen großen Problem der Welt: der Aggression und der Macht. Er entfaltet eine alternative Logik und erschafft sich einen herrschaftsfreien Raum. Er führt den geschwisterlichen Umgang als Perspektive vor unsere Augen. In der Kirche und in unseren Orden haben wir bisher, wie ich meine, dieser Alternative und den Mechanismen, die im Besitz- und Machtstreben liegen, viel zu wenig Bedeutung beigemessen.

Allmählich erweist sich, wie man leicht merken wird, die Anreihung der Räte als eine Stufenfolge. Gehorsam vertieft die Gottesbeziehung, die bereits durch die Armut gegeben ist. Und wenn der Gehorsam mit der Durchlässigkeit einer Tänzerin verglichen wird, zeigt sich hier schon die Schwelle zu einer noch größeren Tiefe. Der dritte Rat ist die Höchstentfaltung der Evangelischen Räte. Denn «Jungfräulichkeit» definiert den Menschen als liebesbedürftiges und geliebtes Wesen, das nur in der Liebe Gottes zur Vollendung gelangt.

Keine Verengung auf Sexualität!

Bevor ich entfalte, was mit «Jungfräulichkeit» gemeint ist, möchte ich jedoch einem weitverbreiteten Mißverständnis begegnen. Denn meistens wird dieser Rat ausschließlich im Zusammenhang menschlicher Sexualität gesehen. Hierhin gehört er aber nur zum ganz kleinen Teil, wie wir noch sehen werden.

Die Verengung auf den Bereich der Sexualität lastet schwer auf diesem Rat, zumal die Kirche dem Sexuellen bis in unsere Tage mit einer negativen Einstellung begegnet. Man hat den Eindruck, daß hier alles als schwerste Verfehlung gewertet wird, obwohl Sexualität an sich ja auf eine größere Nähe zwischen den Menschen hinstrebt und darum eine positive Kraft darstellen sollte. Dennoch sieht man sie, wie eine lange Tradition beweist, nur im Zusammenhang schwerer Sünden, von Todsünden, was einem vernünftigen Denken als purer Unsinn erscheinen muß. Im Bereich des Gehorsams und der Armut dagegen wiegt alles viel leichter. Wenn es um Macht, um autoritäres Verhalten geht, das ja Distanz zwischen den Menschen schafft und verheerende Wirkungen auf das menschliche Zusammenleben haben kann, ist scheinbar alles nicht so schwer und bedeutungsvoll. Da kann man sich um jeden Preis selbst behaupten, sich mit allen Mitteln durchsetzen oder sich gegen die ganze Gemeinschaft stellen, so schlimm wie ein «unkeuscher Blick» wird solches Verhalten offenbar nicht gewertet. Ebenso sieht man im Bereich der Armut, das heißt: der Logik des Besitzenwollens, die Mauern und Zäune aufrichtet zwischen den Menschen, über vieles hinweg, das von der inneren Struktur des Rates her als schwerste Verfehlung zu werten wäre.

Ich frage mich, warum dem so ist? Warum werden Verfehlungen im Bereich des Gehorsams und im Bereich der Armut moralisch nicht ebenso gewichtet wie Verfehlungen im Bereich der Sexualität? Ich habe bisher noch keine Antwort darauf bekommen. Von der Bibel her gibt es jedenfalls für diese unterschiedliche Gewichtung keinen nennbaren Grund.

Ich möchte nun die «Ehelosigkeit», die «ehelose Keuschheit» oder die «Jungfräulichkeit» – diese drei Benennungen sind die gebräuchlichsten für diesen Evangelischen Rat – wieder in den bereits bekannten vier Dimensionen darzulegen suchen.

1. Die theologisch-mystische Dimension der Jungfräulichkeit

Zur Benennung

Das Problem beim dritten zentralen Pol der sog. Rätetheologie zeigt sich schon in der Benennung, wie gerade deutlich wurde. Ich persönlich verwende immer noch den Begriff «Jungfräulichkeit», und zwar deswegen, weil er von der Tradition der Bibel und der Kirche her am besten ausdrückt, was mit diesem Rat gemeint ist. Der Begriff «Jungfräulichkeit» kennzeichnet eine Fülle von Bedeutungsebenen, von denen die anderen Benennungen nichts wissen. «Ehelosigkeit» ist so eine rein negative Definition: eine Lebensform, die ohne die Ehe auskommt. Das ist nicht gerade erhellend und verschweigt, daß das Gemeinte durchaus auch in der ehelichen Lebensweise einen Ausdruck finden könnte und auch müßte. «Ehelose Keuschheit» schließlich bringt das Ideal der Keuschheit ins Spiel, das aber heute durch die Auseinandersetzung zum Thema Sexualität so verschwommen wahrgenommen wird, daß diese Bezeichnung auch nicht viel weiterhilft.

Freilich müssen wir auch beim Begriff «Jungfräulichkeit» ein biologisches Mißverständnis zurückweisen. «Jungfräulichkeit» meint im Altertum primär den psychologischen Zustand des jungen Mädchens vor der Ehe, die körperliche Unversehrtheit spielt eine untergeordnete Rolle. Dies ist unschwer nachzuvollziehen. Denn bis in unser Jahrhundert hinein wurde die junge Frau vorwiegend passiv definiert: Sie mußte warten, bis sie von einem Mann beispielsweise zum Tanz aufgefordert oder gar heimgeführt wurde. Die junge Frau definierte sich also nicht aus sich selbst, sondern durch den zukünftigen Mann. Diese wartende Passivität der Jungfrau wurde schließlich zur religiösen Metapher.

Leben in Erwartung

Wie also können wir auf diesem Hintergrund Jungfräulichkeit verstehen? Fangen wir wieder bei der Art und Weise an, wie wir Menschen Gott erfahren. Ich unterscheide zwei Bezugspunkte für die Rede von der Jungfräulichkeit: das eben benannte antike Frauenbild als Metapher und Maria als verbindliche Symbolgestalt.

Zuerst also die «Jungfrau» als Metapher: Mir ist es wichtig, auf diese metaphorische Sprache hinzuweisen. Es geht beim Rat der Jungfräulichkeit eben letztlich nicht um das biologische «Frausein», von dem dann die Männer ausgeschlossen wären. Es handelt sich gerade nicht um eine geschlechts- und damit frauenspezifische Aussage, sondern um eine Gleichnisrede, die den Menschen als solchen meint. Man will etwas Grundlegendes über das Verhältnis von Mensch und Gott sagen.

Es ist demnach Unsinn zu sagen, daß z. B. das Evangelium von den fünf klugen und fünf törichten Jungfrauen (Mt 25, 1–13) ein Frauengleichnis sei. Was hier gesagt ist, wird vom Menschen ausgesagt, nicht bloß von Frauen, wobei es letztlich gleichgültig ist, ob sie verheiratet oder ledig sind. Weder das Frau- noch das Jungfrausein hat in solchem

Reden eine biologische oder geschlechtsspezifische Bedeutung. Diese Jungfrauen stehen für die Christen und Christinnen, die auf die Wiederkunft Christi, des Bräutigams warten. Sie haben eine symbolische Bedeutung. Die junge Frau – das zeigt sich im Gleichnis auf eindrückliche Weise – definiert sich durch den, der kommt, durch eine potentielle, zukünftige Beziehung, die bereits hier und jetzt wirksam ist: Sie wartet, bis der kommt, der sie erwählt; der sie dann möglicherweise ein ganzes Leben lang innerlich bestimmen wird; mit dem sie mit Gewißheit ein ganzes Leben lang lebt. Die Christen sind, so will es das Evangelium, Menschen, deren Wesen es ist, zu warten. Sie warten auf den, der kommt, auf Jesus Christus, auf den Bräutigam.

Nochmals: es geht nicht um die Frau, sondern um den Menschen, der sich nicht aus sich selbst heraus definiert, sondern sich vom Geheimnis Gottes her zu verstehen und zu begreifen sucht. Jungfräulichkeit ist darum von allem Anfang an eine Charakterisierung des religiösen Menschen, meint eine realisierte Gottesbeziehung zunächst des Wartens auf Gott, des sehnsüchtigen Ausschauhaltens, des brennenden Verlangens und dann der Erfüllung, der Begegnung, der Umarmung. Wir stehen damit als Christen zu Gott letztlich in einem Verhältnis von Braut und Bräutigam.

Braut und Bräutigam

Gott ist ein verrückter Liebhaber, um es mit dem Alten Testament noch einmal anders zu sagen; ein verrückter Liebhaber, der auf der Suche ist nach dem Menschen, und der Mensch ist die gesuchte Braut, die ebenso sehnsüchtig nach ihm Ausschau hält. Gott wählt und erfüllt den Menschen! Gott allein ist letztlich das Du, in dem der Mensch Erfüllung, Leben, Zukunft, Kraft findet.

Das gilt in Bezug auf die Frau *und* den Mann, was noch deutlicher wird, wenn wir uns vor Augen halten, daß der

Begriff «virgo = Jungfrau» im ersten christlichen Jahrtausend in erster Linie gerade nicht an einer Frau konkretisiert wurde, sondern am Lieblingsjünger Johannes. Es gibt viele Hymnen und Lieder auf die Beziehung zwischen Jesus und dem Lieblingsjünger. Berühmt ist die sogenannte «Johannes-Minne» oder die «Johannes-Kommunion», wie man bildlich ausdrückte, was den Inhalt dieser Beziehung ausmacht. Da wird Jesus dargestellt als Liebhaber, als Geheimnis der liebenden Zuwendung. Johannes dagegen wird dargestellt wie eine Frau, die sich am Herzen des Geliebten, Jesu eben, ausruht und sich in der Liebe des Bräutigams birgt, zu seinem Glück und seiner Seligkeit, wie man unschwer sehen kann. Dieses Motiv ziert neuerdings auch ein Buch von R. Schnackenburg mit dem bezeichnenden Titel «Freundschaft mit Jesus».

Auch der Johanneshymnus des Notker von St. Gallen aus dem 9. Jahrhundert ist Ausdruck dieses Verständnisses. Ich versuche hier eine eigene Übersetzung, die sich nicht um den Ausdruck «virgo = Jungfrau» herumdrückt, wie das W. Nyssen im Bemühen, richtig verstanden zu werden, tut. Der Text bekommt so zwar einen etwas sonderbaren Klang, aber die gemeinte Sache kommt umso besser zum Ausdruck:

Johannes,
Jesu Christi geliebte Jungfrau:

Du,
im Schiffe getroffen
von leidenschaftlicher Liebe,
verließest den leiblichen Vater.

Du
hast die zarten Brüste der Frau,
die Ehe verschmäht,
und bist dem Messias gefolgt.

Du wolltest beschenkt werden
an seiner Brust
und trinken
von seinem fließenden Leben.

Du,
mit beiden Füßen auf der Erde,
sahest mit eigenen Augen
ins leuchtende Antlitz Gottes,
des Sohnes.

Nur Heilige
können schauen
mitten im Leben
den ewigen Glanz
des lebendigen Gottes.

Deiner liebenden Obhut
hat Christus, der Lebendige am Kreuz,
seine Mutter anvertraut.

Als Jungfrau
solltest du der Jungfrau
dienen,
für sie sorgen,
ihr in allem die Füße waschen.

Du,
durch Gefängnis und Feuer gebrochen,
bliebest froher Zeuge für Christus.

Du
weckst Tote zum Leben
und besiegst das starke Gift
im Namen Jesu.

Was allen verschwiegen wird,
ist dir enthüllt:

das Wort des Vaters,
des Höchsten.

Uns alle
empfiehl
mit andauerndem Flehen
dem lebendigen Gott,
Johannes, Christi Geliebter.

Diese Liebesbeziehung zwischen Mensch und Gott ist schon ein großes Thema des Alten Testamentes. Ich erinnere an den Propheten Hosea, der Gott als den liebestollen Liebhaber darstellt:

«An jenem Tag
– Spruch des Herrn –
wirst du zu mir sagen:
Mein Mann!,
und nicht mehr:
Mein Baal!

Ich lasse
die Namen der Baale
aus ihrem Mund verschwinden,
so daß niemand mehr ihre Namen anruft.

Ich schließe
für Israel an jenem Tag
einen Bund mit den Tieren des Feldes
und den Vögeln des Himmels
und mit allem, was auf dem Erdboden kriecht.
Ich zerbreche Bogen und Schwert,
es gibt keinen Krieg mehr im Land,
ich lasse sie Ruhe und Sicherheit finden.

Ich traue dich mir an
auf ewig;
ich traue dich mir an

um den Brautpreis von Gerechtigkeit und Recht,
von Liebe und Erbarmen,
ich traue dich mir an
um den Brautpreis meiner Treue:
Dann wirst du den Herrn erkennen *(Hos 2, 18–22)*

Am konsequentesten durchgeführt ist diese Redefigur im sog. Hohen Lied des Alten Testamentes. Von seinem Ursprung her ist dieser Text ein erotisches Lied menschlicher Liebe. In den Kanon der Heiligen Schriften aufgenommen wurde es, als man das Geheimnis erkannte, das dieser Liebe innewohnt. Man fing an, menschliches Liebeswerben und menschliche Liebeserfüllung als Metapher für das Größere und Unsagbare zu begreifen. Vielleicht ist es aber auch umgekehrt: Gott wurde so sehr als suchender und in Liebe gefallener Liebhaber erfahren, daß nun auch die menschliche Liebe zu leuchten begann. Wer die Erotik dieses Textes noch nicht erkannt hat, hat das Hohe Lied noch nicht richtig gelesen.

Ich möchte das im Blick auf solche, die die «Jungfräulichkeit» zur Lebensform gemacht haben, bewußt machen, indem ich es ausdrücklich sage. Denn die erotische Sprache ist ja auch das Kennzeichen mittelalterlicher mystischer Texte. Zudem fordert die Einsicht in die Gleichnishaftigkeit auch eine grundsätzlich positive Einstellung zur Erotik selbst; sonst würde der Gleichnisrede der Boden entzogen, auf dem sie steht.

«Dreh dich um,
dreh dich um, Schulamit,
Dreh dich um, dreh dich um,
daß wir dich anschauen...
Das Rund deiner Hüfte
ist wie ein Kleinod,
von Künstlerhand gemacht.
Dein Schoß ist eine runde Schale,

nicht mangle der Mischwein!..
Deine beiden Brüste
sind wie zwei Zicklein... *(Hl 7,1–4)*

So deutlich erotische Bilder stehen in der Hl. Schrift – zum Ärgernis vieler, weswegen man ja für Erziehungszwecke eine purgierte Ausgabe erstellen mußte, eine «Dauphinausgabe», wie man sie nannte! Aber gerade indem man die Schrift von dieser erotischen Dimension reinigt, zeigt man, daß man gar nichts von der Mystik versteht, die letztlich in dieser Sprache steckt. Dieses erotische Lied wurde ganz folgerichtig vom gläubigen Juden und vom Volke Israel in den Kanon der Heiligen Schriften aufgenommen, weil man glaubte, ja wußte, daß nur diese Sprache geeignet ist, um das Höchste auszudrücken, das zwischen Gott und Mensch möglich ist.

Bis heute lesen die Juden das Hohe Lied im Zusammenhang mit ihrem Osterfest, dem Fest, welches die höchste Erfahrung des israelitischen Volkes mit ihrem Gott Jahwe zum Ausdruck bringt: den Exodus, Gott, der in die Freiheit führt. Gott hat uns herausgeholt aus der Knechtschaft Ägyptens und hineingeführt in das gelobte Land. Das wird erinnert, das wird gefeiert, das wird besungen – aber wie soll man diese Glaubenserfahrung, diese Liebeserfahrung besingen? Eben mit den höchsten Worten und mit den intimsten Bildern, mit denen wir Menschen unsere Liebe besingen.

So wird das Verhältnis von Mann und Frau zum Gleichnis für das Verhältnis von Gott und Mensch. Und die Sprache, die damit verbunden ist, wird zum Mittel, um das Höchste und Unsagbare auszudrücken. Wie sollen wir denn anders von den Erlebnissen und Erfahrungen mit Gott reden, außer in Symbolen, Bildern und Gleichnissen? Mit anderen Worten: weniger als das, was zwischen Mann und Frau geschieht, geschieht nicht zwischen Gott und Mensch. Weniger nicht! Es ist sicher nicht dasselbe, aber ganz gewiß auch nicht weniger!

Das Hohe Lied entdeckten folglich auch die Christen, um ihre Erfahrungen mit Gott ins Bild zu setzen. Im Mittelalter, etwa um das Jahr 1000, wird Gott im Bewußtsein der Gläubigen wieder dieser verrückte Liebhaber, und wir Menschen sind die Braut, die er sucht und die nun in Gegenliebe entbrennt. Nicht nur Frauen wie Mechthild von Magdeburg, Gertrud von Helfta und Klara von Assisi (vgl. mein Buch: Klara von Assisi. Die erste franziskanische Frau 54–56; 245–247) bewegen sich in dieser Bilderwelt, sondern auch Männer, die sogar auf sehr anstößige Art von der Gottesliebe reden, von der sie erfüllt sind: Rupert von Deutz, Hermann Josef von Steinfeld, Bernhard von Clairvaux und viele andere könnten genannt werden.

Zum Verständnis dieser Brautmystik gibt es einen sehr guten einfühlenden Text, den ich hier wiedergeben möchte. M. Bäuerle schreibt über den Gott Mechthild von Magdeburgs: «Gott menschelt. Er ist keine abstrakte Definition, sondern eine Metapher. Er läßt sich nicht denken, aber spüren. Und so ist Gott ein Ereignis, das auf ihren Körper und ihre Seele wirkt: der mystische Gottesbeweis ist sinnlicher Natur. In seiner Entäußerung menschelt dieser Gott auf zweierlei Weise: zum einen spricht er, läßt seine Worte Gestalt annehmen, Fleisch werden im weltlichen Geist. Zum zweiten ist er ein Gott, dem man begegnen kann in Liebe an einem Lust-Ort, einem Ort, der die Lust bereichert und dauern läßt, weil er die Grenzen des Verstandes nicht kennen und nicht anerkennen will. Der mystische Gott spricht und läßt mit sich sprechen, und er begehrt und muß sich notwendigerweise selbst begehren lassen. Verlangen und Mangel geben ihn frei als Getriebenen, menschlich Sehnenden. … Ihr Anliegen, Gott als Bräutigam, als Geliebten zu entwerfen, braucht aber diesen ‹gefallenen› Gott, nur so nämlich ist er geeignet für die Inszenierung eines lockenden und suchenden Austausches. Denn so steigt er (nicht nur) herab zu ihr, sondern auch sie hinauf zu ihm in die göttliche Sphäre. Für Mechthild ist die Liebe Spiel und Werbung. Die

Seele bewegt und verführt den Geliebten zum Abstieg aus der göttlichen Unnahbarkeit zur menschlichen Annäherung. Und nicht, damit Gott sich offenbare in seiner Allgewalt als Schöpfer, sondern sich hinneige als Einzelner zu einer Einzelseele» (4).

Die ersehnte und erlebte Gottesliebe also ist mit «Jungfräulichkeit» gemeint. Ihre innere Ausrichtung ist die Erfahrung der Liebe Gottes, ihr genuiner Ausdruck die sog. «Brautmystik». «Jungfräulichkeit» ist darum der Kontemplation näher als der sogenannten Ehelosigkeit. Der Begriff meint mehr die ganzheitliche Definition des Menschen durch Gott, die personale Hingabe des Menschen an Gott, die Beziehung der Freundschaft, der innigen Liebe, des gegenseitigen Verschmelzens. Gott ist derjenige, der uns definiert, bestimmt, erfüllt. Ohne ihn können wir nicht leben.

Die Gottesgeburt

Der zweite Bezugspunkt zur Erschließung der Jungfräulichkeit ist Maria, die Jungfrau. Auch Maria begegnet uns in der Haltung des totalen Empfangens, des totalen Wartens. Sie definiert sich nicht aus sich selbst, sondern als Gefäß, das offen ist, als Haus, das sich öffnet, als Raum, in den hinein sich die Gegenwart des lebendigen Gottes ganz und gar ergießt, als Mutter, die das Geheimnis Gottes gebiert. Das ist gemeint, wenn wir von «Jungfrauen-Geburt» reden.

In diesem Zusammenhang darf gesagt werden, daß sich derjenige, der die biologische Jungfrauen-Geburt behauptet, und derjenige, der sie leugnet, auf der genau gleichen materialistischen, biologistischen Verständnisebene bewegen. Sie beweisen beide immer nur, daß sie gar nichts verstehen. Gemeint ist mit dem Motiv der Jungfrauen-Geburt doch dies: Gott ergießt sich ganz und gar in Maria hinein, allein aus sich heraus, ohne daß sie es irgendwie verdient oder gar selber oder durch die Hilfe anderer herbeigeführt hätte. Nicht Fleisch und Blut, nicht männlicher Zugriff, nicht menschliche Leistung, kein selbstbewußtes Handanlegen irgendwelcher Art (vgl. Joh 1,13), einzig und allein Gott schafft sich seine Wohnung hier auf Erden, in einem konkreten Menschen, historisch in Maria und mystisch auch in allen Menschen, die sich ihm öffnen, und dann natürlich auch in denen, die die Jungfräulichkeit als Lebensform gewählt haben!

Erst wenn wir ein bloß biologisches Verständnis der «Jungfrauengeburt» überwinden, eröffnet sich auch eine Möglichkeit für andere, für die Gemeinschaft der Kirche, für Männer und Frauen bis heute: Die Möglichkeit nämlich, daß Gott in jedem Menschen geboren werden kann, wenn er sich wie Maria verhält und versteht. Denn es ist durch eine lange mystische Tradition gesichert, daß in Maria abgebildet ist, was sich auch später als innerseelisches Ereignis ereignen könnte: das Innewohnen Gottes im Herzen der Menschen, in unserer Seele. Wir können wie Maria Gott in uns aufnehmen. Schon Franz von Assisi hat alle Christen mit Maria verglichen und gesagt: Wir können Gott empfangen; wir können seine Mütter sein, indem wir ihn empfangen, ihn in uns tragen und ihn gebären in einem heiligen Wirken. Die hl. Klara gebraucht dafür, wie vor ihr schon liturgische Lieder, den Begriff «Klausur», und ein großartiger Hymnus stellt uns vor einen faszinierenden Glaubenshorizont:

Quem terra, pontus, aethera
Colunt, adorant, praedicant,
Trinam regentem machinam
Claustrum Mariae bajulat.

Den Erde, Meer und Himmel
anbeten, ehren und verkünden
Der Dreiweltenherrscher
im engen Schoß Mariens liegt.

Der menschliche Schoß birgt den, der über Erde, Meer und Himmel herrscht. Der Mensch ist die «Klausur Gottes». Gott ist in die Eingrenzung des menschlichen Leibes gekommen. Er ist derjenige, der in das Kloster geht, und wir sind das Kloster, die Klausur, in die hinein Gott sich begibt, um bei uns zu wohnen. Klara von Assisi schreibt darum an ihre Freundin, die hl. Agnes von Prag: «...Damit du ihn liebst, ihn, dessen Schönheit Sonne und Mond bewundern, dessen Geschenke, dessen Köstlichkeit und dessen Größe kein Ende nehmen; ich meine den Sohn des Allerhöchsten, den die Jungfrau gebar, die nach der Geburt Jungfrau blieb. Hange seiner süßesten Mutter an, die einen solchen Sohn gebar, den die Himmel nicht fassen können und den sie dennoch im kleinen ‚claustrum' ihres Herzens barg und im Schoß eines jungen Mädchens trug.» «Claustrum» ist natürlich vor allem ein Bild, um das christliche Paradox, das mit der Menschwerdung Gottes gegeben ist, zu umschreiben: Der unendlich Große grenzt sich ein, der Unfaßbare wird faßbar. Klara treibt den Gedanken auf die Spitze: «Schau: Durch Gottes Gnade ist das würdigste der Geschöpfe, die Seele des treuen Menschen, größer als der Himmel. Denn die Himmel und alle Geschöpfe zusammen genommen vermögen den Schöpfer nicht zu fassen, aber die treue Seele allein wird seine Wohnung, sein Sitz, und dies allein durch die Liebe, welche die Gottlosen entbehren. Die Wahrheit selbst sagt es: Wer mich liebt, wird von meinem Vater geliebt, und ich werde ihn lieben, und wir werden zu ihm kommen und bei ihm unsere Wohnung einrichten» (1 Joh 14,23). Klara unterscheidet eine «materielle» und eine «spirituelle» Ebene der Menschwerdung, mit anderen Worten: Was in Maria «biologisch»-historisch geschehen ist, bleibt auf der mystisch-geistlichen Ebene eine reale Möglichkeit, die an jedem gläubigen Christen Wirklichkeit werden kann, nämlich das Innewerden Gottes, die Menschwerdung Gottes, seine Einwohnung im Menschen. «So wie die glorreiche Jungfrau der Jungfrauen materiell, so kannst auch du geistlicherweise, wenn du ihren Spuren folgst, vor allem der Demut und der Armut, ohne Zweifel ihn im keuschen und jungfräulichen Leib tragen; du kannst den umfangen, von dem du und das All! – umfangen bist; wenn du ihn besitzest, wirst du im Vergleich zu allem vergänglichen Besitz dieser Welt einen viel sichereren Besitz haben» (3 Ag 18–26).

Wir verkünden einen großen Gott, der uns in seine Größe hineinzieht, und so sagt die hl. Klara: Denk doch mal, die Himmel vermögen Gott nicht zu fassen, Gott übersteigt alle Vorstellungen, Gott übersteigt alle Fassungen. Aber er wählt dich als seine Fassung, unseren menschlichen Leib, unsere Seele. Gott grenzt sich ein, er nimmt Wohnung in deinem Herzen, deswegen bist du sogar größer als der Himmel.

Übrigens gibt es eine Gebetsform, mit der man sich in die «Jungfräulichkeit» in diesem Sinn einüben kann: das «Gegrüßt seist du Maria». Ursprünglich sind der Gruß des Erzengels Gabriel und derjenige der Elisabeth zusammengewachsen im Kontext der Verkündigung. Bevor man das Evangelium vortrug, wurde die versammelte Gemeinde als «Maria» angesprochen, die voll der Gnade ist und mit der Gott ist. Später wurde für diese Ansprache ein zweiter Ort in der Liturgie entdeckt: der Zeitpunkt, bevor die Gemeinde zur Kommunion ging. In beiden Fällen wird die Gemeinde, die Kirche, als Maria betrachtet, die nun das Geheimnis der Menschwerdung Gottes im Hier und Jetzt der Eucharistischen Feier realisiert. Im 13. Jahrhundert tritt dann auch noch der sog. Rosenkranz hinzu, in dem der Herabstieg Gottes in die Abgründe der menschlichen Seele gefeiert, meditiert, eingeübt wird: Empfangen – tragen – gebären – aufopfern, suchen und finden – das alles sind Vollzüge und Einübungen eines biblisch verstandenen Jungfräulichkeitsideals (vgl. dazu auch mein Buch: Herr, eile mir zu helfen!).

Gott ist Liebe

Das Wesen des Menschen könnte niemals so von der Liebe her definiert werden, wenn Gott nicht in seinem innersten Wesen selbst Liebe wäre. Wiederum muß auf das innergöttliche Liebesgeschehen hingewiesen werden: Gott ist sowohl Liebender wie Geliebter und lauter Liebesbeziehung. Gott ist der Sichhingebende, der Hingegebene und zugleich liebende Hingabe schlechthin. Er kann, wenn er denn die Liebe ist, nicht in absoluter Einsamkeit leben; denn die Liebe kann nur als Beziehung beschrieben werden: Sie muß ein Gegenüber haben, ein Du, um Liebe zu sein, und dieses Du muß sich der Quelle liebend verdanken, und diese Verdankung ist noch einmal nichts als Liebe. Innerhalb der Einheit Gottes – es gibt nur einen einzigen Gott, nicht viele Götter! – gibt es zwei Feuerstellen der Liebe, die zu einer einzigen Liebeslohe zusammenschlagen. Gott ist nichts anderes als dieses Feuer und diese Flamme und dieser Brand.

Der christliche Dreifaltigkeitsglaube ist darum kein Gegensatz zum alttestamentlichen Jahweglauben, sondern seine Ausdeutung. Denn wenn Gott «Jahwe» ist, der «der da-ist», lauter Zusage, Beziehung, Gegenwart, Liebe, dann ist diese Liebe ein lebendiges innergöttliches Hin- und Herflammen der Liebe. Und dann ist die Schöpfung, die Menschheit, die ganze Geschichte von vornherein als Vernetzung, als Bund, als Liebe gedacht. Der Franziskanertheologe Johannes Duns Skotus hat diesen Zusammenhang so formuliert: «Deus vult condiligentes se» – Gott will, daß außerhalb seines eigenen Wesens eine Wirklichkeit existiert, die sich von ihm unterscheidet: eine geschaffene Liebe; Geschöpfe, deren Wesen die Liebe ist und die darum nur als Liebende sind, was sie sind. Weil Gott das dreifaltige Liebeswesen ist, ist auch die ganze Welt als eine Vielfalt der Liebe, als aufeinander sich beziehende Verbundenheit zu verstehen und zu glauben. Franz von Assisi besingt darum in seinem Sonnengesang die universale Geschwisterlichkeit von Sonne und Mond, Wind und Wasser, Feuer und Erde, Frau und Mann, Mensch und Mensch.

2. Jungfräulichkeit als Beziehungsfähigkeit und Freundschaft

Gerade darum ist es auch ein Irrtum, Jungfräulichkeit als Beziehungslosigkeit zu verstehen. Ebensowenig ist sie gleichbedeutend mit asexuellem Leben. Wenn man sich zur Jungfräulichkeit bekennt, wird man nicht zum geschlechtslosen Wesen, denn wir können nicht nicht Frau sein, und wir können nicht nicht Mann sein. Gott hat uns als Frau und als Mann erschaffen. Er hat uns in die Sexualität hineingestellt, in die sexuelle Verwiesenheit. Wir dürfen und können darum unsere Sexualität nicht unterdrücken. Ich muß als erstes mich annehmen, als Frau, als Mann, um jemand zu sein in einer konkreten Gemeinschaft.

Individualisierung der Beziehungen

Ich habe den Eindruck, daß die Neutren, die da sehr oft in Ordensgemeinschaften umherlaufen, diese Gestalten, die nichts erkennen lassen von Fraulichkeit, von Männlichkeit, nicht richtig begriffen haben, wie sie von Gott geschaffen wurden. Frausein / Mannsein ist eine Tatsache und eine Sendung, ein Auftrag. Wir können darum die Jungfräulichkeit nicht anders gestalten als in der Entfaltung unserer spezifischen Geschlechtlichkeit, des Mannseins, des Frauseins. Wobei es eine Selbstverständlichkeit ist, daß dieser Gestaltungswille nicht automatisch gleichzusetzen ist mit dem Gebrauch der Sexualkraft.

Etwas in unseren Gemeinschaften befremdet mich auf diesem Hintergrund immer wieder: die Auffassung, daß wir einander alle gleich lieben sollen. Haben wir einmal darüber nachgedacht, ob das überhaupt möglich ist? Wird nicht der, der so liebt, am Ende niemanden wirklich lieben?

Ich plädiere für eine Individualisierung der Beziehungen auch in der Ordensgemeinschaft, dafür, daß die einzelnen Schwestern, Brüder wieder einen Namen bekommen, eine konkrete Gestalt, die darum auch eine spezifische Zuwendung verdient. Jeder Bruder und jede Schwester hat ein konkretes Gesicht und ist darum jemand, der von den anderen eine spezifische Zuwendung erwarten darf. Nur wenn wir uns zu den Verschiedenheiten der je konkreten Menschen bekennen und eine unterschiedliche Nähe und Distanz zu leben wagen, bekommt Liebe ein Gesicht. Wo das nicht der Fall ist, entsteht keine Wärme, keine Atmosphäre. Alle gleich zu lieben – das bedeutet letztlich Unnahbarkeit, Kälte, Ungeborgenheit.

Es hat etwas mit der Unterdrückung der Sexualität zu tun, wenn wir meinen, wir könnten einfach alle und jeden in einem kosmischen Sinne liebhaben, dürften uns aber nicht auch individuell und konkret jemand bestimmtem liebend zuwenden. Wir haben jedoch eine leibhafte Existenz, und der Leib ist unsere Möglichkeit, einander nahezukommen. Der Leib ist das Sakrament der Zuwendung zum anderen.

Wir dürfen ruhig ein bißchen entfalten, was das heißt: Ich kann dem anderen gar nicht gegenwärtig werden, wenn ich ihm nicht leibhaftig begegne, die Kommunikation hat immer eine leibhafte Gestalt: Sehen, hören und berühren. Man kann sehr viel über die Leibfeindlichkeit der hl. Klara sagen: Sie hat den Körper abgetötet bis zum «Geht-nicht-mehr», bis zu einer lebensbedrohlichen Situation. Aber auf der anderen Seite hat sie den Leib eingesetzt als Sakrament der Zuwendung und des Heilens. In den Akten zu ihrem Heiligsprechungsprozeß können wir nachlesen, wie die Schwestern jeweils gespannt darauf gewartet haben, bis sie wieder aus ihrer

Kontemplation zurückgekommen ist. Sie sei nachher beziehungsfähiger gewesen, heiterer, sensibler für die Nöte ihrer Mitschwestern. Das ist ein Kriterium des wahren Glaubens. Wir haben, meine ich, viel zu wenig erfaßt, daß die Echtheit unseres Gebetes, unserer Meditation, unseres Gottesdienstes nicht am Gebet, nicht am Gottesdienst, nicht an der Meditation selbst abzulesen ist, sondern an der darin gewonnenen neuen Fähigkeit, sich dem anderen zuzuwenden. Nicht weniger Beziehung ist für den möglich, der sich Gott zugewandt hat, sondern mehr! Nicht weniger Beziehung soll gelebt werden durch den, der die Jungfräulichkeit in diesem geschilderten Sinne versteht, sondern mehr. Eine größere Intensität und darum immer auch eine gewisse vertrauliche Intimität der Beziehungen innerhalb einer Gemeinschaft ist die notwendige Folge einer rechtverstandenen Jungfräulichkeit.

Die hl. Klara wurde, wie gesagt, durch die ständige Verbundenheit mit der Liebe Gottes im Laufe ihres Lebens immer beziehungsfähiger. Sie bekam eine größere Sensibilität für die anderen und konnte darum auch heilend auf andere wirken. Und wie hat sie geheilt! Dreizehn Jahre lang litt eine Schwester unter fünf Fisteln und hat es dann schließlich nicht mehr ausgehalten. Sie hat sich durchgerungen, sich der hl. Klara zu offenbaren. (Vielleicht wäre das Offenlegen des Heimlichen, des krampfhaft verborgengehaltenen Leidens, schon ein Weg zum Geheiltwerden in einer Gemeinschaft.) Die hl. Klara fordert sie auf, ihr die Fisteln zu zeigen. Die Schwester entblößt sich und zeigt ihre Brust. Klara steckt ihre Finger in die Eiterlöcher, berührt sie also, macht ein Kreuzzeichen darüber, betet, und die Schwester ist heil. Ein anderes Mal legt die hl. Klara ihren Leib über eine Schwester, wohlverstanden: Sie hat das ganze Gewicht ihres Körpers auf eine Schwester gelegt, die ein schmerzhaftes Hüftleiden hatte! Die Nähe, die Zuwendung, die Beziehung, die Berührung waren ihr wichtig. Und das ist es, was Heil und Heilung bewirkt.

Wir dagegen schließen aus der Jungfräulichkeit oft genau das Gegenteil: Wir dürfen einander nicht anschauen, nicht berühren und sollen möglichst alle gleichermaßen lieben. Wir müssen zurückfinden zur Individualisierung unserer Beziehungen, zur Wiederentdeckung unseres Körpers als Sakrament der Zuwendung, zum Wagnis der Umarmung, zum Abwägen von Distanz und Nähe. Solche Gesten gehören meines Erachtens zu einer Religion der Menschwerdung. Es war bei Franziskus eine Umarmung, ein Kuß, der ihn zu dem machte, was er schließlich geworden ist, wie er selbst in seinem Testament bezeugt und wie wir es ja eigentlich immer sagen, wenn wir seine Bekehrungsgeschichte erzählen. Legen wir also unsere dualistische, leibfeindliche Erziehung ab. Sie hat mit dem Evangelium nichts zu tun und dient auch nicht einem Leben in wohlverstandener Jungfräulichkeit.

Geistliche Freundschaft

Durch eine erlebte und gelebte Gottesbeziehung soll innerhalb einer Gemeinschaft ein Mehr an Beziehungen wachsen können. Die Freundschaft mit Gott führt also zu klaren, sich voneinander unterscheidenden Beziehungen. Deswegen ist es ja, wie wir heute sagen müssen, auch falsch gewesen, daß früher in Ordensgemeinschaften sogenannte Partikularfreundschaften verboten waren. Der vierte Brief der hl. Klara an Agnes von Prag ist ein wunderbares Dokument über eine besondere Beziehung zwischen Frauen. Sie schreibt «der Hälfte ihrer Seele und dem Tresor einzigartiger Liebe ihres Herzens»; sie grüßt die Schwester «Agnes, ... unter allen anderen Töchtern die Liebste». Und dann folgt ein Liebesvokabular, das seinesgleichen sucht: «Wenn ich dir nicht öfter geschrieben habe, wie es wohl deine Seele und ich gleicherweise wünschten und ersehnten, dann sei nicht erstaunt und glaube ja nicht, das Feuer meiner Liebe zu dir würde weniger zärtlich brennen in der Brust deiner Mutter. Das liegt am Mangel an Boten und an den Gefahren der Wege ... Jetzt aber, wo ich deiner Liebe schreibe, freue und juble ich mit dir in der Freude des Geistes, Braut Christi ... Wenn du doch, o Königin des himmlischen Königs, immer mehr und ohne Unterlaß von diesem Feuer der Liebe entflammt würdest! Darüberhinaus magst du seine unaussprechlichen Kostbarkeiten, Reichtümer und ewigen Ehrbezeugungen betrachten und in der tiefsten Sehnsucht und Liebe des Herzens seufzen und rufen ... Wenn du so in der Haltung der Kontemplation bist, dann gedenke deiner armseligen Mutter, im Wissen darum, daß ich dein Andenken untrennbar in die Tafeln meines Herzens geschrieben habe: ich habe dich lieber als alle anderen. Was soll ich noch mehr sagen? Die Zunge des Leibes verstummt angesichts der Liebe, die ich zu dir habe, die Zunge des Geistes sagt es, ja ruft es: O gesegnete Tochter, die irdische Sprache hat nicht Worte genug, um die Liebe zu dir auszudrücken. Was ich dir nur unvollkommen geschrieben habe, nimm mit gütigem und aufmerksamem Ohr auf, spüre darin wenigstens die mütterliche Liebe, mit der ich mich täglich zu dir und deinen Töchtern im Liebesbrand verbinde ...»

Man mag nun sagen, daß eine solche Freundschaft, die ja als einzigen Ausdruck den Brief hat, nicht weiter problematisch sei. Darum möchte ich noch einmal auf das großartige Werk des hl. Aelred von Rieval hinweisen, der seine eigene Freundschaft mit Mitbrüdern beschreibt. Darin wird auf einmalige Weise deutlich, daß eine intensiv gelebte Freundschaft nicht nur keine Konkurrenz zur Liebe Gottes darstellt, sondern sogar die Voraussetzung und Bedingung für eine noch intensivere Beziehung zu Gott ist. Aelred beschließt sein faszinierendes Buch mit folgendem Abschnitt: «Wie selig ist es zu teilen, jedwedes miteinander planen, prüfen und in allen Stücken eines Sinnes werden! Hinzukommt, daß Freunde für einander beten, daß jeder seines Freundes gedenkend wirksamer betet, weil man mit viel tieferer Liebe sich bei Gott für ihn verwendet. Und er betet unter Tränen, weinend aus Sorge, aus Zuneigung, aus Schmerz um den Freund. Für seinen Freund bittet er Christus und will erhört werden von Christus nur um des Freundes willen; ihn erhört Christus gern und umso lieber. Unvermerkt geht Liebe in Liebe über, und wenn er die Süßigkeit Christi gleichsam nahe berührt, empfindet er, wie süß und mild der Heiland ist. Die heilige Liebe, die den Freund umarmt, führt hinauf zu jener seligen Liebe, die uns Christus in die Arme schließen läßt. Dann genießt man in vollen Zügen diese geistigste aller Früchte der heiligen Freundschaft, erwartend die volle Seligkeit. Dann ist alle Furcht vertrieben, die uns jetzt erfüllt, und alles Leid ist überwunden, das wir nun füreinander tragen müssen. Mit dem Tod ist dann der Stachel des Todes vernichtet, dessen Gift uns so sehr quält, wenn wir um Freunde weinen; dann erhalten wir den sicheren Besitz und die ewige Freude des höchsten Gutes. Im Himmel wird die Freundschaft, die wir hier auf Erden nur wenigen schenken können, auf alle übertragen und von allen wiederum Gott zurückgeschenkt, denn Gott ist alles in allem» (S. 109f.).

Eines der größten Mißverständnisse, das im geistlichen Leben hartnäckig anzutreffen ist, ist die Auffassung, daß zwischen Gott einerseits und dem Irdischen bzw. dem Menschen andererseits ein Konkurrenzverhältnis besteht. Gott steht nicht als Einzelwesen neben den Geschöpfen, er ist nicht ein Glied in der Reihe. Darum stehen wir auch nicht vor der Entscheidung: entweder Gott oder die Menschen; entweder Gott oder dieses oder jenes Geschöpf. Gott ist vielmehr ohne seine Schöpfung gar nicht zu «haben», er wird nahbar immer nur vermittelt in den Geschöpfen: in einem Dornbusch, auf einem Berg, beim Sonnenuntergang, im Anblick oder im Duft einer Rose, in den Augen eines Hundes, in der Gestalt eines Menschen. Darum sagte Ignatius von Loyola: «Gott in allen Dingen suchen». Und Franziskus sagte: «Mein Gott – und das Ganze!» So verstanden gibt es nicht nur keine Konkurrenz, sondern eine innere Einheit, die es zu entdecken gilt. Wahre Liebe ist darum immer mit Gott identisch, wenn wir dem Johannesbrief (4,16f.) glauben dürfen. Und wahre Freundschaft erreicht immer das Geheimnis, das wir «Gott» nennen. Wenn Liebe und Freundschaft nicht in diese Tiefenschichten vorstoßen, dann nicht deshalb, weil sie sich auf Wesen beziehen, die mit Gott konkurrieren, sondern weil sie gar nicht als «Liebe» bzw. «Freundschaft» bezeichnet werden dürfen. Gott ist kein Konkurrent für unsere Liebe, sondern der Horizont, vor dem jedes Geschöpf und jeder Mensch geliebt werden kann und auch soll. Und einige dieser Menschen treten in ihrer Individualität für mich so sehr hervor, daß auch ich mich ihnen in besonderer Weise zeigen kann.

Ich möchte aber nicht falsch verstanden werden. Es wäre nicht richtig, wenn man jetzt sagte, man müsse jetzt eilends eine freundschaftliche Beziehung aufnehmen oder gar mit jeder Schwester freundschaftlich verbunden sein. Freundschaft ist nicht etwas, das man erzwingen kann. Sie tritt uns immer nur als göttliches Geschenk entgegen, das weder geplant noch gemacht werden kann. Zudem ist sie immer nur zwischen wenigen möglich.

Aber ebenso gilt: Gemeinschaft kann nur bestehen, wenn die unterschiedlichen Möglichkeiten in den Beziehungen, die größere und die kleinere Distanz wieder möglich werden. Freundschaft ist erst dann nicht gut, wenn sie schon keine Freundschaft mehr ist: wenn man sich einlullt und einschließt in eine exklusive Beziehung, in die niemand einzudringen vermag und die sich gegenüber der Gemeinschaft absondert. Solches Verhalten richtet sich dann allerdings grundsätzlich gegen die Jungfräulichkeit selbst, auch gegen die Kommunität als Lebensform, deren Sinn ja gerade das gemeinsame Leben ist.

Darum verwundert es nicht, daß das Ordensleben ganz zentral als «vita communis», als gemeinsames Leben begriffen wird. Gott und das ganze Beziehungsgeflecht der menschlichen Gemeinschaft bilden ein dichtes Ineinander, das man sogar idealistisch bzw. utopisch beschreiben kann: «Ihrem vornehmsten, mystischen Sein nach ist jede Ordensgemeinschaft tatsächlich in sich selbst eine übernatürliche Wirklichkeit, und als solche Gegenstand der Kontemplation. Daraus folgt, daß die Ordensgemeinschaft in erster Linie ein Geheimnis ist, das mit dankbarem Herzen in einer lauteren Haltung des Glaubens betrachtet und angenommen wird. Wenn diese mystische und theologale Dimension vergessen wird, die sie zum Kontakt mit dem Geheimnis der in der Gemeinschaft anwesenden und ihr mitgeteilten göttlichen communio hinführt, dann vergißt man zwangsläufig auch die tiefen Gründe für das ‹gemeinsame Tun› und für das geduldige Auferbauen des brüderlichen (besser: geschwisterlichen: A. R.) Lebens. Dieses scheint zuweilen menschliche Kräfte zu übersteigen, ganz abgesehen davon, daß es manchmal, besonders von sehr aktiven und individualistisch geprägten Menschen, als unnütze Vergeudung von Energien angesehen wird. Derselbe Christus, der sie berufen hat, ruft täglich seine Brüder und Schwestern zusammen, um mit ihnen zu sprechen und sie durch die Eucharistie mit sich und untereinander zu verbinden, damit sie immer mehr zu seinem lebendigen und sichtbaren Leib werden, der vom Geist beseelt ist und unterwegs ist zum Vater. Das gemeinsame Beten, das stets als das Fundament jedes Gemeinschaftslebens betrachtet wurde, beginnt mit der Betrachtung des großen und erhabenen Geheimnisses Gottes, mit dem Staunen vor seiner Gegenwart, die in den großen Augenblicken unserer Ordensfamilien ebenso wirkt wie im gewöhnlichen Alltag unserer Gemeinschaften» (Congregavit nos 12).

Solche Worte wirken natürlich sehr abgehoben, wenn sie das mystische, innerste Wesen der Ordensgemeinschaft beschreiben wollen. Sie werden leider kaum gedeckt von der täglichen Erfahrung. Hier haben wir es oft mit handfesten Auseinandersetzungen zu tun, mit schmerzhaften Reibereien, die bei manchen sogar den Wunsch auslösen mögen, aus bestimmten Situationen zu fliehen. So muß schon Franziskus von Assisi, um zum Aushalten von schwierigen Umständen zu ermuntern, in seinem «Brief an einen Minister» höchste Motive ansprechen. Konflikte haben dann für ihn sogar eine theologische Qualität: sie sind eine «Gnade», ein Ort, an dem Gottes Gegenwart erkannt werden will. Dieser mag vielleicht in einer Einsiedelei, in einem Haus der Stille auf einen warten. Aber wer kann sicher sagen, daß dies nicht eine trügerische Erwartung ist? Hingegen dürfen wir von der Menschwerdung Gottes her glauben, daß er gewiß gegenwärtig ist im Beziehungsgeflecht einer Gemeinschaft. Es lohnt sich, im Hier und Jetzt der Beziehungen Gott zu suchen und eine Spiritualität der Geduld, der sensiblen Aufmerksamkeit, des Ausharrens und Erwartens zu entdecken. Heute reden wir darum auch gerne von der Notwendigkeit einer Spiritualität des Konfliktes.

In diesem Zusammenhang müssen wir auch das Phänomen der Emotionen ansprechen. Es muß Raum geben für Emotion in der Gemeinschaft. Mir hat einmal eine Schwester aus Brasilien mit Blick auf eine konkrete Ordensgemeinschaft in Deutschland gesagt: «Die wollen nur mein Lachen, nicht aber mein Weinen.» Wenn sie aus irgendeinem Grund weinen mußte, sagten die Mitschwestern: «Mach das auf Deinem Zimmer!» Es muß auch in der Gemeinschaft möglich sein, zu weinen und den Gefühlen freien Lauf zu lassen. Nur so kann Nähe entstehen. Das gilt auch für Gefühle wie Wut und Zorn. Ihr innerer Sinn ist Berührung, Kontakt, größere Dichte der Beziehung.

In diesem Zusammenhang sollte man auch über etwas anderes nachdenken: Heute ist kaum noch verständlich, daß Schwestern, Brüder, die tagein tagaus im gleichen Haus leben, einander ein Leben lang mit «Sie» anreden können. Solches Verhalten gilt heute als ein «Antizeugnis», selbst wenn man betont, daß Wohlwollen und Nähe nichts mit der Anredeform zu tun haben. Deutlich wird das vielleicht an folgender kleinen Beobachtung: Ich besuchte einmal ein großes Fest, das ein Orden für Jugendliche organisierte. Auf der Wand, an der diese aufschreiben konnten, was sie störte, stand sogar mehr als einmal: «Mich stört, daß die Schwestern so distanziert einander begegnen, daß sie einander immer noch nicht das ‹Du› sagen können.» Wenn wir darauf antworten, daß Sprache nur etwas Förmliches sei, täuschen wir uns möglicherweise selbst, denn immerhin dient sie zur Beschreibung der Wirklichkeit und kennzeichnet in diesem Fall vielleicht eine tatsächliche Distanz.

3. Beziehungen nach außen

Aus dem bisher Gesagten dürfte unschwer deutlich werden, daß sich Ordensleute nicht aus der Welt zurückziehen dürfen. Diese Welt ist Gottes Schöpfung. Sie wartet darauf, daß ihr inneres Wesen zum Ausdruck kommt: in der liebenden Verbundenheit unter den Menschen und zwischen den Nationen, in geschwisterlichen Beziehungen zu allem, was ist, im Frieden und in der Gerechtigkeit.

Eine Liebesgemeinschaft, die nicht Bande des Blutes oder eine gemeinsame Herkunft zur Voraussetzung hat, gehört zum Zeugnis, das die Welt heute wie eh und je notwendig braucht. Eigentlich sollte ja schon die Kirche ein Liebesbund sein, eine «communio», ein kommunikatives Beziehungsgeflecht, das in Gott seine Mitte hat. Darum wirkt eine Gemeinschaft, die den Akzent auf das Gelingen von Beziehungen legt, an sich schon nach außen: in die Kirche und in die Gesellschaft hinein.

Nun liegen aber in dieser überzeitlichen Aufgabe auch mehr zeitbedingte Aspekte, die es herauszustellen gilt. Dazu zählt eines der größten Probleme unserer Zeit: die Brüchigkeit aller menschlichen Beziehungen; sie tragen und halten nicht mehr. In manchen Gegenden ist heute praktisch schon fast jede dritte Ehe geschieden, und auch andere Beziehungsformen sind kurzlebig geworden. Ein zweites Phänomen hat vielleicht damit unmittelbar zu tun: die Tatsache nämlich, daß in der Bundesrepublik etwa 30 % der Bevölkerung als sogenannte «Singles» leben, als Menschen also, die allein leben wollen oder müssen; Männer und Frauen, die für sich selbst das Alleinsein als Lebensform wählen oder die dazu verurteilt sind, allein zu bleiben.

Hier fragt sich, ob es nicht gerade eine Aufgabe der «jungfräulichen» Lebensform ist, sich derer anzunehmen, die keinen Menschen haben (J. B. Metz). Die Erfahrung zeigt, wie sehr das menschliche Herz nach Geborgenheit sucht und allerhand Wege geht, um diese Sehnsucht zu erfüllen. Ihr entgegenzukommen und Orte zu schaffen, an denen sie wenigstens fragmentarisch und zeitweise in Erfüllung geht, könnte das besondere Thema, die besondere Sendung der Ordensleute sein.

Abgesehen davon lebt die Gesellschaft ohnehin vom trügerischen Eindruck, daß alle Menschen in Paarbeziehungen oder Familien leben. Deutlich wird das schon beim Einkauf: In der Regel sind die Portionen z. B. von Gefrierwaren gar nicht auf den Bedarf eines Ein-Personen-Haushaltes abgemessen. Das ist gleichsam ein Symbol dafür, daß die Gesellschaft, obwohl ein großer Teil der Menschen in ihr allein leben muß, die Einsamkeit nicht wahrhaben will. Diesbezüglich hat der österreichische Dichter P. Handke auf den «ontologischen Riß» hingewiesen, der sich durch die Welt zieht. Es gehört offenbar zum Menschen als einem geschaffenen Wesen, daß er von etwas anderem losgerissen ist, und die Abrißstelle bleibt wund ein Leben lang. Kein Mensch kann das Abgerissene ersetzen. Selbst menschliche Freundschaft und eheliche Liebe, mögen sie noch so tief sein, vermögen nicht, die Leere des Herzens zu füllen und die unendliche Sehnsucht zu stillen. Deswegen könnten Menschen, die sich durch die Lebensform «Jungfräulichkeit» der unendlichen Sehnsucht stellen, über die großen Täuschungen der Gesellschaft und die Enttäuschungen der Menschen in ihr hinweghelfen. Hier angesiedelt sind auch die Fragen, welche sich hinter den ungelösten Fragen menschlicher Sexualität verbergen.

Schließlich möchte ich noch auf die Bedeutung hinweisen, welche eine Gemeinschaft, die nicht durch Blut und Boden begründet ist, in einer Zeit zunehmender ethnischer Konflikte hat. Es ist nach einem Jahrhundert des menschlichen Versagens und tödlicher Katastrophen, deren Ursachen Nationalismus und Rassenhaß sind, schon eine herbe Enttäuschung, zusehen zu müssen, wie sich die Geschichte wiederholt: Burundi, Bosnien, Tschetschenien... Überall gründet man Identität auf Blut und Boden. Da braucht es vermehrt den Gegenentwurf: eine menschliche Gemeinschaft, die aus Geist und Leben stammt!

4. Askese

Ich habe bisher zu zeigen versucht, daß der Aspekt der Sexualität nicht als erster in den Blick zu nehmen ist, wenn von Jungfräulichkeit gesprochen wird. Gewiß aber gehört er, wenn auch in abgeleiteter Weise, zur sozial greifbaren Zeichenhaftigkeit des Rates. Irgendwo muß ja auch konkret abgelesen werden können, daß ein Leben von Gott her und auf Gott hin gewagt wird.

Die Frage, die sich jetzt also stellt, ist die: Woran kann man die «Jungfräulichkeit», wie sie in den bisherigen Ausführungen beschrieben wurde, erkennen? Welches sind die Zeichen, die wesentlich zu dieser Lebensform gehören? Was kann oder muß eine Ordensfrau, ein Ordensmann im Sinn des Verzichts tun, damit nun auch für die Menschen um sie oder ihn herum deutlich wird: Das ist ein Mensch, der sich Gott ganz und gar hingegeben hat?

Ich möchte hier nicht einfach die traditionellen Antworten wiederholen. Zuviel ist in Fluß geraten, und zu sehr ist alles, was mit den Stichworten «Zölibat» und «Sexualität» gemeint ist, Verdächtigungen und Mißverständnissen ausgesetzt. Darum möchte ich vielmehr versuchen, eine unverbrauchte Sprache zu reden, die ganz bewußt auch sehr vieles offen läßt.

Ehelosigkeit

Ein erstes soziologisch greifbares Zeichen für ein Leben in Jungfräulichkeit ist die Ehelosigkeit, ein Leben also, das nicht eingebunden ist in eheliche Partnerschaft und familiäre Geborgenheit. Allerdings besagt für diese Zeichenhaftigkeit das bloße Faktum des Nichtverheiratetseins noch nichts, dieses muß schon noch um etwas Positives ergänzt werden, um die Freiheit und Ungebundenheit nämlich, mit der ein Mann, eine Frau über Partnerschaft und sexuelle Verwiesenheit hinausweist auf das, was die Bibel das «Reich Gottes» nennt. Klara von Assisi würde vielleicht sagen: auf das, was «unendlich mehr» ist; Gottes Gegenwart in allem und jedem! Um Mißverständnissen vorzubeugen: Auch Ehe und Familie enthalten dieses Mehr, und jede gläubige Ehe weist über sich hinaus; deswegen wird dieses Miteinander von Mann und Frau ja auch «Sakrament» genannt und zu Recht als Ort der Gegenwart Gottes gefeiert. Doch der Mensch, der um des «Reiches Gottes willen» auf die Ehe verzichtet, macht diesen Hinweis auf das Mehr zu seinem ganzen Lebensinhalt.

Ich habe in diesem Zusammenhang vor kurzem ein eindrückliches Streitgespräch gelesen. Ein Agnostiker, also ein Mann, der entschieden keine Aussagen über Gott machen will, ganz schlicht deswegen, weil man, wie er meint, darüber nichts wissen kann (R. Mächler), und ein Theologe, der auf dem Fundament der Bibel sehr wohl etwas von Gott aussagen muß (K. Marti), streiten sich unter anderem auch über das Thema «Sexualität». Dabei wird deutlich, daß nicht nur das ungebremste Ausleben der Sexualität von einer erschreckenden «Sexbesessenheit» zeugt. Auch in der verbissenen und fixierten Ablehnung und im Schlecht- und Miesmachen der sexuellen Erfahrung zeigt sich diese «Besessenheit». Wer keine andere Botschaft zu verkünden hat als eben nur diese ständige Ablehnung der Sexualität, ist ebenso ihr Gefangener wie derjenige, der mit innerer Notwendigkeit, sozusagen zwanghaft, den sexuellen Ausdruck sucht.

Der Verzicht auf die Ehe ist darum nur dann ein Zeichen, wenn der Mensch, der ein solches Leben gewählt hat, ein gelöster, freier Mensch ist. Diese Freiheit ist im konkreten Verhalten ablesbar: Wer einem anderen Menschen nicht in die Augen schauen kann oder wer mit den Blicken oder gar durch ein aktives Verhalten jemanden gefangennimmt, ist nicht frei. Wer immer nur über Sexualität redet oder wer überhaupt nicht darüber reden kann, ist nicht frei. Wer Witze macht und Zoten reißt, ist ebenso wenig frei wie derjenige, der – scheinbar objektiv – auf der Kanzel und im Sprechzimmer immer nur das Thema «Sexualität» kennt.

Zur Lebensform der Ehelosigkeit gehört darum auch eine große Beziehungsfähigkeit, ein geschwisterliches, freundschaftliches Verhalten, das – wie Gott das tut! – keinerlei Bedingungen und Voraussetzungen setzt, sondern etwas von seiner ungehinderten, grenzenlosen Zuwendung deutlich macht.

Sicher gehört darum auch das zu den Zeichen, an denen die hier gemeinte Lebensform ablesbar ist, was sich hinter dem Wort «innocentia» verbirgt: ein grundsätzlicher Wille, niemandem durch irgendein Verhalten zu schaden – weder durch Besitzansprüche noch durch Geltungsdrang, weder durch versteckte noch durch offen aggressive Sexualität; eine innere Ausrichtung, ein grundlegendes Wohlwollen und eine feine Sensibilität für den anderen Menschen; eine eindeutig erkennbare Tendenz, die darauf zielt, an anderen nicht schuldig zu werden, ihnen aber auch nichts schuldig zu bleiben.

Hier ist eine umfassende Askese, eine grundsätzliche Zurückhaltung angezeigt: Der andere, die andere soll auf der einen Seite nichts als Wohlwollen, nichts als Hingabe erfahren, auf der anderen Seite soll er oder sie das Gefühl haben, ganz und gar als Person geachtet zu sein, nicht vereinnahmt, nicht verdinglicht, nicht versachlicht, nicht als eine Sache behandelt zu werden, sondern unaustauschbar er bzw. sie selbst zu bleiben. Dabei ist eine letzte Ehrlichkeit gefragt. Macht, egoistisches, besitzergreifendes, eben letztlich schädigendes und schuldhaftes Verhalten kann sich hinter den edelsten Motiven, ja sogar hinter der Liebe verbergen!

Damit eine solche Haltung der nahen Zurück-haltung immer mehr gelingt, ist ständige Gewissenserforschung und Kritikbereitschaft, die vor allem zu diesem Aspekt des Lebens das Gespräch mit anderen sucht, unbedingt notwendig. Allerdings liegt darin auch die Gefahr der Kleinlichkeit, der krankhaften Skrupelhaftigkeit. Die Zentimetermoral und das Drehen um die eigene Achse, das letztlich hinter einem solchen Verhalten steht, ist ja noch einmal nichts anderes als eine krankhafte Form der Selbstliebe und der Selbst-Fixiertheit. Wer sich zum Geheimnis der Gegenwart Gottes bekennt, wie es durch Jesus bezeugt wird, kann diesbezüglich nicht kleinlich und ängstlich um sich selbst drehen. Er wird vielmehr auf die Kraft und die Barmherzigkeit Gottes vertrauen. Denn Gott ist der Angelpunkt, um den sich sein Leben dreht.

Ein weiteres kommt hinzu: Der Mensch bleibt immer hinter dem zurück, was er sich vorgenommen hat. Er geht ebenso gewiß immer auch in die Irre. «Ich bin ebenso wenig keusch, wie ich arm und gehorsam bin», sagt ein Franziskaner in einem oben schon angesprochenen Fernsehfilm. Dabei ist vor allem seine Armut von beunruhigender Radikalität: Er ißt Pommes frittes und Salatreste aus der Mülltonne, schläft wie die Clochards auf ausgelegtem Karton in den U-Bahnschächten, lehnt den Gebrauch des Geldes ab. Wer so radikal lebt, kann anders über die Dinge reden. Die «Innocentia» ist für ihn wie der Horizont, der nie eingeholt wird.

Überhaupt wäre es für die Selbst- und die Fremdeinschätzung gut, wenn das sog. «Vollkommenheitsideal» endgültig verabschiedet würde. Wir sind nicht vollkommen und sind auch nicht zur Vollkommenheit berufen. Der Ordensmann und die Ordensfrau und ganz allgemein der Christ, die Christin ist nicht ein vollkommener Mensch. Er ist bloß ein Mensch, der mit Motiven und Perspektiven auf dem Weg ist. Da gibt es Anfänge und Entwicklungen, ein Wachsen und ein Werden, das vielleicht immer wieder mit Franziskus am Ende des Lebens bekennen muß: «Laßt uns anfangen, bisher haben wir gar nichts getan!»

Neues Fragen

Im übrigen müssen wir uns bewußt machen, daß wir in diesem Zusammenhang eine ganze Anzahl Fragen neu bedenken müssen. Zum Beispiel: Wie kann die Sexualität unter den Bedingungen der Ehelosigkeit bzw. der «Jungfräulichkeit» positiv gelebt werden? Wie verhalten sich «Jungfräulichkeit» und «Sexualität»?

Diese Fragen stellen sich ja auch angesichts der totalen Versexualisierung der Welt, die wir heute als Merkmal der Zeit bezeichnen müssen. Ist es wirklich wahr, was die Welt und die Menschen oft behaupten, daß das Frausein der Frau und das Mannsein des Mannes nur einen Sinn hat, wenn sie, er die Sexualkraft voll auslebt? Darf die Sexualität so sehr verobjektiviert werden, daß sie eine Eigendynamik entfaltet und sozusagen immer auf dem Sprung ist, sich zu betätigen? Das Nein auf diese Frage dürfte eine Selbstverständlichkeit sein. Das, was unter «Jungfräulichkeit» gemeint ist, stellt – ebenso wie die partnerschaftliche Ehe! – eine der Alternativen zur zügellos ausgelebten Sexualität dar. Sexualität muß einbezogen bleiben in eine selbstlose personale Liebe, die mehr als nur einen Augenblick meint, sondern auf Dauer angelegt ist. Und Sexualität bleibt auch und gerade dann eine große Grundkraft des Lebens, wenn sie sich nicht sozusagen automatisch betätigt, ja sogar noch dann, wenn sie völlig darauf verzichtet, ausgelebt zu werden. Sexuelle Betätigung ist keine Notwendigkeit, kein unkontrollierbarer Ablauf, sie erreicht ihre Höchstentfaltung erst in der freien personalen Zuwendung und Liebe. Der Verzicht auf den Gebrauch der Sexualkraft ist darum dem Menschlichen näher als ein automatisch-mechanischer Ablauf, in dem die Sexualität nicht mehr zur Frage wird.

Dritter Teil:

DAS NACHSPIEL

Die Zeichen der Zeit – Politische Situierung der Evangelischen Räte

Der Darstellung der Evangelischen Räte habe ich ein theologisches Vorspiel vorausgestellt, den großen Horizont, den biblischen Gottesglauben, von dem die Lebensform der Räte zeugen will. Nun möchte ich auch ein Nachspiel folgen lassen und etwas näher auf die Welt eingehen, in der wir heute leben und die als besondere Herausforderung zu deuten ist.

Seit dem 2. Vatikanischen Konzil sprechen wir ja von den sog. «Zeichen der Zeit». Gemeint ist die Einsicht, daß Gott uns nicht welt- und geschichtslos entgegenkommt, sondern in den Ereignissen, Vorgängen, Grundtendenzen einer ganz bestimmten Zeit gefunden werden will. Immer ist – auch das ist ein Akt des Gehorsams! – darum zu fragen, welche Herausforderung die Zeichen der Zeit für den Menschen, der sich dem Geheimnis des menschgewordenen Gottes anheimgibt, bedeuten.

Wir können dabei Zeugen Gottes in der Welt nur sein, wenn wir uns von der Welt auch unterscheiden: wir sind nicht «von» der Welt. Wir müssen also von einem anderen Ort herkommen und auf diese Welt zugehen. Dies vorausgesetzt, sind wir aber auch «in» der Welt, und die Wirklichkeit, in der wir uns befinden, ist ein Ort, an dem uns Gott begegnet. Darum müssen die drei Evangelischen Räte von der Welt her, in der wir leben, noch einmal bedacht werden.

1. Zur religiösen Problematik unserer Zeit

Ein Kennzeichen unserer modernen Welt kann mit dem Stichwort «Säkularisierung» beschrieben werden. Allerdings muß man wissen, daß darunter nicht immer das gleiche verstanden wird.

Die Leugnung Gottes

Viele Zeitgenossen behaupten nämlich, daß unser Zeitalter nicht mehr durch religiöse Grundeinstellungen geprägt ist, sondern sich völlig von jeder Form des Gottesglaubens losgesagt hat. Die Welt erklärt sich aus sich selbst; Gott ist als «Arbeitshypothese» völlig überflüssig geworden. Es gibt für ihn schlichtweg nichts zu tun.

Ein typischer Vertreter dieser Weltinterpretation, bei der es für einen Gott nichts zu tun gibt, ist St. W. Hawking, ein Mann, der als einer der größten Wissenschaftler unserer Zeit gepriesen wird und der durch seine Bücher und Fernsehauftritte viel Aufsehen erregt. Seine Biographen wissen zu berichten: «Die katholische Kirche hatte 1981 etliche namhafte Kosmologen eingeladen, um auf einer Konferenz in Rom die Entwicklung des Universums vom Urknall an zu erörtern. In den achtziger Jahren unseres Jahrhunderts war die Kirche für wissenschaftliche Lehren wesentlich aufgeschlossener als zu Zeiten Galileis, und die offizielle Kirchenmeinung hatte nichts daran auszusetzen, daß die Wissenschaft die Ereignisse nach dem Urknall untersuchte, solange sie das Geheimnis des Schöpfungsaugenblickes in den Händen Gottes beließ. So war es vielleicht ein glücklicher Umstand, daß Hawkings Untersuchungen über den Schöpfungsmoment in einer ziemlich schwer zugänglichen mathematischen Sprache niedergelegt waren, als er sie auf dieser Konferenz vortrug.

Inzwischen hat er die Ideen in eine wesentlich verständlichere Form gebracht (vor allem dank der Hilfe von James Hartle, University of California). Man braucht nicht viel Phantasie, um zu vermuten, daß der Papst Hawkings These, in allgemeinverständlicher Sprache dargelegt, wohl kaum gebilligt hätte, da in diesem Entwurf die Rolle Gottes völlig überflüssig wird» (White 209).

Als Theologe kann ich über einen solchen Abschnitt nur den Kopf schütteln. Denn das theologische Konzept der Schöpfung bezieht sich gerade nicht nur auf den Augenblick des Anfangs, sondern ebenso auf den Fortgang und das Ende der Schöpfung. Schöpfung ist theologisch verstanden nicht ein Akt des Anfangs, sondern ein andauerndes Ereignis, das Innesein Gottes im Ganzen und im Einzelnen. Gott ist sowohl «Halt», «Zusammenhalt» (= continens) als auch «Inhalt», «Gehalt» (= contentum), sagen Theologen und Philosophen schon seit Jahrhunderten. Wenn Gott aus dem Sein «auszöge», sich daraus «zurücknähme», dann fiele alles ins Nichts zurück. Gott ist der alles Übersteigende und alles Umfassende, er ist aber auch der alles Erfüllende und alles Bewohnende.

Ein solches Geheimnis kommt zu recht in einem physikalischen Konzept der Weltentstehung bzw. der Welterklärung nicht vor, ja es muß und kann darin auch gar nicht vorkommen. Denn ein Naturwissenschaftler wie St. W. Hawking beschäftigt sich mit dem, was man philosophisch «sekundäre Ursachen» nennt, und dazu zählt das ganze System der ursächlichen Wechselwirkungen, die der theoretischen Physik zugänglich sind. Der Theologe, der gläubige Mensch ganz allgemein, spricht dagegen von einer ganz anderen Ursache, die die Ursachen, von denen die Physik spricht, verursacht und durchdringt; von einer «Primärursache» bzw. eben von Gott, der hinter allen Sekundärursachen steht und (ausschließlich!) in und durch diese wirkt. Gott kann darum auch kein mathematisches Zeichen in einer Welterklärungsformel sein!

Die Biographen St. W. Hawkings schreiben dann weiter: «In einer Rede vor den Gästen aus aller Welt warnte der Papst die Physiker davor, sich zu weit auf die Frage einzulassen, wie und warum das Universum begonnen habe, denn dieses Problem müsse den Theologen vorbehalten bleiben. Er fuhr fort: ‹Jede wissenschaftliche Hypothese über den Ursprung der Welt, wie etwa die des Uratoms, aus dem sich die gesamte materielle Welt entwickelt haben soll, läßt die Frage nach dem Anfang des Universums offen. Die Wissenschaft allein kann dieses Problem nicht lösen. Dazu bedarf es einer Erkenntnisweise, die über Physik und Astrophysik hinausreicht – der Metaphysik. Vor allem bedarf es einer Erkenntnisweise, die sich auf die Offenbarung Gottes beruft›» (White 231).

Es ist natürlich nicht so, daß der Papst den Physikern das Recht abspräche, sich über den Anfang der Schöpfung zu äußern, und dies allein den Theologen vorbehält. Er hält nur fest, daß die Perspektive des Physikers, des Naturwissenschaftlers, nicht die einzige ist, die hier erhellend sein kann. Es gibt mindestens noch zwei andere Perspektiven, die miteinbezogen werden müssen, wenn man über Schöpfung reden will, zwei «Erkenntnisweisen», die die theoretische Physik als Gesprächspartner akzeptieren muß: die metaphysische (= philosophische) Fragestellung und der Glaube, der sich göttlicher Selbstmitteilung (= Offenbarung) verdankt. So sehr es für diese Perspektiven professionelle Zünfte gibt, die Philosophen und die Theologen, so wenig sind es in der Meinung des Papstes nur diese, die Zugang zum Geheimnis Gottes haben. Denn der Papst spricht von Erkenntnisweisen, nicht von beruflichen Zuordnungen. Auch ein Physiker kann sich noch andere Erkenntnisweisen aneignen, er darf nur nicht eine einzige absolut setzen, so wie das ja auch Philosophen und Theologen nicht tun sollten. Indem aber der große Professor die metaphysische und offenbarungsorientierte Perspektive nicht zuläßt, verweigert er sich anderen Erkenntnisweisen, und die Aussage, wonach es für Gott in der Schöpfung keine Rolle zu spielen gibt, überschreitet darum auf jeden Fall seine Kompetenz als Wissenschaftler.

Die Hawking-Biographen holen dann zu einer Polemik aus über die Kompetenz, sich über das Sein bzw. das Nichtsein Gottes zu äußern: «Wer ist das schon (kompetent: A. R.)? Wie man die Religion auch immer verstehen mag, in jedem Fall ist sie doch wohl eine sehr persönliche Angelegenheit. Sind hochrangige Kirchenrepräsentanten besser über den Ursprung und die Bedeutung des Lebens informiert als Wissenschaftler? Warum sollte Stephen Hawking weniger befugt sein, sich über Gott zu äußern, als irgendein anderer Mensch – mag er auch Bischof oder Kardinal sein? War der Klerus berechtigt, Galilei bis ans Ende seines Lebens zu Einsamkeit und Abgeschiedenheit zu verurteilen? Hatte er das Recht, Giordano Bruno auf dem Scheiterhaufen zu verbrennen, nur weil dieser es gewagt hatte, eine unbotmäßige Auffassung vom Universum zu äußern? Sind die vielen Religionskriege in der Menschheitsgeschichte mit ihren Grausamkeiten und der Not, die sie über die Menschen gebracht haben, zu rechtfertigen? Haben die offiziellen Kirchen in diesen Fällen ihre Kompetenz unter Beweis gestellt?» (White 194).

Natürlich, möchte ich dagegenhalten, ist eigentlich niemand in einem wissenschaftlichen Sinne kompetent, sich über Gott zu äußern – nicht einmal die sog. «Gotterfahrenen». Aber gerade die Erfahrung begründet eine besondere Kompetenz nichtwissenschaftlicher Art. Vielleicht darf darum schon an dieser Stelle gesagt werden, daß auf dem Hintergrund der wissenschaftlichen und davon beeinflußten populären Gottesleugnung die besondere Kompetenz der Ordensleute, von Gott zu sprechen, zu unterstreichen ist. «Ordensleute sind Experten Gottes», wird dem Papst überall nachgesprochen.

Gerade als solche aber, die sich, wenn auch bloß in einer speziellen Weise, als kompetent betrachten sollen, müssen wir die kritischen Rückfragen hören: «Sind hochrangige Kirchenrepräsentanten besser über den Ursprung und die Bedeutung des Lebens informiert als Wissenschaftler?» Selbstverständlich nicht! Sie können oft sehr viel schlechter informiert sein. Aber umgekehrt gilt eben auch: Sind Wissenschaftler über die Bedeutung des Lebens besser informiert als ein Mädchen, das, sagen wir, beim Anblick von Leuchtkäferchen von einem Wunder spricht, oder ein Kardinal, der eben vom Krankenbett seines Freundes kommt? Gibt es nicht unendlich vieles in der Schöpfung, das keinen Zwecken dient? Was sagt der Wissenschaftler zur Tatsache, daß es keine Schneeflocke gibt, die der anderen gleicht? Was sagt er dazu, daß es so viele Schmetterlingsarten gibt, Gott sei Dank, immer noch?! Sie sind im wahrsten Sinne überflüssig, keinem sichtbaren biologischen oder ökonomischen oder sonstigen Zweck dienlich, Überfluß des Lebens, der zum Staunen, zur Demut, zur jubelnden Ekstase, letztlich zur Anbetung des Schöpfers führen kann.

«War der Klerus berechtigt, Galilei bis ans Ende seines Lebens zu Einsamkeit und Abgeschiedenheit zu verurteilen?» – Ganz sicher nicht! Hier zeigt sich eine Kompetenzüberschreitung kirchlicher Instanzen, die auch durch die Rehabilitierung Galileis durch den Papst nicht gutzumachen ist, zumal im Vatikan auch heute noch an einigen Stellen eine Auffassung von Theologie vorzuherrschen scheint, die sich im Grundsätzlichen nicht von der damaligen unterscheidet. Gerade dieser Auffassung gegenüber ist zu betonen: Gott ist kein Phänomen, kein Ding unter Dingen, er ist vielmehr das alles zusammenhaltende und alles bewohnende Geheimnis, er erscheint nicht als naturwissenschaftlicher Sachverhalt. Darum kann und darf man nichts, was naturwissenschaftlich erklärt und bewiesen werden kann, im Namen des Glaubens bestreiten. Das bezieht sich im übrigen auch auf den Begriff des Wunders. Immer noch argumentiert die Kirche mit naturwissenschaftlichen Argumenten, wenn es, zum Beispiel in Lourdes oder bei Heiligsprechungsprozessen, darum geht, ein Wunder anzuerkennen. Ein «Wunder» sei ein Phänomen, sagt man, das naturwissenschaftlich nicht erklärt werden könne. Ein Naturwissenschaftler muß dazu aber stets einen inneren Vorbehalt machen: was «noch nicht», vielleicht aber später erklärt werden kann. Vieles, was früher als Wunder erklärt wurde, findet so heute seine natürliche Erklärung! Und vieles, was heute ein Rätsel ist, ist möglicherweise morgen bereits entzaubert. Der Glaube sollte sich grundsätzlich nicht auf diese Ebene einlassen. Sonst bleibt von ihm am Ende nichts mehr übrig. «Wunder» – das ist ein Ereignis des personalen Glaubens: Da erscheint einem einzelnen oder mehreren gläubigen Menschen etwas so umwerfend neu, etwas trifft sie so radikal überraschend, etwas bewirkt in ihnen eine so revolutionäre Umwertung, daß ihnen das Herz beinahe still steht oder auch Sprünge macht. Es ist ihnen unmöglich, den normalen, alltäglich Rhythmus beizubehalten. Wunder – das ist die Wirkung, die ausgeht von einer Blume, die von einer glasklaren Eiskugel umgeben ist, von einem Kind, das tanzend und hüpfend «Himmel und Hölle» spielt. Wunder – das ist das Leben, das einem neu geschenkt ist, nachdem man kurz zuvor noch meinte, die letzte Stunde hätte geschlagen. Wunder – das ist das Lachen, das mitten im Leid geschenkt wird; das Hin- und Herfließen des Lebens unter denen, die sich am Bett eines Sterbenden verbinden. Wunder – das ereignet sich jeden Morgen beim Aufstehen, beim Essen und Trinken, in den alltäglichsten Dingen. Immer aber ist es eine Kategorie des Glaubens, nie eine Frage der Naturgesetze.

«Hatte er (der Papst: A. R.) das Recht, Giordano Bruno auf dem Scheiterhaufen zu verbrennen, nur weil dieser es gewagt hatte, eine unbotmäßige Auffassung vom Universum zu äußern?» – Natürlich nicht! Aber die Gegenfrage sei gestellt: Hat ein Naturwissenschaftler das Recht, einen Menschen für engstirnig, uneinsichtig, mittelalterlich, unmodern zu erklären oder ihn gar zu verachten – es gibt auch diese Form der Vernichtung! –, nur weil er noch fähig ist, beim fallenden Schnee außer sich zu geraten und darin ein Zeichen der Gegenwart Gottes zu glauben?

«Sind die vielen Religionskriege in der Menschheitsgeschichte mit ihren Grausamkeiten und der Not, die sie über die Menschen gebracht haben, zu rechtfertigen?» – Natürlich nicht! Aber auch hier die Gegenfrage: Sind die unzähligen Menschen, die im Namen der Wissenschaft getötet wurden zu rechtfertigen? Die bewußte Verstrahlung ganzer Bevölkerungen, der Mißbrauch vieler Frauen und Männer als Versuchskaninchen? Ist deswegen schon die Wissenschaft als Ganze zu verurteilen? Im übrigen ist daran zu erinnern, daß es noch gar nicht so lange her ist, daß eine gottlose Wissenschaft sich mit einem politischen System verband, das im Namen des Fortschritts unzählige Menschen umgebracht hat: Ich denke an den wissenschaftlichen Sozialismus verbunden mit dem Kommunismus.

«Haben die offiziellen Kirchen in diesen Fällen ihre Kompetenz unter Beweis gestellt?» – Natürlich nicht! Aber hat sich unterdessen nicht schon längst herausgestellt, daß diese Polemik gegen die Kirchen und die religiösen Institutionen unfair ist? Wie die Wissenschaft durch die Verantwortungslosigkeit einiger Wissenschaftler nicht ernsthaft abgelehnt werden darf, so sind auch die religiösen Institutionen notwendig, um den Gottesglauben in der Gesellschaft wachzuhalten. Und vielleicht trägt am Ende der Gottesglaube mehr für eine menschlichere Zukunft bei als eine Wissenschaft, die sich selbst absolut setzt und sich sozusagen zur göttlichen Instanz erklärt.

Nichts weniger als dies ist meine Hoffnung: daß das Zeugnis für den lebendigen Gott es ist, das allein Zukunft verheißt. Allein Gott ermöglicht ein Über-Sich-Hinauswachsen der Generationen. Immer wieder tritt ja die Versuchung an den Menschen heran, ein politisches System, eine technische Errungenschaft, eine wissenschaftliche Einsicht, den Zustand einer Zeit als das Letztgültige zu erklären, als etwas Unüberbietbares, Göttliches. Der Glaube an den, der alles zusammenhält und alles erfüllt, relativiert dagegen alles, was ist, und führt so zu immer neuen Horizonten. (Ein Teil dieser Ausführungen *1. Leugnung Gottes* sowie der Abschnitt weiter unten *5. Kirchenkritik* wurden erstveröffentlicht in meinem Buch «Gott bezeugen»).

Der Verlust der Plausibilität

Ein solcher Glaube ist heute allerdings erschwert, ebenso wie der Glaube, daß sich Gott in Jesus von Nazaret zeigt und daß durch seine Auferstehung «eine kognitive Revolution» (Berger 202), eine völliger Umsturz im Denken und in der Erfahrung der Menschen zu verzeichnen ist. Dieser Glaube hat zwar auch heute noch durchaus seine Faszination, wie gerade das Ordensleben bezeugen könnte, er hat jedoch in den letzten fünf Jahrzehnten seine Selbstverständlichkeit verloren. In diesem Sinn ist «Säkularisierung» gleichbedeutend mit dem Verlust der Plausibilität, die früher mit bestimmten religiösen Inhalten und Einstellungen gegeben war.

Vor wenigen Jahrzehnten lebte man ja noch in geschlossenen konfessionellen oder doch konfessionell gemischten, also «christlichen» Milieus. Alle teilten darin die Grundauffassungen des Lebens; jeder nahm die tradierten Antworten auf die großen Fragen der Menschheit wie selbstverständlich an; kaum jemand bezweifelte sie. Jedermann war – wenigstens objektiv, wenn auch nicht unbedingt subjektiv-personal – eingebettet, «zurückgebunden» an den Gott, wie er im geschlossenen Milieu geglaubt wurde. Die Leute einer Gegend gingen fast zu hundert Prozent in die Kirche, um den Sonntag zu feiern. Sie unterließen das aber ebenso selbstverständlich, wenn sie das geschlossene Milieu verlassen hatten. Sobald die äußere, gesellschaftliche Stütze wegfiel, war jeder nur noch auf sich selbst gestellt und ging von nun an seinen individuellen Weg. Im geschlossenen Milieu aber stellte die soziale Umwelt dem einzelnen plausible Glaubensinhalte, ein ganzes Glaubensgebäude und gleichzeitig ein großes Maß an Sicherheit und Gewißheit zur Verfügung.

Diese Situation hat sich inzwischen radikal verändert. Die geschlossene und überschaubare Welt des Milieus gibt es nicht mehr. Das Fernsehen, die Illustrierten, die Zeitungen, der Rundfunk tragen konkurrierende Sinnentwürfe auch noch in die hinterste Bergstube; die Welt ist zum Dorf geworden, in dem die unterschiedlichsten Antworten auf die Sinnfrage auf den einzelnen einstürmen: Zu den Konfessionen kommt die unüberschaubare Welt der Sekten, zum Christentum kommen die vielen anderen Hochreligionen, zu den Hochreligionen die Naturreligionen, zu den Hochreligionen und Naturreligionen die esoterischen Traditionen, und zu allem die neuen «Selfmadereligionen». Wir leben im Zeitalter des «Pluralismus», im Zeitalter einer Vielfalt von Sinndeutungen, Weltanschauungen, religiösen Praktiken. Die Welt stellt sich heute dar wie ein großer religiöser Supermarkt, auf dem alles zu haben ist: die religiöse Droge, religiöser Fast-food, schnelle Mystik und vieles mehr, und natürlich auch der etwas mühevollere Weg der Hochreligionen. Jeder und jede wählt das aus, was ihm oder ihr aufgrund einer subjektiven Einschätzung einsichtig, plausibel, hilfreich oder nützlich erscheint. Die Kriterien für den Glauben sind nicht mehr objektiv, durch die Umwelt, vorgegeben, sondern sind der Einsicht, der Einstellung, der persönlichen Situation, auf jeden Fall der subjektiven Einschätzung anheimgegeben.

Dieser epochale Verlust der Plausibilität christlicher Inhalte und die unbegrenzte Freiheit, sich seine Glaubensinhalte frei zusammenzustellen, führt dazu, daß praktisch alles Mögliche und Unmögliche geglaubt werden kann. Selbst der größte Blödsinn hat eine Chance, angenommen und zum Kern einer neuen Glaubenspraxis gemacht zu werden. Wenn ich etwa an der Zürcher Bahnhofstraße lauthals verkündete, daß man jeden Tag zweimal zehn Minuten einen Tischtennisball in den Mund nehmen muß, um gesund zu werden oder zu bleiben, das Göttliche inmitten des Herzens zu spüren und für alle Zeiten heil zu sein – ich würde zum Religionsstifter. Die Unvernunft hat Hochkonjunktur. P. L. Berger behauptet sogar, daß «die Neigung, offensichtlichen Unsinn zu glauben, mit dem Bildungsgrad eher zu- als abnimmt» (131). Wir leben nach seinen Worten in einem Zeitalter der «Leichtgläubigkeit». Dieses Wort kann auch auf die Sekten bezogen werden, die Teilaspekte der Wahrheit oder auch nur Randfragen absolut setzen oder gewisse Sätze und Worte aus dem Zusammenhang der Heiligen Schriften (Bibel, Koran, Bagavadgita...) reißen und zur Grundorientierung des Lebens hochstilisieren. Ein weiteres Phänomen ist der sog. Synkretismus, in dem beliebig viele Einzelaspekte aus den unterschiedlichsten Traditionen zu einem, wenn man es von einem objektiven Standpunkt aus betrachtet, nicht gerade überzeugend harmonischen Ganzen verschmelzen.

Doch ist der Verlust der Plausibilität von außen auch eine große Chance des Glaubens. Die Freiheit des einzelnen mag zur Folge haben, daß die eben genannten, vielleicht zu beklagenden, Erscheinungen auftreten. Sie führt aber auch dazu, daß der Glaube im christlichen Sinn seine eigentliche Stunde erlebt. Denn nichts sollte so sehr aus der Freiheit des Menschen erwachsen wie der Glaube an Gott, allerdings nicht aus einer gänzlich autonom verstandenen Freiheit, sondern aus jener Freiheit, die Gott selbst im Innersten des Menschen wirkt. Es gibt eine ganze Reihe eindrückliche Schriftworte, die dies deutlich machen: «Wo der Geist des Herrn wirkt, da ist Freiheit» (2 Kor 3,17). «Wir sind zur Freiheit berufen» (Gal 5,13). Man darf in keiner Weise «die Freiheit, die wir in Christus Jesus haben, argwöhnisch beobachten und uns zu Sklaven machen» (Gal 2,4). «Zur Freiheit hat uns Christus befreit», und wir dürfen uns nicht «von neuem das Joch der Knechtschaft auflegen» (Gal 5,1)! «Wer sich in das vollkommene Gesetz der Freiheit vertieft und an ihm festhält, wer es nicht nur hört, um es wieder zu vergessen, sondern danach handelt, der wird durch sein Tun selig sein» (Jak 1,25). Christsein stellt sich also dar als etwas, das sich nicht auf gesellschaftliche Gegebenheiten, sondern auf die Befreiungstat des Sohnes Gottes stützt: «Wenn euch also der Sohn befreit, dann seid ihr wirklich frei» (Joh 8, 36).

Noch nie habe ich den Glauben so sehr als Emanzipationsbewegung dargestellt gesehen wie bei P. L. Berger, den ich hier gerne ausführlich zu Wort kommen lasse. Er sagt über den Stammvater Abraham und den Völkerapostel Paulus:

«Beide Figuren, die eine paradigmatisch für den alten, die andere für den neuen Bund, brachen in massiver Weise die Gemeinschaftssolidarität. Abraham verließ seine Gemeinschaft auf den Ruf eines ihm völlig fremden Gottes hin. Kann es einen einsameren, «individualistischeren» Akt geben als Abrahams Antwort auf Gottes Befehl: ‹Gehe fort von deinem Land und von deiner Familie und von deines Vaters Haus!› Gewiß, was folgte, war der Bund dieses Gottes mit ‹einem großen Volk›; am Anfang stand jedoch ganz eindeutig der Glaubensakt eines einzelnen Menschen. Im Falle von Paulus bestand die Konsequenz seiner Begegnung mit dem auferstandenen Christus auf dem Weg nach Damaskus darin, daß er radikal und schmerzvoll aus der Gemeinschaft herausgerissen wurde, der er zuvor mit Leib und Seele angehört hatte. Was folgte, war wiederum ein neuer Bund, dessen Basis die Taufe war, welche eher als eine göttliche denn als eine menschliche Handlung verstanden wurde. Dennoch darf nicht übersehen werden, daß die ersten Christen sich inmitten eines in seinen Dimensionen dem unseren durchaus vergleichbaren religiösen Pluralismus freiwillig für diese Taufe entschieden, daß sie getauft werden wollten. Der Glaube des alten Israel begründete einen der großen historischen Brüche mit der archaischen Gemeinschaft, einen Bruch, den die Religion der frühchristlichen Kirche mit ihrer Trennung zwischen dem Glaubensvertrag und dem Ereignis der menschlichen Geburt weiter vertiefte. Selbst als die Kirche die Taufe von Neugeborenen institutionalisierte, erhielt die zu dieser Zeremonie gehörige Liturgie die Fiktion aufrecht, es sei das Kind, das getauft zu werden wünsche. Wenn Abraham und Paulus sehr frühe ‹biblische Prototypen› des modernen Individualismus waren, dann könnte man vielleicht von einem ‹Proto-Individualismus› sprechen – einem Individualismus, der zwar nicht dem Individualismus unserer Tage entspricht, wohl aber als seine früheste Ausprägung gelten kann –, für den Sokrates und vielleicht sogar Odysseus Parallelbeispiele liefern. ... Die Moderne bedeutet für das Leben des Menschen einen riesigen Schritt weg vom Schicksal hin zur freien Entscheidung. Nun kann man sagen, daß es sich bei den zu treffenden Entscheidungen in vielen Fällen um triviale Entscheidungen handelt und daß der Zuwachs an Freiheit auch seinen Preis hat. Aufs Ganze gesehen gilt jedoch, daß das Individuum unter den Bedingungen des modernen Pluralismus nicht nur auswählen kann, sondern daß es auswählen muß. Da es immer weniger Selbstverständlichkeiten gibt, kann der Einzelne nicht mehr auf fest etablierte Verhaltens- und Denkmuster zurückgreifen, sondern muß sich nolens volens für die eine und damit gegen eine andere Möglichkeit entscheiden. Damit wird er zu einem freien Menschen, wie es ihn in früheren Geschichtsepochen allenfalls ansatzweise gab» (Berger 94 f.).

Mit anderen Worten: Die Situation stellt sich für den Glauben des Christen und für die Frauen und Männer, welche ihr Christsein in einem Orden leben möchten, gar nicht so nachteilig dar. Immer wieder höre ich von Oberinnen oder Obern der Orden, daß viele, die vor Jahrzehnten in ihre Gemeinschaft eingetreten seien, gar nicht eigentlich Berufene seien. Heute wird das anders sein: Der Eintritt in einen Orden steht normalerweise am Ende eines langen Berufungs- und Entscheidungsweges in einem pluralistischen Kontext. Allerdings muß man sich – damit dieser Satz richtig ist – einer ganzen Reihe von Voraussetzungen bewußt werden, von denen hier vier besonders hervorgehoben werden sollen:

1. Die Gemeinschaften, in die eine Frau oder ein Mann eintreten soll, müssen ein klares Profil haben. Sie müssen nach außen so in Erscheinung treten, daß sie innerhalb der Sinnangebote, welche auf den einzelnen einwirken, auffallen, anziehend sind, im positiven Sinn «attraktiv» wirken. Nur so wird sie der Mensch, der keinerlei gesellschaftliche Stütze mehr hat, in ein Auswahlverfahren und in seinen Entscheidungsprozeß einbeziehen.
2. Nach innen müssen die Gemeinschaften ein eigenes Netz von Zielen, Inhalten, Werthierarchien, Ausdrucksformen haben, in dem ein Kandidat oder eine Kandidatin aufgefangen und gestützt werden kann, ohne daß er oder sie in den Zustand der Unfreiheit zurückfällt.
3. Dies wiederum setzt voraus, daß sich eine Gemeinschaft, was ihre Glaubensinhalte betrifft, immer wieder neu und sicher auch immer tiefer um den Kern der christlichen Offenbarung sammeln muß. Sie muß sich, vielleicht gerade durch die Begegnung und die Auseinandersetzung mit den Kandidaten, zu einer größeren mystischen Tiefe tragen lassen.
4. Der Berufungsweg wird unter den heutigen Bedingungen wesentlich länger sein. Denn der Glaube, der ja früher die eigentliche Voraussetzung für den Eintritt war, darf heute nicht einfachhin vorausgesetzt werden. Oft treten heute Frauen und Männer an die Orden heran, die vorher schon mit anderen Ideen in Berührung gekommen sind, von den christlichen Basisinhalten dagegen sehr oft ganz wenig wissen. Der Berufungsweg wird darum immer auch zu einem Läuterungsweg.

In einem gewissen Gegensatz zum eben Gesagten steht das, was man die «Aufklärung» nennt. Diese geistesgeschichtliche Strömung, die vor etwa zweihundert Jahren aufbrach, sieht in der Vernunft das einzige Forum, vor dem sich der Mensch zu rechtfertigen hat. Weder die Kirche noch der Staat noch irgendeine andere Institution, auch keine Person, mag sie gesellschaftlich oder religiös noch so hochgestellt sein, ist letztlich maßgebend, wenn es darum geht, Wahrheit von Unwahrheit zu scheiden. Die einzige Autorität in dieser Frage ist die Vernunft, und der einzige Weg, die Wahrheit zu entdecken, ist darum der wissenschaftliche Weg: die genaue Analyse, das methodisch saubere Denken, das Experimentieren, das Prüfen und erneute Prüfen, die stets aktive kritische Vernunft.

Lange Zeit hat sich die Kirche dagegen gewehrt, der Vernunft einen solchen Raum zuzubilligen. Auch heute noch gibt es den massiven Widerstand von Gruppen, einzelnen Gläubigen und kirchlichen Institutionen, ja, man muß sogar feststellen, daß immer noch viele glauben, allein ein bedingungsloses Sich-Anheimgeben an die Lehre der Kirche, das «sacrificium intellectus», der Verzicht auf den kritischen Vernunftgebrauch, könne uns retten.

Nun muß man natürlich zunächst einmal zugeben, daß zu Recht einiges gegen die Absolutsetzung der wissenschaftlichen Vernunft eingewandt werden kann. Es ist eine Tatsache, daß uns Wissenschaft und Technik an einen Abgrund geführt haben. Sowohl in ökonomischer als auch ökologischer Hinsicht erkennen wir immer mehr, daß wir uns in einer todbringenden Zivilisation befinden. Deswegen wollen viele Menschen sich gänzlich vom wissenschaftlichen Denken und von der Technik, die quasi das ausführende Organ der Wissenschaft ist, abwenden. Die einen flüchten in die bloße Innerlichkeit, die anderen in ein fundamentalistisches Glaubensverständnis. In beiden Fällen handelt es sich um einen Akt der Regression, den Ausdruck eines krankhaften, unangemessenen und kindischen Verhaltens.

Festzuhalten ist dagegen, daß die Aufklärung mit ihrem kritischen Ansatz im Grundanliegen recht hatte. Nur ist sie in ihrer Kritik zu wenig weit gegangen; sie darf eben auch das wissenschaftliche Denken nicht davon ausnehmen. Auch Wissenschaft und Technik müssen der Kritik unterzogen werden. Nichts darf an die Stelle Gottes treten, alles ist relativ, alles muß immer wieder neu hinterfragt werden. Die Kritik, der Zweifel, das ständige Rück- und Hinterfragen gehören wesentlich zum modernen Menschen. Ein Zurück hinter die Aufklärung darf es daher nicht geben!

Ein grundsätzlich alle Bereiche kritisierendes Verhalten wird allmählich entdecken, daß es neben der Wissenschaft auch andere Wege der Wahrheitsfindung gibt. Die Vernunft wird vernehmen, daß sie bloß Erkenntnisorgan, nicht aber Quelle der Wahrheit ist. Vernunft vernimmt! Das heißt: sie wird in dem Maße, in dem sie wirklich aktiv wird, erkennen, daß sie nur im Empfangen ihre Wahrheit vernimmt. Achten wir doch auf diese Herkunft des deutschen Wortes! Die Vernunft kann sich darum unmöglich gegen den sich zuwendenden Gott wenden, außer sie wäre bereits Unvernunft geworden und nicht mehr sie selbst! Die Vernunft wird um sich herum noch andere Erkenntnisorgane vernehmen, sie vielleicht noch tiefer und umfassender vernehmen als sie selbst: die Intuition, die Meditation, die Einfühlung, das «Herz»... Die Vernunft, die auf der Höhe ihrer selbst ist, wendet also ihr ganzes kritisches Potential auch gegen sich selbst.

Ihre Verschiedenheit von dem, was man «glauben» nennt, ist im Endeffekt also gar nicht so groß. Es sind Verstand und Herz, die glauben! Die Vernunft, der Verstand muß sich nicht opfern, er muß nur zur höchsten Entfaltungsmöglichkeit emporwachsen. Die Vernunft ist gerade auch als kritisches Unterscheidungsvermögen eine Gabe des lebendigen Gottes. Sie darf sich nicht opfern, sondern muß sich zur Geltung bringen, so daß Gott Gott bleibt und der Mensch Mensch wird. In einem solchen Selbstverständnis gibt es auch Raum für das Unbegreifliche, Unfaßbare, das Geheimnis. «Was verstehst du, ein ungebildeter Mensch, vom Geheimnis der Dreifaltigkeit», fragt ein rationalistischer Pfarrer Benedikt Labre. Er antwortet: «Ich verstehe nichts davon, aber ich bin hingerissen» (W. Nigg 109). Die Vernunft vernimmt Dinge, die sie nicht versteht, unvernünftig ist dieses Nicht-Verstehen aber noch lange nicht.

Modernste Ausformungen sog. «Glaubens» beweisen, wie notwendig die Vernunft als Forum für die Wahrheitssuche ist: In Altdorf, dem Ort, in dem ich lebe, hat man kürzlich ein totgeborenes Kind neben seiner ebenfalls toten Mutter gefunden. «Geistheilerinnen» hätten der schwangeren Mutter helfen wollen und ihr die Hände aufgelegt, bis es zu spät war. Und dann haben sie die sterbende Mutter und das Kind, das zur Welt kommen wollte, allein gelassen, bis der Verwesungsgeruch die Nachbarschaft alarmierte. Vernünftiges Handeln hätte hier vermutlich mehr geholfen als dieser falsche Glaube!

Die Vernunft bleibt also auch im Bereich Religion eine notwendige Instanz. Sie muß sich über die Grundlagen des Glaubens ebenso Rechenschaft geben wie über den inneren Zusammenhang der geglaubten Inhalte. Zuerst muß über die ersten Annahmen, zu denen auch Gott gehört, klar sein, daß es zum mindesten nicht unvernünftig ist, an Gott ganz allgemein und an den Gott, der in der Bibel bezeugt wird, zu glauben. Sich dem Gott der Bibel anzuvertrauen und sein Leben auf diesen «Fels» zu bauen, ist äußerst vernünftig, wie wohl schon aus dem ersten Kapitel dieses Buches hervorgehen dürfte. Und wenn man dann auch noch den Kern der beiden Testamente entdeckt und von daher die innere Einheit des sich mitteilenden Gottes erspürt, dann zeigt sich noch einmal ein hohes Maß an Vernünftigkeit. Ich würde sogar von einer Gestalt Gottes sprechen, der Schönheit,

Wahrheit, Gutheit in einem solchen Maß zukommen, daß ich nicht anders als fasziniert und gebannt darauf schauen kann. Ohne sie schiene mir die Welt «wüst und leer», ja sinnlos und im höchsten Maß widersinnig und unvernünftig zu sein.

Allerdings muß ich hinzufügen, daß sich die Wahrnehmung dieser faszinierenden Gestalt nicht ohne weiteres einstellt. Es braucht einen langen Anweg, um zu dieser Erkenntnis zu gelangen, oder es bedarf des mystischen Einbruches dieser Gestalt in ein menschliches Leben. Es braucht so etwas wie eine Initiation, eine Hin-führung, eine Art «Mystagogie», einen Führer oder eine Führerin ins Geheimnis. Oder anders gesagt: Christsein gibt es nur in Ausnahmefällen ohne das, was letztlich mit «Kirche» gemeint ist.

Leider jedoch verwechseln auch heute noch viele Menschen Kirche und kirchliche Institution. Mit dem Begriff Kirche ist aber nicht so sehr die Institution, sondern geschwisterliche Gemeinschaft gemeint, eben die Gemeinde, die der auferstandene Christus in seine Gegenwart ruft. Kirche ist ein reiches und organisches Lebensgeflecht, ein dichtes Netz, das trägt und hält, eine Gemeinschaft, die sich der «Kultur des Brotes» (P. P. Pasolini) verpflichtet weiß und die sich im Brotbrechen stärkt und nährt; eine Gemeinschaft, die immer wieder in dichten Zeichen das gemeinsame Leben vor Gott empfängt und vollzieht.

Zu diesem Leben gehört auch das Wort und darum auch das Gespräch, das Argument und die Vernunft, eben alles, was mit dem Begriff «Logos» gemeint ist. Darum muß man in Wahrheitsfragen argumentieren, man darf gerade nicht Wahrheit mit Macht und Autorität durchsetzen.

Das gilt natürlich auch für das Ordensleben. Wahrheit läßt sich nicht befehlen, sie darf darum auch nicht befohlen werden. Diese Grundwahrheit gehört in ein modernes Gehorsamsverständnis, und erst diese Einsicht ermöglicht den konsequent geschwisterlichen Umgang miteinander.

Zur modernen säkularisierten Welt gehört auch – das dürfte nach den bisherigen Erwägungen bereits deutlich genug sein – die Entgöttlichung und Entzauberung der Autoritäten. Darum stürzte an vielen Orten fast gleichzeitig mit dem Auftreten der Aufklärung zuerst die Vorstellung vom Gottesgnadentum der Kaiser und Könige. Und wo diese Autoritäten weiterhin bestehen, ist ihre religiöse Aura längst zum bloßen Tingeltangel verkommen. Im staatlich-politischen Bereich werden Ämter und Amtspersonen unterdessen fast überall nicht mehr von einem religiös-transzendenten Hintergrund her gedeutet, sondern allein an Leistung und Kompetenz gemessen.

Im religiösen Bereich ist auf den niederen Stufen ebenfalls ein mehr oder weniger säkularisiertes Amtsverständnis festzustellen. Früher hat man noch mehr als heute den «timor reverentialis» gefordert, ein ehrfürchtiges Verhalten gegenüber einer Amtsperson. Allein schon deshalb, weil einer ein Amt innehatte, war er der alltäglichen Normalität entrückt: Kritik durfte nicht sein. Dieses Amtsverständnis hat sich heute – auch in den Orden und in den Pfarreien – gewandelt. Sachverstand, Kompetenz, natürliche Autorität, also: Herz, Zuwendungsfähigkeit, Tatkraft und andere Eigenschaften sind die einzigen Kriterien, an denen Amtsträger zu messen und darum auch zu kritisieren sind.

An und für sich bezieht sich dieses säkularisierte Amtsverständnis im Bewußtsein der meisten Menschen heute auch auf die höheren Amtsträger in der Kirche: die Bischöfe und den Papst. Auch der tibetische Dalai Lama und der japanische Tenno haben schon längst ihren göttlichen und darum unangreifbaren Status faktisch abgelegt. Sie haben sich ihrer Göttlichkeit entkleidet und verstehen sich als bloße Menschen. Gerade dadurch haben sie an Autorität gewonnen. Allein der Papst fordert noch immer «kindliche Dozilität» gegenüber dem «Stellvertreter Christi». Er verbietet sich jede Kritik, und das in einem Amt, das wie kein anderes auf Kritik angewiesen ist, um überhaupt den Anforderungen der Zeit genügen zu können.

In seinem Bestseller «Die Schwelle der Hoffnung überschreiten» wird Johannes Paul II. als erstes die Frage gestellt: «Heiligkeit, die erste Frage soll zu den Wurzeln zurückführen. Sie werden also verstehen, daß sie länger als die folgenden sein muß. Ich stehe vor einem nach altem Brauch weißgekleideten Mann, der ein Kreuz auf der Brust trägt. Ich kann nicht umhin festzustellen, daß dieser Mann, den wir Papst nennen (griechisch: Vater), welchen Namen auch immer er hat, an sich schon ein Geheimnis, ein Zeichen des Widerspruchs ist. Mehr noch: Nach dem, was viele als gesunden Menschenverstand bezeichnen, stellt er sogar eine Provokation dar. Tatsächlich hat man sich, wenn man vor einem Papst steht, zu entscheiden. Das Oberhaupt der katholischen Kirche ist vom Glauben her als «Stellvertreter Jesu Christi» definiert, und als solcher ist er von den Gläubigen angenommen. Das heißt, der Papst wird als der Mensch betrachtet, der auf Erden den Gottessohn repräsentiert und damit die Zweite Person des allmächtigen, dreieinigen Gottes vertritt. Dies bestätigt jeder Papst von sich selbst mit gebührender Demut, aber auch mit der gleichen Sicherheit. Daran glauben die Katholiken, die ihn nicht zufällig Heiliger Vater, Heiligkeit nennen. Für viele andere ist das jedoch ein absurder, unglaublicher Anspruch: Für sie ist der Papst nicht der Stellvertreter Gottes, sondern der Zeuge, der alte Mythen und Legenden überdauert hat, welche der «erwachsene» Mensch von heute nicht akzeptieren kann. Wir müssen deshalb, um es mit Pascal zu sagen, wenn wir Sie vor uns haben, eine Wette abschließen: Sie sind das rätselhafte Zeugnis des lebendigen Gottes oder aber die Hauptfigur einer tausendjährigen Illusion. Wenn die Frage erlaubt ist: Haben Sie noch nie an der Gewißheit eines solchen Bandes mit Jesus Christus und daher mit Gott gezweifelt, oder zweifeln Sie daran? Hatten Sie je Zweifel an der

Wahrheit jenes Credo, so wie es bei jeder Messe wiederholt wird und das einen unerhörten Glauben verkündet, dessen höchster Bürge Sie selbst sind? Oder vielleicht nicht gerade Zweifel, aber Fragen und Ihre Probleme damit (was ja auch menschlich ist)» (Johannes Paul II. 3 lf).

Statt daß nun der Papst die überzogenen Formulierungen des Fragestellers zurückweist und dann auch die längst fällige Entzauberung und Entgöttlichung seines Amtes und seiner Person vornimmt, fordert er erneut das Vertrauen, das allein Gott verdient. Er beruft sich dabei auf die erste Hälfte des berühmten Kapitels aus dem Matthäusevangelium, das schon immer einseitig auf den Römischen Primat hin gedeutet wurde. Dabei würde gerade die zweite Hälfte des gleichen Kapitels eine Vermenschlichung bzw. Säkularisierung zulassen. Die beiden Hälften sind einander wie zwei Seiten einer Münze zugeordnet. Auf der Vorderseite wird behauptet, was auf der Rückseite zurückgenommen ist, man muß sich der anderen Seite jeweils bewußt sein, wenn man einer Seite zugekehrt ist:

1. Da steht auf der Vorderseite das klare persönliche und gleichzeitig grundlegend kirchliche Glaubensbekenntnis des Petrus: «Du bist der Messias, der Sohn des lebendigen Gottes!» (Mt 16,16). Auf der Rückseite jedoch wird daran erinnert, daß Petrus von Jesus wirklich nichts versteht, wenn er das Leiden von ihm fernhalten möchte: «Da nahm ihn Petrus beiseite und machte ihm Vorwürfe; er sagte: Das soll Gott verhüten, Herr! Das darf nicht mit dir geschehen!» (Mt 16,22).
2. Entsprechend steht auf der Vorderseite die Heiligsprechung des Petrus: «Selig bist du, Simon Barjona» (Mt 16, 17), und auf der Rückseite seine Verfluchung: «Weg mit dir, Satan, geh mir aus den Augen!» (Mt 16,23).
3. Auf der einen Seite wird Petrus zum feststehenden Fundament der Kirche erklärt: «Du bist Petrus, und auf diesen Felsen werde ich meine Kirche bauen, und die Mächte der Unterwelt werden sie nicht überwältigen»

(Mt 16,18). Auf der anderen Seite wird er geradezu als eine Macht vorgestellt, die Jesus selbst in den verschlingenden Abgrund mitreißt: «Du willst mich zu Fall bringen (Mt 16,23).

4. Auf der Vorderseite erscheint Petrus als einer, der ganz und gar durchlässig für Gott ist, als jemand, der zum Offenbarungsträger und Verkünder schlechthin wurde: «Nicht Fleisch und Blut haben dir das offenbart, sondern mein Vater im Himmel» (Mt 16,17). Auf der Rückseite steht das pure Gegenteil: «Du hast nicht das im Sinn, was Gott will, sondern was die Menschen wollen» (Mt 16,23).

Ich kann nicht glauben, daß diese auffallende Textstruktur des Kapitels zufällig ist. Ihre Aussage muß darum in das Amtsverständnis des Papstes eingehen. Nur so wird er der Kirche und der Welt jenen Dienst tun können, der ihm von Jesus zugedacht wird. Seine Autorität wird in dem Maße wachsen, in dem er sich selbst entgöttlicht und entsprechend menschlich und weltlich gibt. Der Papst muß aufhören, sich zum Stellvertreter Gottes zu erklären, und sich statt dessen solidarisch in die Gemeinschaft der Kirche einfügen.

Darum müssen sich die Ordensleute ebenso wie alle Christen dem quasigöttlichen Anspruch des Papstes widersetzen und die «kindliche Dozilität» verweigern. Erst dann wird der Papst der Bruder sein, der Brücken schlägt zwischen den unterschiedlichen Positionen des Glaubens und seinen vielfältigen Ausdrucksformen; der Prophet, der Gegensätze zu verbinden sucht, der Mann mit dem Charisma der Einheit, der immer wieder das Dach errichtet, unter dem die Gläubigen Schutz und Eintracht finden.

Ich bin mir natürlich bewußt, daß diese Worte für viele eine Provokation darstellen. Diese Kirchenkritik folgt meines Erachtens aber notwendig aus der Gottesoffenbarung, wie sie im Alten und Neuen Testament vorliegt. Nichts ist von der Herrschaftskritik ausgenommen, die aus dem Innersten des Jahweglaubens hervorgeht: weder das Königtum noch das Priestertum bzw., wenn wir so wollen, weder staatliche noch religiöse Institutionen. So treten in der Geschichte Israels immer wieder Propheten auf, und auch Jesus selbst ist einer von ihnen, die den Machtmißbrauch von Thron und Tempel anprangern und die Parteinahme Gottes für die Armen und Schwachen, die Kleinen und Ausgebeuteten, die Opfer, die Witwen und Waisen geltend machen. Die griechische Übersetzung des Jahwe-Namens, «Kyrios», enthält ebenfalls diese kritische Kraft: Keiner ist Herr, nur Gott allein. Die neutestamentliche Zuordnung dieses Namens zu Christus liegt auf der gleichen Linie; deswegen führt dieser Glaube ja auch zum Martyrium.

Die Herrschaftskritik, grundgelegt in der Gottesoffenbarung, muß sich also auch auf innerkirchliche Ämter und Institutionen beziehen. Der Kenosis-Gedanke, der Gedanke, daß Gott gekommen ist, zu dienen, nicht zu herrschen, ist sozusagen unmittelbar und sofort auf die «Knechte», die «Jünger» zu übertragen (vgl. Mt 20, 25–28), und wie vor allem die Fußwaschungsszene verdeutlicht, ist die Entäußerung Gottes das Grundgesetz der Kirche. Paulus (Phil 2) zieht daraus die Konsequenzen für das Zusammenleben der Christen und die Ämterstruktur der Kirche. Kirchenkritik ergibt sich also notwendigerweise aus der Kirche selbst, denn sie ist ja berufen, das Sakrament Gottes zu sein. Kirche kann darum nur dann von Gott zeugen, wenn sie die Kenosis Gottes auch praktisch lebt. Daß das Gegenteil faktisch häufig der Fall ist, kann ein Blick in die Geschichte und leider auch die Gegenwart zeigen. Wir können uns aber aus diesen Taten der Vergangenheit und der Gegenwart nicht davonschleichen, indem wir sie nicht wahrhaben wollen oder gar leugnen. Wir sind dazu verpflichtet, die negativen Seiten der Kirchengeschichte zu bewältigen, um fähig zu werden, heute die gleichen Fehler nicht wieder zu tun. Und wer heute zum Machtmißbrauch durch kirchliche Instanzen schweigt, muß wissen, daß er schuldig wird gegenüber der Kirche selbst.

Angesichts der heutigen kirchlichen Lage, in der Amtsträger versucht sind, den Auszug aus der Kirche dem Unglauben, dem weltlichen Geist und der «bösen» säkularisierten Welt zuzuschreiben und ihren eigenen Anteil der Schuld vergessen, will ich es einmal deutlich formulieren: Wir haben uns zu entscheiden, ob wir eine Kirche wollen, die Kaiser Konstantin folgt und darum ihre Macht durchsetzt, oder eine Kirche, die der Kenosis Christi verpflichtet ist und darum die Beziehung und die Logik der Liebe als Grundgesetz anerkennt. Was wir heute erleben, ist der Triumph Konstantins und ein fortwährender Gottesverrat, die Verschleuderung des Erbes Jesu, eine großangelegte Zerstörung der Kirche durch das Amt und, was geradezu zynisch ist, eine Zerstörung des Amtes durch das Amt selbst. Ganze Diözesen werden durch Bischöfe und ihre Macht im Hintergrund zerstört, während andere, die neue Hoffnung bringen – ich denke hier z. B. an Bischof Gaillot – entlassen werden. Dazu darf man nicht schweigen – im Namen Gottes nicht, und auch nicht im Interesse der Kirche selbst!

So gesehen, müssen wir der Aufklärung dankbar sein, daß sie die Kritik so sehr in den Mittelpunkt gerückt hat. Sie ermöglicht der Kirche mehr als früher, Kirche Jesu Christi zu sein, und den Orden, den Kern der Nachfolge Christi und der Theologie der Räte besser zu begreifen.

Neben der Aufklärung und der damit zusammenhängenden Säkularisierung muß heute aber noch ein weiteres Stichwort, das unsere Zeit kennzeichnet, erwähnt werden: die Apokalyptik. Unsere Welt geht, wie noch zu zeigen sein wird, ökologisch und ökonomisch dem Ende entgegen. Es gibt eine objektiv begründete Angst, daß die Erde in einer nahen Zukunft kollabiert und in das Ur-chaos zurücksinkt. Wir sitzen in einem unsicheren Boot, werden bereits jetzt wie in einer Nußschale hin- und hergeworfen, das Steuer ist uns entrissen, und wir treiben mit vor Schrecken offenen Augen dem Abgrund entgegen.

Ein solches Gefühl ist heute weitverbreitet. Nach einer repräsentativen Umfrage der Zeitschrift «Annabelle» (März 1995) rechnen heute 56 Prozent der Schweizer Bevölkerung mit dem Weltuntergang. Besonders pessimistisch sind die Aussagen der jüngeren Jahrgänge (unter 34). Viele sind sogar überzeugt, den Weltuntergang noch zur eigenen Lebenszeit erleben zu müssen, andere datieren ihn in die zweite Hälfte des nächsten Jahrhunderts, wieder andere ins dritte Jahrtausend. Als Gründe werden angegeben: (Atom)krieg, Umweltverschmutzung und Naturkatastrophen. Und was nun interessant ist: Die Mehrheit der Befragten glaubt dabei an die Vorsehung.

Eine solche Situation hat in religiöser Hinsicht Konsequenzen. Nicht weniger als früher «sichert» sich der Mensch heute wieder religiös, aber die Richtung, in der das geschieht, ist nicht mehr eindeutig: Wenn man sich im Kreis dreht, dann gibt es auf jedem der 360 Grade ein Sinnangebot. Und man wählt dann das aus, was einem aufgrund einer subjektiven Einschätzung ein Höchstmaß an Plausibilität verspricht. Das ist die Chance sowohl für die Offenbarung als auch für jeden Blödsinn, für die Kirche wie auch für die Sekten und Religionen.

Die totale Verunsicherung der Gegenwart macht das Wesen des Menschen auf eine einmalige Weise deutlich.

Die Hinfälligkeit, die Schwachheit, die Zerbrechlichkeit – das ist unser Wesen: Wir sind zerbrechliche und oft gebrochene, hinfällige und oft gefallene, sterbliche und schließlich tote Kreaturen. Die «Infirmitas», die Unsicherheit, die Ungesichertheit, die Hinfälligkeit verbindet uns mit allen Menschen. Der Mensch ahnt darum auch den Untergang der Welt; er sieht schon die drohenden Zeichen an der Wand – alles beginnt zu wanken: der Boden, auf dem er geht, der Himmel, der sich über ihm wölbt, der Horizont, auf den er zugeht, die Wand, an der er lehnt. Es ist ihm wie dem Mann in Dürrenmatts berühmter Geschichte: Er sitzt im Zug und merkt, der Zug kommt gar nicht mehr aus dem Tunnel heraus, er rast immer schneller dem Abgrund entgegen – was kann ihn noch aufhalten?

Eine solch fundamentale Erschütterung konnte der Verfasser des Psalmes 31 noch nicht kennen. Aber existentiell trifft sich das, was er erleben muß, mit heutiger Lebenserfahrung. Da gibt es Mitmenschen, die ein Netz ausgeworfen haben: Sie wollen ihn fangen und verschlingen – ein Ausweichen gibt es nicht! Sie verfolgen ihn, verleumden ihn, stellen ihm nach, wollen ihn vielleicht sogar töten – da gibt es kein Stehen mehr, keinen Standort, an dem er vor dem Ansturm der Bösen gesichert wäre. Er weiß: Da gibt es nichts mehr, das ihn rettet, das ihn schützt, das ihn hält.

In dieser Situation bleibt nur noch die Flucht! Der Versuch, sich zu stellen und der Gefahr aus eigener Kraft zu begegnen, wäre Selbstmord oder doch wenigstens Selbstüberforderung. Es bleibt nur die Flucht, die Rettung und Sicherheit bringt. Aber Flucht – wohin?

Wir kennen sie heute nur zu gut, die Menschen, die sich mit falschen Sicherheitssystemen umgeben. Ich lasse die militärischen und ökonomischen Sicherheitssysteme einmal beiseite und beschränke mich hier auf den religiösen Fundamentalismus als Sicherheitssystem. Es besteht darin, daß man sich zu sichern meint, indem man beispielsweise ein Ritual vollzieht, inbrünstig Kirchenlieder singt, sich an den Wortlaut von Dogmen klammert, sich und anderen Sätze aus einem heiligen Buch vorsagt, das Gesetzbuch und die Traditionen der Religion bis ins kleinste beobachtet: Uniformen, Schleier und Bärte trägt. Dies und alles, was sonst noch aufgezählt werden könnte, kann uns jedoch nicht retten! Was ändert dieses an unserer Hinfälligkeit? Solches Verhalten bleibt doch das Werk von Menschen und ist Täuschung und Selbsttäuschung.

Dennoch ist nicht alles so falsch! Fundamentalisten dieser Art gehen nur nicht weit genug, sie bleiben im Vorfeld stekken. Der Beter des Psalmes 31 dagegen flieht weit genug. Er wirft sich in Gott hinein, in Gott selbst hinein, nicht einfach in etwas, was im hundertsten oder tausendsten Glied vielleicht – vielleicht! – mit ihm zu tun hat. Der Psalmist stürzt in das Geheimnis Gottes selbst, das lauter Gegenwart ist, lauter Beziehung, Herz, Antlitz, Person, ein Du, das uns umarmt. Glauben heißt für ihn: allein auf Gott bauen, sich einzig ihm anheimgeben, seine Existenz in ihm gründen. M. Buber übersetzt: sich in Gott sichern, an ihm sicher werden! Darum wird Gott immer wieder gepriesen als «Fels», als «Burg», als «Stab». Die Sicherheit unseres Lebens kommt nicht aus uns, und nichts Innerweltliches, auch keine religiösen Kreaturen können uns sichern! Die Sicherung unseres Lebens liegt allein in Gottes Hand. Darum darf man sich in sie hinein bergen. Das ist die Glaubensgewißheit, die den Beter unseres Psalmes erfüllt.

Als Christen dürfen wir es ihm nachtun! Denn hier sehen wir ganz deutlich eine Gegenbewegung, die uns die Flucht sogar erspart. Franz von Assisi sagt einmal, daß Gott im Menschen Jesus unsere «infirmitas» angenommen hat. Und wenn Gott, der Allmächtige, unsere Hinfälligkeit an sich nimmt, dann werden wir aufstehen, auferstehen schon hier und jetzt nicht mehr fallen können! Dann werden wir mit neuen Gefühlen und mit neuer Phantasie der Wirklichkeit ins Auge schauen. «Denn wer ist gegen uns, wenn Gott für uns ist?» (Röm 8,31 ff.).

So erwächst aus der apokalyptischen Verunsicherung eine neue Hoffnung, nicht aus den Hochrechnungen, die wir machen könnten, sondern aus dem Gott, dem wir uns ganz anheimgegeben haben. «Ordensleute sind Experten für Gott», hat Papst Johannes Paul II. einmal gesagt. Die Ordensleute werden nur in dem Maße eine Zukunft haben und diese bestimmen, in dem sich dieser Satz bewahrheitet. Was die Menschen wirklich suchen, heute mehr denn je, ist Gott. Sie müssen darum in uns Ordensleuten Gotterfahrene, Gotteskünder, Gotteszeugen entdecken können. Was uns sichert, sind nicht vordergründige Traditionen, sondern der «der da ist», Jahwe, der bei uns bleibt, bis ans Ende der Welt. Er ist es, dem sich der Ordensmann, die Ordensfrau anheimgibt. Diese Anheimgabe bleibt ein tägliches Wagnis; sie ist sich bewußt: Ein bloß dogmatisch begriffenes oder bloß rituell vollzogenes System ist entschieden zu wenig, ja etwas völlig anderes. Biblischer Gottesglaube ist nie Glaube aus zweiter oder gar dritter Hand, sondern immer personale Beziehung, das existentielle Wagnis auf Gott hin, der nach der Bibel lauter Zusage, Zuwendung, Beziehung, Gegenwart ist, ein Gott, der da ist; ein Gott, der befreit; ein Gott, der sich auf die Seite der Armen stellt; ein Gott, der sich gegen jede Form der Herrschaft in Gesellschaft und Kirche stellt; ein Gott, der das Leben in Fülle will; ein Gott, der unsere Augen für das Leiden öffnet; ein Gott, der das Leiden am Leiden der Leidenden sucht...

Gerade auf diesem Hintergrund zeigt sich, wie sehr Dietrich Bonhoeffer, der 1945 ermordete evangelische Theologe, zum Propheten unserer Tage heranwächst. Nicht nur für den Glaubensinhalt, dem er ein «nichtreligiöses Gewand» geben wollte, sondern auch für das Leben nach den Evangelischen Räten, die er zusammen mit anderen praktizierte, kommt ihm heute mehr denn je Bedeutung zu.

Über D. Bonhoeffer und seine Bedeutung für unsere Zeit hat der Basler Theologe Heinrich Ott ein Buch geschrieben. Daraus geht hervor, daß dieser Zeuge des Christentums in seinem Denken unter der Diktatur der Nazis vieles vorweggesehen hat, das heute in seiner Bedeutung erst richtig eingeschätzt werden kann. Und der Journalist M. Meier zitiert daraus zum 50. Todestag Bonhoeffers: «Ich spüre, wie in mir der Widerstand gegen alles ‹Religiöse› wächst. Oft bis zu einem instinktiven Abscheu – was sicher auch nicht gut ist. Ich bin keine religiöse Natur. Aber an Gott, an Christus muß ich immerfort denken, an Echtheit, an Leben, an Freiheit und Barmherzigkeit liegt mir sehr viel» (Brief vom Juni 1942 an B. Bethge). «Wir gehen einer völlig religionslosen Zeit entgegen», schreibt er aus dem Gefängnis, wo Bonhoeffer die Notwendigkeit, Gott für die nichtreligiösen Zeitgenossen «nichtreligiös zu interpretieren», deutlich zum Ausdruck bringt. Dieser Ausdruck will besagen:

1. Gott läßt sich nicht länger als eine weltjenseitige Größe verkünden, die sich in einem sakralen Bereich (Kirche, Sakristei) oder in sakrale Zeichen und Symbole (Kleid, Sondersprache) einsperren läßt.
2. Gott darf auch nicht länger als ein philosophisch-metaphysisches Wesen verkündet werden, das keinerlei Beziehung zur Welt hat, als ein «Ens-a-se», ein Wesen, das völlig losgelöst von jeder Weltwirklichkeit in sich selbst ruht.

3. Gott ist auch nicht der Gott einer individualistischen und egozentrischen Frömmigkeit. So wichtig die Mystik ist, so wenig ist die Innerlichkeit der ausschließliche Ort Gottes. Gott ist kein apolitisches Wesen, sondern ein Wesen, das sich in der Geschichte und im Geschick der Welt manifestiert. In ökonomischen und politischen Fragen entscheidet sich darum, ob einer dem Gott der Bibel verpflichtet ist.
4. Gott ist kein Wundergott, kein Gott, der bloß dann etwas zu tun hat, wenn wir mit unserer Weisheit nicht mehr weiterwissen, der eingreift, wo die Menschen nicht mehr weiterkönnen. Gott verbindet sich mit der Subjektivität des Menschen, mit seiner Tatkraft. Er setzt die Energien frei, die ohne ihn gefesselt sind. «Gott hat keine anderen Hände als die unseren!»

«Die nichtreligiöse Interpretation meint also nicht: Es ist aus mit der Religion. Vielmehr hat die alte Form der Frömmigkeit samt ihrer Sprache ausgespielt. Ausgespielt hatte für den Ökumeniker Bonhoeffer auch der Konfessionalismus» (H. Ott zitiert von M. Meier). D. Bonhoeffer fordert im gleichen Atemzug das, was später auch K. Rahner als unbedingte Voraussetzung für das Weiterbestehen der Kirche betrachtet: die ganz persönliche, ja mystische Erfahrung, aus der heraus dann auch eine ganz neue, weltliche Sprache möglich wird. «In den Stürmen der Geschichte, in der totalen Weltlichkeit, in der Diesseitigkeit von politischen Entscheidungssituationen haben wir es gemäß Bonhoeffer mit Gott zu tun» (H. Ott). Nach dem verfehlten Attentat auf Hitler erkennt D. Bonhoeffer, «daß man erst in der vollen Diesseitigkeit des Lebens glauben lernt». Ich denke, daß eine solche Beschreibung des Religiösen sowohl inhaltlich wie bezogen auf die Ausdrucksform gerade auch für Ordensleute von Bedeutung ist.

2. Zur ökonomischen Problematik unserer Zeit

Wenn sich, wie wir gesehen haben, die Frage nach Gott auch an ökonomischen und politischen Fragen entscheidet, müssen wir mindestens jenen Bereichen besondere Beachtung schenken, die in einem direkten Zusammenhang mit den Evangelischen Räten stehen. Dazu gehört die ökonomische Dimension des Lebens, die Art und Weise, wie wir «haushalten» bzw. wie wir in der Gesellschaft ganz allgemein und in den Orden im besonderen die Grundbedürfnisse des Menschen abzudecken versuchen. Es dürfte sich von selbst ergeben, daß das Verständnis des Evangelischen Rates der Armut wesentlich von der Art und Weise der Ökonomie abhängt.

Um den Zusammenhang zwischen dem Rat der Armut und der Ökonomie besser erkennen und darstellen zu können, müßte man eigentlich selbst Ökonomie studiert haben. Das wäre vielleicht sogar ein Postulat, das unbedingt erfüllt werden muß, wenn wir nicht einfach blind die offiziell geltende Wirtschaftsform in unsere Lebensformen hineinkopieren wollen, etwas, was ja ganz offensichtlich in den letzten Jahren der Fall war und immer noch ist. Ich selbst erfülle dieses Postulat nicht, ich bin kein Ökonom und auch sonst nicht das, was man einen Fachmann nennt. Deswegen mag der eine oder die andere den Kopf schütteln, daß ich es wage, auf dieses komplizierte Problemfeld zu treten. Aber die Bibel selbst spricht in ökonomische Zusammenhänge hinein (Befreiung aus der Knechtschaft Ägyptens...), wie wir gesehen haben, so daß wir uns als Christen nicht in ein neutrales Feld zurückziehen können. Ich halte es darum mit dem Biologen B. Verbeek, der angesichts des erschreckenden Zustandes unseres Planeten die Grenzen seines Faches überschreitet und feststellt: «Die Ökologie hat einem großen Kreis von Menschen vor Augen geführt, daß es abgeschlossene Systeme in der physischen Realität nicht gibt, wenngleich sie als theoretische Annahme von großem Erkenntniswert sein können. Bei naturwissenschaftlichen Experimenten schirmt man nach Möglichkeit alle störenden Einflußgrößen ab, um die jeweils untersuchte Gesetzmäßigkeit deutlich erkennbar zu machen. Auch in den Geisteswissenschaften hat es sich seit langem bewährt, die Fachrichtungen sauber zu trennen. Soweit man im eigenen Bereich bleibt, bekommt man auf diese Weise keine Streitigkeiten mit Kollegen, die, wie man selbst auch, das eigene Revier mit dem Mut und der Ortskenntnis eines dort vom Nachbarn bedrohten Tieres verteidigen. So erfolgreich und konfliktminimierend dieses parzellierte Wissenschaftssystem anerkanntermaßen war und ist, so wenig wir auf solche Erkenntnisstrukturen auch künftig werden verzichten können, es wird dem Wesen der Natur nicht gerecht. Insbesondere in humanökologischen Fragen wird dies mit *lebensgefährlicher* Schärfe klar. – Dies möge als Rechtfertigung dienen, wenn nun – im vollen Bewußtsein der zwangsläufigen Unzulänglichkeit auch eines solchen Weges – mein Bereich der Biologie bewußt immer wieder verlassen wird. Dies erscheint mir als einzige Chance, die Realität besser abzubilden. Denn es ist nicht nur der Ignorant (dieser auch!), es ist vor allem der zu gute Fachmann, der z. B. artig nur die Wirtschaft wachsen ließ und alles ignorierte oder vehement bekämpfte, was dieses Wachstum stören könnte, es ist der Experte, der immer bessere Spraydosen konstruiert hat, immer rationeller Bäche in Rohre verlegt hat, der immer wirksamer Verkaufspsychologie betrieben hat, der sich die am besten werbenden Stromtarife ausgedacht hat, der die autogerechteste Stadt gebaut, die industrialisierteste Landwirtschaft ermöglicht hat, der sich auf Ökologie als wertfreie Wissenschaft beschränken ließ, auf Philosophie und Theologie ohne materielle Verunreinigung, es ist der brillante Funktionär seines Faches, der musterhaft seine Planerfüllung leistete, der ist es, der uns die ökologische Krise beschert hat. Jedenfalls zum großen Teil – soweit es die Wissenschaft betrifft» (8).

Als Theologe tue ich es Verbeek also gleich, ich wage, um sein Wort zu gebrauchen, «die materielle Verunreinigung». Denn es geht um nichts weniger als um die Zukunft der Menschen. Da muß jeder und jede anfangen, sich Kompetenz und Verantwortung zuzutrauen. Es ist höchste Zeit, daß wir aufwachen. Die Glaubwürdigkeit des Ordenslebens, ja seine Faszination, wird wesentlich davon abhängen, ob wir einer verfehlten Ökonomie eine Alternative, eine «Kontrastgesellschaft», wie man seit einiger Zeit sagt, gegenüberzustellen vermögen.

Einige Fakten

Immer wieder stelle ich fest, wie wenig informiert man diesbezüglich in den Orden tatsächlich ist. Eine Befragung der eigenen Existenz von den ökonomischen Gegebenheiten her ist äußerst selten. Um die Konsequenzen, die ich bezüglich des Rates der «Armut» ziehe, verstehen zu können, ist es darum notwendig, zunächst einfach einige beunruhigende Fakten zu berichten.

Zweiklassengesellschaft

In Frankreich gibt es 24 Millionen erwerbsfähige Personen; davon sind nicht weniger als die Hälfte in einem ungesicherten Arbeitsverhältnis tätig und 5 Millionen von dem Arbeitsmarkt verdrängt. Die Folge ist beispielsweise eine zunehmende Obdachlosigkeit: Immer mehr Menschen werden vom Wohlstand ausgeschlossen. Dabei ist Frankreich noch nie so reich gewesen wie heute. Ähnliches könnte – Nuancen sind selbstverständlich! – von Deutschland, Österreich und der Schweiz, ja von allen europäischen Ländern gesagt werden. Nach einer offiziellen Statistik leben in Basel, einer Stadt im reichsten Land der Welt, 20 Prozent der Einwohner unter dem Existenzminimum. Überall spricht man von der neuen Armut. Überall nähern wir uns einer verheerenden Spaltung der Gesellschaft, ja, man muß in Zukunft vielleicht sogar von zwei Gesellschaften reden. J. B. Eyraud, der Präsident der Bewegung «Recht auf Wohnung», die auf Abbé Pierre zurückgeht, fragt darum: «Gibt es demnächst zwei Gesellschaften – eine, die nur dank Wohltätigkeit und der öffentlichen Hand überleben kann, und eine, die produziert und konsumiert mit dem Geist einer belagerten Festung?»

Die Macht des Geldes

Die Bedeutung, die heute dem Geld zukommt, zeigen folgende Fakten: 1991 betrug das Volumen der Devisentransaktionen weltweit 216000 Milliarden US Dollar. Davon wurden nur 1,6 Prozent für die Bezahlung von Waren und Dienstleistungen verwendet. Alles andere, also 98,4 Prozent, war reines Spekulationsgeld! Diese Zahlen der «Bank für Internationalen Zahlungsausgleich» zeigen, wie sehr sich die Macht des Geldes verselbständigt und von den realen Bedürfnissen des Menschen gelöst hat. Theologisch gesprochen: Das Geld ist heute mehr denn je eine absolute Größe geworden, ein Gott, der zum biblischen Gott eine todbringende Alternative darstellt: «Du kannst nicht Gott dienen und dem Mammon» (Mt 6,24). Diese Entwicklung hat konkrete Gefahren für die Menschheit: Die Methoden der Spekulation sind heute durch die weltweite Computer-Vernetzung so raffiniert geworden, daß ein Börsenkrach verheerende Folgen für ganze Völker, vielleicht sogar für die ganze Welt haben könnte. Zum Beispiel hat 1994 ein Landkreis in Kalifornien zu Lasten des Steuerzahlers 1,7 Milliarden Dollar verloren. Es besteht also eine reale Gefahr, daß irgendwo durch Spekulationsverluste plötzlich kein Geld mehr für Sozialhilfe vorhanden ist (vgl. Erdmenger).

Wie sehr die Politik diesem «Gott» ergeben ist, zeigt z. B., daß die Gewinne, die auf solche Weise erzielt werden, steuerlich begünstigt werden. Statt den üblichen Steuersatz von 39,6 Prozent (wie das z. B. bei Löhnen der Fall ist!) zu erheben, soll – nach einem Gesetzesentwurf des amerikanischen Repräsentantenhauses – der Steuersatz für Kapitalgewinne auf 19,8 Prozent heruntergesetzt werden. Dabei genießen Kapitalgewinne heute schon eine Begünstigung von mehr als zehn Prozent weniger Steuerbelastung. Zudem besteht die Tendenz, immer mehr Gewinne als Kapitalgewinne auszuweisen. Dem Staat, das heißt: der Allgemeinheit gehen auf diese Weise unvorstellbare Summen von Steuergeldern verloren. Zwar ziehen solche Gesetze ausländisches Kapital an, das den Verlust vielleicht sogar mehr als wettmachen kann. Dann aber ist ein anderer Staat der geprellte... (vgl. Vontobel).

Überhaupt die Steuern: Die Schweizerische Wirtschaftszeitung «Cash» hat in ihrer Ausgabe vom 25. August 1995 einen interessanten Sachverhalt aufgezeigt. Wenn alle Schweizer, Private und Firmen, «alle Einkommen und Vermögen voll versteuern würden, könnten die effektiv geltenden Steuersätze halbiert und die Firmen massiv entlastet werden. Dennoch wäre der Ertrag einer solchen Steuer gut 7 Milliarden Franken höher». Gerade die laxe Steuermoral und die für das Volk unverständliche Steueramnestie des Schweizerischen Parlamentes zeigen, daß hier Wirtschaftspolitik zugunsten der Reichen gemacht wird. Um nur noch ein Beispiel zu nennen: In der gleichen Cash-Nummer stehen unter dem Titel «Wer hat, dem wird gegeben» die Kinderkostenausgleichszahlungen des Kantons Zürich für 1994 (vergleiche folgende Seite).

Es könnten zum Thema «Macht des Geldes» noch sehr viele weitere Stichworte genannt werden. Auch die Wirtschaftskriminalität, die Geldwäscherei, die Unterwanderung des Bank- und Wirtschaftswesens durch die internationale Mafia gehören dazu. Wie sehr sich Kriminalität, Wirtschaft, Politik und Rechtswesen bereits zu einem unheilvollen Netz verbunden haben, zeigt ein Vorfall aus der

Wer hat, dem wird gegeben

Kinderkosten und Kinderkostenausgleich pro Jahr
im Kanton Zürich 1994

1 Kind kostet im Jahr	17'403 Franken
2 Kinder kosten im Jahr	25'054 Franken
3 Kinder kosten im Jahr	34'106 Franken

	Kinderkostenausgleich bei Jahreseinkommen von Franken				
	20'000	**40'000**	**80'000**	**120'000**	**200'000**
Haushalt mit 1 Kind	2273	2470	2721	3128	3287
Haushalt mit 2 Kindern	4543	4969	5513	6341	6575
Haushalt mit 3 Kindern	6912	7467	8431	9594	9862

Schweiz: Stanley Adams, ein Angestellter der Firma Hoffmann-La Roche, deckte vor Jahren gegenüber der EG eine Gesetzwidrigkeit seines Konzerns auf: Statt 79 Prozent Gewinn gab die Firma gegenüber der bolivianischen Regierung bloß 6 Prozent an. Doch statt daß man die Firma büßen ließ, wurde Adams zu 12 Monaten Gefängnis auf Bewährung wegen «Werkspionage» verurteilt, für fünf Jahre des Landes verwiesen, zur Übernahme der Gerichtskosten verpflichtet und beruflich ruiniert, indem Firmen in ganz Europa ihn auf einer schwarzen Liste führen.

Die Macht des Geldes kann durch eine vielsagende auf deutsche Verhältnisse bezogene Grafik illustriert werden (Creutz, abgebildet bei Duchrow 86), die auf der nächsten Seite abgebildet ist.

Dieses Schaubild muß zu denken geben: Es zeigt, daß die Summe der erwirtschafteten Güter, das sog. Bruttosozialprodukt, das Pro-Kopf-Einkommen und die Löhne unverhältnismäßig weit hinter dem Zuwachs der Zinserträge liegen. Zudem verstellen die Angaben zum Bruttosozialprodukt den Blick auf die tatsächliche Wirklichkeit, wenn man bedenkt, daß das Bruttosozialprodukt wesentlich steigen kann, obwohl die Lebensqualität gleichzeitig erheblich sinkt. Deswegen schlägt man heute vor, statt des Bruttosozialprodukts die Lebensqualität zur errechnen (die Umwelt, die Gesundheit, die Kaufkraft...).

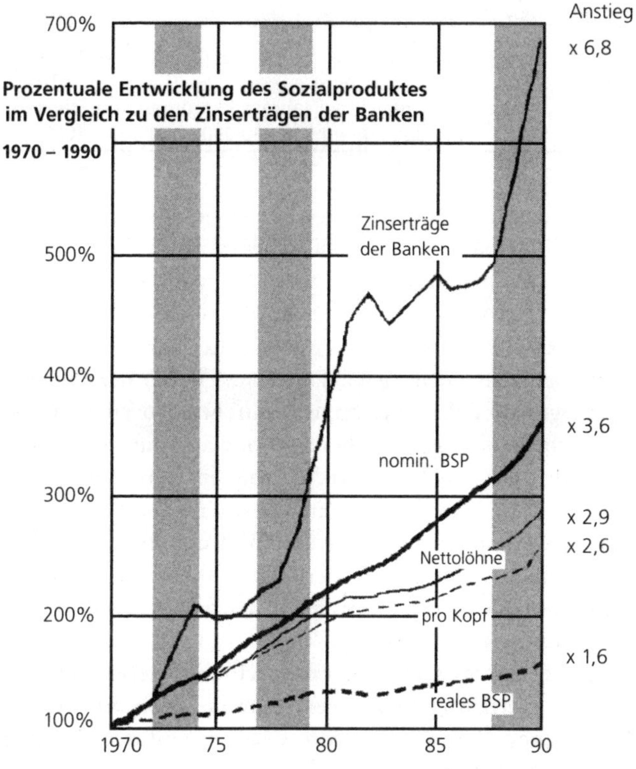

Die Macht des Geldes wird für jeden wachen Menschen auch in der Werbung sichtbar. Im Mai 95 «schenkt» Sony «einfach so» einen Linienflug nach Tunis, Paris oder London für den Kauf eines Sonyapparates im Wert zwischen 2000 und 3000 Franken. Eigentlich müßte man bereits bei solchen Aktionen das Wort «kriminell» verwenden. Denn es ist doch letztlich der Käufer selbst, der die Reise bezahlt!

Keine Verteilungsgerechtigkeit

Aus dem bisher Gesagten dürfte bereits deutlich werden, daß die Gewinner in solchen Verhältnissen immer die sind, die bereits reich und mächtig sind, daß die Arbeiter und die kleinen Leute dagegen, die Mehrheit also, vom Reichtum ausgeschlossen bleiben. Es gibt weder weltweit noch in den einzelnen Ländern so etwas wie eine Verteilungsgerechtigkeit. Die Armen werden immer ärmer, sie werden auch immer zahlreicher. Der Reichtum dagegen konzentriert sich in immer weniger Händen.

Auch in den Industriestaaten öffnet sich die Schere zwischen reich und arm immer mehr. Sie wirkt sich hier allerdings nur deshalb noch nicht so verheerend aus, weil diese zu den Staaten gehören, in denen sich der Reichtum sammelt. Die nebenstehende Grafik aus einem offiziellen UNO-Bericht bezieht sich auf die ganze Welt (Duchrow 14) und zeigt eine Art Gefäß, in dessen oberster breiter Kuppe sozusagen das ganze Welteinkommen eingefüllt ist: 20 Prozent der Weltbevölkerung halten 82,7 Prozent des ganzen Einkommens. Daß sich die Verengung dann sehr rasch, also schon innerhalb der sog. reichen Welt einstellt, zeigt sich sehr deutlich.

Wenn man dieses Schaubild auf das Bild von einem Kuchen übertragen will, dann sieht es so aus: Der Kuchen ist das ganze zur Verfügung stehende Einkommen der Welt, die fünf Kuchensegmente stellen jeweils zwanzig Prozent der Weltbevölkerung dar. Mit anderen Worten: zwanzig von hundert Essern essen mehr als Dreiviertel des ganzen Kuchens, während sich achtzig Esser den Rest teilen, und zwar nochmals nicht etwa geschwisterlich: Zwanzig Esser essen wiederum mehr als die Hälfte des verbleibenden Kuchens, die sechzig übrigen müssen sich mit dem kleinen Rest begnügen.

Eine solche Situation widerspricht jedem Sinn für Gerechtigkeit und Menschlichkeit.

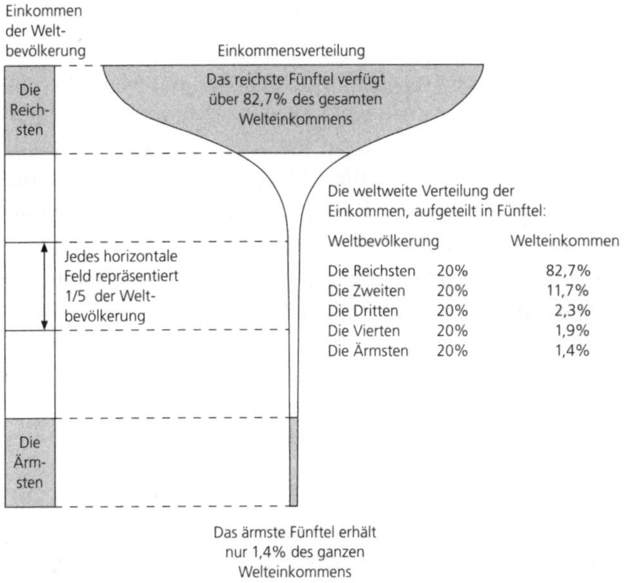

Ungleiche Zukunftschancen wegen Energieverbrauch

Ein ähnliches Bild wie für das Einkommen ergibt sich, wenn wir den Weltenergieverbrauch betrachten: Die verfügbare Energie wird zu 80% von einem wohlhabenden Fünftel der Weltbevölkerung verbraucht. Das fällt besonders deswegen ins Gewicht, weil von der verfügbaren Energie nicht nur die Lebensqualität abhängt, sondern weil bei einem kleinen Energiepotential die Möglichkeiten, sich so etwas wie Wohlstand zu schaffen, äußerst gering sind. Das geht so weit, daß gewisse Biologen zur Auffassung gelangen, daß nur für jene Völker und Kontinente eine Überlebenschance besteht, denen unter anderem ein bestimmtes Maß an Energie zur Verfügung steht. Afrika, Asien und Lateinamerika seien deswegen, so sagen sie, dem Untergang geweiht. Der deutsche Weltraumforscher E. Messerschmied macht diesen Zusammenhang auf andere Weise deutlich: «Ein Fünftel der Bevölkerung auf der Erde benötigt vier Fünftel an Energie. Zu diesem einen Fünftel gehören wir Menschen in der Ersten Welt, die wir einen hohen Lebensstandard haben. Aus Überlebensgründen können wir nicht zulassen, daß auch die anderen vier Fünftel unser Lebensniveau erreichen. Das verkraftet die Erde nicht, so viel Energie haben wir nicht. Daraus folgt: Wir müssen uns zurückentwickeln. Möglicherweise können wir den jetzigen Lebensstandard in den Industrieländern trotzdem halten. Aber wir müssen schnell reagieren» (24).

Ausbeutung statt Entwicklungshilfe

An dieser Stelle muß von der sog. «Entwicklungshilfe» die Rede sein. Dieses Wort mag zwar gute Absichten zum Ausdruck bringen, im Grunde aber bezeichnet es als Faktum pure Augenwischerei. In der Regel wird mit sog. Entwicklungshilfe nicht nur nicht geholfen, sondern konsequent ausgebeutet. Nach einem UNO-Bericht verlieren die armen Länder aufgrund der heute geltenden Regeln des Weltmarktes jährlich 500 Milliarden US-Dollar, je nach Berechnung das Drei-, Sieben- oder gar das Zehnfache dessen, was die reichen Länder in der gleichen Zeit an Entwicklungshilfe leisten.

Ausbeutung der Erde

Jede Sekunde geht zum Beispiel in der Schweiz ein Quadratmeter Kulturland verloren. Pflanzen und Tiere sterben rasant aus. Die gängige Ökonomie führt zu einer großangelegten Verarmung der Natur: Der Wald stirbt; der Boden schwindet (Erosion) und versauert; die Tropenwälder werden ausgerottet. In 40 Jahren wird es, wenn es so weitergeht, keine mehr geben. Jährlich sterben in der sog. Dritten Welt 10000 Menschen wegen Vergiftungen durch Pflanzenschutzmittel; die Dritte Welt wird zum Abladeplatz für chemischen Müll. Massentierhaltung führt zur Vergiftung des Grundwassers und der Luft. Heute schon steht in den Niederlanden die Versorgung durch Trinkwasser auf dem Spiel. «Der saure Regen wirkt sich äußerst schädlich auf den Boden und die Vegetation aus, aber auch auf Gebäude, die Kleidung und – nicht zuletzt – auf die Gesundheit der Menschen. Angesichts dieser ernsten Lage ist das Tauziehen, wer den sauren Regen denn nun verursacht, die Industrie oder die Autoabgase, höchst ärgerlich. Fachleute sind übrigens einhellig der Meinung, daß die bislang getroffenen Maßnahmen nicht ausreichen, die Lage wesentlich zu verbessern» (Goudzwaard 26f.). Chemische Ablagerungen sind bereits in der Lunge und in anderen Organen des Menschen festgestellt worden. Eine weltweite Klimaveränderung ist bereits vorhersehbar mit allen Folgen: neue Flüchtlingsströme, das Verschwinden ganzer Länder...

Nach Meinung des «World Watch Institute» wird die Sicherheit der Welt künftig eher durch den Zusammenbruch der ökologischen Systeme bedroht sein als durch militärische Aggression. Mit anderen Worten: daß unsere Lebensgrundlagen zerstört werden, ist um vieles wahrscheinlicher als ein Krieg. Aber blind, wie die meisten sind, pumpen wir große Summen in eine starke Armee! Wir haben uns aber auf einer viel grundsätzlicheren Ebene zu entscheiden. Es geht um nichts weniger als um den Fortbestand der Mutter Erde.

Dieser Fortbestand wird auch durch die sogenannte Bevölkerungsexplosion in Frage gestellt. In den nächsten 20 Jahren wird sich die Weltbevölkerung verdoppeln. Wir haben heute Millionen von Jahren hinter uns, in denen die Menschheit bis 1994 zahlenmäßig angewachsen ist auf die jetzige Anzahl von 5,6 Milliarden Menschen. Und diese Bevölkerung, die so lange gebraucht hat, um diese Zahl zu erreichen, wird sich in den nächsten 40 Jahren verdoppeln! (Der Fischer Almanach 1994).

Dies sind nur einige der erschreckenden Fakten, auf die hinzuweisen notwendig ist, um zu einer alternativen Lebensweise zu gelangen.

Einige Grundeinsichten in die Ökonomie

Wer diese erschreckenden Fakten nicht einfach hinnehmen will, sondern eine Alternative leben möchte, muß nach den Ursachen fragen. Immer wieder wird dabei behauptet, daß die sog. freie Marktwirtschaft nach dem Muster der Naturgesetze funktioniere, und wenn dem tatsächlich so wäre, hätten Menschen tatsächlich keine Einflußmöglichkeiten. Aber: stimmt das?

«Lebensmittel-Hauswirtschaft» und «Geldvermehrungswirtschaft»

Schon Aristoteles unterscheidet zwischen einer «Lebensmittel-Hauswirtschaft» und einer «Geldvermehrungswirtschaft». Die «Lebensmittel-Hauswirtschaft» wird bestimmt durch die Lebensbedürfnisse der Menschen innerhalb einer politischen Einheit. Sie hat keinen anderen Zweck als die Organisation all dessen, was die Menschen zu einem guten und erfüllten Leben brauchen. Die «Geldvermehrungswirtschaft» dagegen orientiert sich nicht an den grundlegenden Lebensbedürfnissen, sondern an Akkumulation und Gewinn. Diese Art der Ökonomie hält Aristoteles für unmoralisch, und die abendländische Tradition ist ihm darin bis in die Neuzeit hinein gefolgt. Noch im letzten Jahrhundert war zum Beispiel das Zinsnehmen unerlaubt. Vor dreißig Jahren, als ich im Studium von diesem Sachverhalt hörte, hielt ich das für ein typisches Verhalten der Kirche, auch hatte ich nur ein verächtliches Lächeln dafür übrig. Angesichts der tödlichen Perspektiven, von denen eben die Rede war, erkenne ich aber heute die Weisheit, die dahinter steht. Mit anderen Worten: Der freie Markt ist eine Setzung des Menschen und kein Naturgesetz. Wir können verändernd darauf einwirken, vielleicht sogar entscheidend! Gerade Ordensleute, die dem Leben verpflichtet sind, müssen aufhören, die heutige Wirtschaftsform als die einzig mögliche und als eine natürliche bzw. göttliche Setzung zu betrachten. Wir sind vielmehr frei, uns wenigstens in einem Subsystem, in unseren Gemeinschaften, für eine Ökonomie zu entscheiden, welche auf Akkumulation verzichtet. Wir müssen prophetisch auf eine andere Wirtschaft hinleben. Und wir können weit mehr: wir können, wie wir noch sehen, durch ein entsprechendes Konsumverhalten Einfluß nehmen!

«Deregulierung»

Nach Aristoteles ist es die Aufgabe der Politik, über die Ökonomie zu wachen, d.h. das allgemeine Wohl des Menschen zu fördern und darum auch dafür zu sorgen, daß sich die Ökonomie an den Grundbedürfnissen des Menschen orientiert. Deswegen gab es in der Vergangenheit die unterschiedlichsten Regulationssysteme, welche der Habgier, der sich absolut setzenden Freiheit, Grenzen zu setzen suchte. Der Kommunismus war im Grunde nichts anderes als ein Staatskapitalismus und folgte den gleichen menschenverachtenden Gesetzen. Er wurde der Bedeutung seines Namens (Gemeinschaftlichkeit!) nicht einmal im Ansatz gerecht, funktionierte aber allein durch seine Existenz als Bremse. Mindestens im Sinne einer konkurrierenden Alternative hinderte er die weltweite Expansion des Kapitalismus. Seit seinem Zusammenbruch ist die Welt darum der sog. «freien Marktwirtschaft» ausgeliefert. Immer mehr wird diese der Politik entzogen: Multinationale Gesellschaften unterliegen keiner Aufsicht des Staates bzw. der Politik. Und dort, wo sie noch besteht, wird sie abgeschüttelt. Heute spricht man überall von «Deregulierung»: Der freie Markt soll sich selbst regulieren. «Wie durch eine unsichtbare Hand wird das, was ein jeder zum Leben benötigt, so verteilt, als ob die Erde in gleichen Portionen unter allen Bewohnern aufgeteilt wäre» (A. Smith). Der freie Markt wird nach dieser Theorie schon für den notwendigen Ausgleich sorgen. Leicht erkennt man an solchen Formulierungen, wie die Ökonomie zum Religionsersatz hochstilisiert wird. Sie funktioniert als Glaubenssystem, das eine ganze Reihe «Dogmen» zur Voraussetzung hat, die aber bei näherem Zusehen als götzendienerische Grundsätze entlarvt werden können. Gegen eine solche Vergöttlichung der sog. freien Marktwirtschaft muß der religiöse Mensch seine Stimme erheben, denn eine solche Auffassung bedeutet letztlich nichts anderes, als daß es allein ökonomische Interessen sind, welche die Werte festlegen. Oft genug löst man sich von jeglichen Werten (vgl. Huber, Deregulierung). Das zeitigt, wie obige Aufzählung belegt, Folgen, die zu einem raschen Handeln drängen, wenn es nicht schon zu spät ist.

Eigentumsbegriff

Wichtig ist in diesem Zusammenhang auch die Entwicklung des Eigentumsbegriffes. Eigentum war ursprünglich gekennzeichnete durch den Begriff des «patrimonium», das heißt: es bezeichnete den Bereich väterlicher Pflege und Sorge. Erst mit der Zeit setzte sich das römische Feudalrecht durch, das im Eigentum das «dominium» sah: das heißt, einen Bereich absoluter und unbeschränkter Herrschaft, das «jus utendi et abutendi» = das Recht, etwas zu gebrauchen und zu mißbrauchen (J. Locke), «le droit de jouir et de disposer des choses de la manière la plus absolue» = das Recht, Sachen zu genießen und über sie zu verfügen auf die absoluteste Art (Napoleon). Auch hier wird deutlich, wie sich der Mensch absolut setzt und als Gott versteht. Wer sich zur Evangelischen Armut bekennt, vertritt dagegen ein völlig anderes Selbstverständnis und muß sich einem so verstandenen Eigentumsbegriff verweigern. Man muß genau hinschauen, wenn ein Theologe oder Philosoph in der Vergangenheit oder heute das Privateigentum verteidigt und in jedem Einzelfall prüfen, auf welchen Eigentumsbegriff er sich bezieht. Auf jeden Fall muß der Ordenschrist, der «Armut» als ein Kernwort seiner Lebensform gewählt hat, sich auf die eigentumsfeindliche Tradition, die es immer auch gegeben hat (Künzli), und auf das ältere Eigentumsverständnis (= patrimonium) verpflichtet fühlen.

Bedenkenswert ist hier auch ein Hinweis auf die Entstehungsgeschichte der sog. «juristischen Personen». Als im 19. Jahrhundert die Kapitalgesellschaften entstanden, also «anonyme Gesellschaften», welche sich ähnlich wie Personen verstanden, hatte die Rechtsgemeinschaft ihnen gegenüber noch ein gesundes Mißtrauen. Man setzte darum eine Höchstgrenze fest, welche die Kapitalanhäufung nicht übersteigen durfte; man schränkte die Handlungsvollmacht ein; man durfte nicht auch noch Anteile bei anderen Gesellschaften haben; die Lebensdauer der juristischen Personen wurde auf 20, 30 oder 50 Jahre festgesetzt. Diese Beschränkungen gibt es heute nicht mehr. Tatsächlich verschwinden die Akteure der Wirtschaft in der Anonymität, die Anhäufung von Kapital ist unbegrenzt, menschliche Wesen werden austauschbar, Verantwortung wird abgeschoben, ein Hauch von Unsterblichkeit umweht alles. Dessen muß sich eine Ordensgemeinschaft bewußt sein, die sich ja auch als «juristische Person» versteht. Wie aber kann sie durch ein ständiges Mißtrauen gegen sich selbst, insofern sie eine juristische Person ist, der Eigendynamik moderner Ökonomie entgegensteuern?

Für das Verständnis der heutigen Ökonomie ist zudem die Nachkriegsentwicklung von großer Bedeutung. Zwei Phasen müssen hier unterschieden werden:

(1) *Die Zeit der Golddeckung* des Dollar (bis 1971): Die USA allein kontrollierten nach dem zweiten Weltkrieg über 80 Prozent der Weltgoldreserven. Auf dieser Grundlage hatte J. M. Keynes 1944 in Bretton Woods eine umfassende Weltwirtschaftsordnung vorgeschlagen, die in den darauffolgenden Jahren verwirklicht werden sollte. Ziel war die weltweite Solidarität, durch die allmählich alle Völker gleichermaßen in den Genuß der Güter dieser Welt kommen sollten. Dieses Ziel mobilisierte die Gegenkräfte des us-amerikanischen Kapitals. Verräterisch und bezeichnend ist eine offizielle Studie vom Februar 1948 des amerikanischen «State Departements», verfaßt von G. Kennan und als Grundlagenpapier für die künftige Politik gedacht: «... wir besitzen ungefähr 50% des Reichtums, aber nur 6,3 % der Bevölkerung der Welt... In dieser Situation ist es unmöglich, nicht der Gegenstand von Neid und Ablehnung zu sein. Unsere reale Aufgabe in der kommenden Zeitperiode wird es sein, ein solches Muster von (Außen-)Beziehungen zu entwickeln, das es uns erlaubt, diese Position der Ungleichheit aufrecht zu erhalten, ohne unserer nationalen Sicherheit zu schaden. Um dies zu tun, werden wir alle Sentimentalitäten und Tagträume aufgeben müssen; und wir werden unsere Aufmerksamkeit überall auf unsere direkten nationalen Ziele konzentrieren müssen. Wir dürfen uns keine Illusionen machen, so als ob wir uns den Luxus des Altruismus und der Weltbeglückung leisten könnten... Wir sollten aufhören, über vage und – für den Fernen Osten – unrealistische Ziele wie Menschenrechte, das Anheben des Lebensstandards und Demokratisierung zu reden. Der Tag ist nicht fern, an dem wir geradeaus in Begriffen der Macht sprechen müssen. Je weniger wir dann von idealistischen

Slogans behindert werden, desto besser» (zit. bei Duchrow 101). Von diesem Papier ist es nicht mehr weit zum «Santa-Fé-Dokument» von 1983, einem Geheimpapier des inter-amerikanischen Sicherheitsrates zuhanden von Präsident Bush. Darin wird die amerikanische Außenpolitik Carters kritisiert und eine neue Politik definiert: der entschiedene Kampf gegen die basiskirchlichen Organisationen und gegen befreiungstheologisch orientierte Priester (Fabritzek). Unzählig sind die engagierten Frauen und Männer, die aufgrund dieser Doktrin ermordet wurden und deren Blut zum Himmel schreit. Umso ärgerlicher ist es, feststellen zu müssen, daß sich das Opus Dei und auf seinen Einfluß hin auch vatikanische Kreise statt mit den Opfern mit den Mördern identifiziert. Doch bin ich mit dieser Feststellung bereits in unsere Tage vorgestoßen. Die Geschichte erfährt vorher – nämlich Anfang der Siebziger Jahre – einen entscheidenden weiteren Einschnitt:

(2) *Die Zeit des Dollarzerfalls* (ab 1971): Die Ablösung der Golddeckung wurde vorbereitet durch einen Wandel der Weltwirtschaft. Allmählich gewinnt die Wirtschaft über die Politik Oberhand. Während früher wirtschaftliches Verhalten international ausgehandelt wurde, emanzipiert sich die Wirtschaft als eigenständige Macht neben den Staaten. Sie wandelt sich von einer internationalen zu einer transnationalen Wirklichkeit. Die Geldherrschaft wird immer stärker, das Geldvolumen immer größer. Die Dollarschwemme führt dann zur Loslösung vom Gold und zur Freigabe der Devisenmärkte. Nun ist der Spekulation Tür und Tor geöffnet. Es kommt zur globalen Finanzherrschaft mit ihren erschreckenden Wirkungen auf die armen Länder: Verschuldung und Verarmung. Denn im Gefolge dieser Entwicklung änderten auch IWF und Weltbank ihre Politik. Sie banden die verschuldeten Länder immer mehr in die Abläufe der kapitalistischen Systeme ein. «Der IWF ist zur Finanzpolizei der Geldvermögensbesitzenden geworden, der soviel wie möglich Geld aus den Armen der verschuldeten

Länder herauspreßt und nur dann weitere Kredite gibt oder geben läßt, wenn die Wirtschaft auf Export und der Sozialabbau auf das erreichbare Maximum umgestellt ist – Kredite, die dann freilich zur Zinszahlung an die Gläubiger benutzt werden. Dadurch kommt dann der erwähnte Netto-Kapitaltransfer in Höhe von jährlich 50 Mrd. US$ von den verschuldeten an die Gläubigerländer bzw. deren Banken zustande. Der Zweck des IWF hat sich also gegenüber dem ursprünglichen Konzept von Keynes umgekehrt. Die Armen finanzieren die Reichen» (Duchrow 95).

Damit dürfte klar genug angedeutet sein, daß das gegenwärtige Weltwirtschaftssystem in sich ungerecht ist. Es muß grundlegend verändert werden, wenn auch die armen Länder aus ihrem Elend herauskommen sollen. Dies verlangt von den wirtschaftlich mächtigen Staaten ein völlig anderes Verhalten als das, welches sie jeweils bei den Konferenzen der großen Sieben und bei den UNO-Gipfeln an den Tag legen.

Konsum und Werbung

«Konsum» – dieser Begriff ist in der deutschen Sprache erst seit dem 17. Jahrhundert heimisch. Er bedeutet soviel wie «Verzehr, Verbrauch». Dieses relativ späte Erscheinen des Wortes zeigt eine Entwicklung an, die schließlich in dem endet, was wir heute «Konsumgesellschaft bzw. «Konsumismus» nennen. Was ist damit gemeint?

Der Mensch muß, um seine Grundbedürfnisse (Nahrung, Wohnung, Kleidung...) befriedigen zu können, Dinge aus der Natur ge- und verbrauchen. Aus dieser Notwendigkeit heraus entwickeln sich allmählich die Berufe und schließlich die verschiedenen Produktionszweige. Mit der Zeit entsteht ein gegenseitig sich stets steigerndes Wechselverhältnis von Bedürfnis und Produktion bzw. von Nachfrage und Angebot. Die Produktion muß, um gewinnbringend zu sein, die Bedürfnisse erweitern; die gesteigerten Bedürfnisse verlangen ihrerseits nach anhaltender Produktion. Das Mittel, mit dem die Produktion oft nichtvorhandene Bedürfnisse herstellt, ist die Werbung, die zum Teil mit sehr raffinierten und aggressiven Methoden die Notwendigkeit der angebotenen Dinge suggeriert.

Die Ökonomie ist also darauf aus, immer mehr Bedürfnisse zu schaffen. Jede Reklame hat das Ziel, aggressiv neue Bedürfnisse zu wecken. Brauche ich z. B. eine elektronische Einrichtung, mit der ich bereits im Zugehen auf das Auto die Autotür mit einem schnellen Fingerdruck öffnen kann? Benötige ich jetzt wirklich einen neuen Telephonapparat, nur weil er im Design moderner ist? Brauche ich wirklich einen Schnuller, nur weil ich Anhänger einer bestimmten Musikrichtung bin? Braucht unsere Kirche wirklich einen Blasiussegen-Kerzenständer? Indem man eine größere Lebensintensität vorgaukelt, werden neue Bedürfnisse geschaffen. Das ist der Grundsatz der Werbung. Sie muß das Wachstum der Produktion in Gang setzen, aufrechthalten und, wenn immer möglich, sogar steigern, indem sie neue Bedürfnisse schafft.

Zudem sind die angebotenen Dinge bewußt «schnellebig»: Durch gelenktes Modeempfinden ist heute etwas aktuell, das morgen schon veraltet erscheint, oder durch entsprechende Qualitätsgestaltung heute neu und morgen kaputt. Der Konsum ist der eigentliche Antrieb der kapitalistischen Gesellschaft, die man darum auch als Konsumgesellschaft bezeichnet.

Noch mehr jedoch als mit dem Begriff «Konsumgesellschaft» kennzeichnen wir mit dem Wort «Konsumismus» die negativen Folgen eines absolut gewordenen Konsumdenkens für den Menschen. An sich zeigt schon das Wort «Verbrauch» eine nihilistische Grundtendenz an: «Verbrauchen» ist letztlich gleichbedeutend mit «vernichten». Wo der Mensch nur noch vom Konsum bestimmt wird, entsteht gähnende Leere, die Erfahrung bodenloser Sinnlosigkeit und eine um sich greifende Todverfallenheit. Immer mehr wird der Mensch auf seine materiellen Bedürfnisse reduziert, die Seele geht verloren. Alles erscheint unter dem Aspekt der Käuflichkeit, auch Werte wie Kreativität, Kontemplation, Muße, Liebe und Geborgenheit. Die Aktivität und Eigenleistung machen einer totalen Passivität Platz. Der Mensch läßt sich nur noch von außen bestimmen und verliert die Selbstbestimmung und die Tiefe, aus der heraus seine eigentlichen Kräfte kommen.

Da dieses todbringende System des Konsums bzw. des Konsumismus nach dem Gesetz von Angebot und Nachfrage funktioniert, ist uns eine Macht in die Hand gegeben, verändernd, ja, wenn es nur genügend Gleichgesinnte gibt, entscheidend darauf einzuwirken. Darüber wird mehr zum Stichwort «Konsumaskese» zu sagen sein. Vorher jedoch drängt sich eine bestürzende Erkenntnis auf: Wir Ordensleute sind dem «Konsumismus» verfallen; wir haben in den letzten Jahrzehnten einen Konsumschub durchgemacht, der seinesgleichen sucht. Nur ein Beispiel: Als ich vor über dreißig Jahren in den Orden eintrat, da gab es montags, mittwochs und freitags kein Fleisch zu essen, in den großen Fastenzeiten zwischen Allerheiligen und Weihnachten und zwischen dem Aschermittwoch und Ostern gab es sogar nur sonntags Fleisch. Vor kurzem dagegen besuchte ich ein Kloster, in dem es eine Woche lang außer freitags viermal täglich Fleisch gab!

Ich schließe aus diesem Beispiel: Wir leben als Ordensgemeinschaften wie unsere Umwelt im Zeitalter des Konsums, alles ist käuflich geworden, alles ist uns zuhanden – und das in einer Zeit, in der bereits sehr viele Zeitgenossen die Widersprüchlichkeiten unserer Ökonomie entdeckt haben und andere Wege gehen wollen. Wir Ordensleute leben eine Lebensform, die vom Tod infiziert ist, und wir merken es nicht einmal. Wir stellen nicht nur keine Alternative dar, sondern sind der Inbegriff der gesellschaftlichen Verhältnisse selbst, und diese Verhältnisse müssen notwendigerweise zum Tod führen.

Angesichts des Abgrundes, vor dem wir stehen, gibt es in der Gesellschaft sehr viele Bewegungen, Bürgerinitiativen, mehr oder weniger große Gruppen, die an einigen neuralgischen Punkten des ökonomischen Verhaltens Gegenwehr leisten. Vor einigen Jahren schon durfte ich bei einem Treffen solcher Initiativen einen Vortrag halten («Orden und Initiativen»). Sie spürten, daß sie «unbehaust» sind und das Dach einer bergenden Spiritualität nötig haben. Die Orden könnten, weil sie von ihrem Ursprung her auch als Gegenwehrbewegungen entstanden sind, mit ihrer Geschichte und der darin gesammelten Erfahrung ein solches Zuhause anbieten. Nur müßten sie sich wieder neu als Bewegungen verstehen, die «quer» zur ökonomischen Situation stehen, als «Kontrastgesellschaft», die, wie das Wort sagt, eine Art Gegenbild zur übrigen Welt darstellt. Das allein ist ihre Chance, wie ich meine.

Ich möchte aber ausdrücklich darauf hinweisen, daß sich diese Gegenkräfte nicht allein auf solche Initiativen und Neuaufbrüche beschränken. Es gibt politische Bewegungen, die auf die Situation angemessen zu reagieren suchen. Dabei kann ich mir jedoch nicht verkneifen, an das Sprichwort zu erinnern: «Nur die dümmsten Kälber wählen ihre Metzger selber!» – Die Mehrheit der Bevölkerung, auch der Ordensleute, ist jenen politischen Kräften und Parteien verbunden, welche nicht die Interessen der Menschen, sondern einer ausbeuterischen Wirtschaft vertreten. Die Begriffe «christlich», «liberal», «sozial», «demokratisch», die sie in ihren Namen tragen, entsprechen keinem Inhalt mehr. Sie dienen dem Tod und nicht dem Leben – «die Metzger» werden dennoch gewählt, weil kurzfristige Vorteile den meisten Menschen oft lieber sind als die langfristigen Interessen des Lebens! Es gilt darum an erster Stelle, jenen politischen Kräften das Vertrauen zu schenken, welche das Leben im Auge haben.

Es gibt überdies Wirtschaftswissenschaftler, die alternative Wirtschaftsmodelle entwickeln (vgl. zum Beispiel: Schumacher, Goudzwaard), ja sogar Wirtschaftsinstitute, die die Interessen des Lebens zu begreifen versuchen. So veröffentlichte das Tessiner Institut für Wirtschaftsforschung eine revolutionäre Studie mit einem Titelblatt, das den Turm zu Babel zeigt. Es will die sog. Neue Armut überwinden, unter anderem mit dem wirklich revolutionären Plan, den «Anspruch auf Existenzsicherung» an die erste Stelle des Wirtschaftens zu setzen. Und selbst Produktionsbetriebe scheinen vernünftig zu werden. So macht die Basler chemische Industrie gute Vorschläge, wie das Umweltrecht in Zukunft zu gestalten wäre (Maise).

All diese Ansätze sind Lehrplätze für Menschen, welche sich entschiedener einer Lebensform des Lebens zuwenden wollen. Der Evangelische Rat der «Armut» verpflichtet uns aber zu weit mehr. Er meint eine Lebensweise, die entschieden «prophetisch» ist, alternativ im guten und faszinierenden Sinn. Die Bibel müßte darum gerade von den Ordensleuten auch «ökonomisch» gelesen werden, um diese Prophetie herauszustellen (vgl. U. Duchrow).

Vor einiger Zeit ist mir bei einem Kurs eine Frau begegnet: eine hochqualifizierte, kompetente Frau aus dem Wirtschaftsleben, Betriebs-, Wirtschafts- und Organisationsberaterin, mit einem täglichen Verdienst von einigen Tausend DM. Sie sagte: «Unsere ganze Wirtschaft läuft falsch, ich kann das nicht mehr mitmachen, es hat lange gebraucht, bis ich das erkannt habe.» Aus nichtreligiösen Gründen hat sie diesem Job den Abschied gegeben und sucht jetzt eine Ordensgemeinschaft, wo sie ein sinnvolleres Leben erhofft. Aber wird sie finden, was sie sucht?

Der Christ, besonders der, der sich der «Armut» verpflichtet weiß, muß, wie bereits oben angedeutet wurde, die «Konsumaskese» leben, das heißt: eine Askese, die sich weigert, die von der Wirtschaft angepriesenen Produkte einfach so und ohne notwendige Befragung seiner tatsächlichen Bedürfnisse zu konsumieren. Konsumaskese ist also die Weigerung, sich nur als Konsument verstehen zu müssen, und ein Bekenntnis zu fundamentalen menschlichen Werten.

Das heißt positiv: Besinnung auf unsere wahren Bedürfnisse, eine konsequente «Bedürfniskritik», eine Schule, in der zwischen Wünschen, Bedürfnissen und Nöten zu unterscheiden gelernt wird. «Wünsche sind unwirtschaftlich, wo Nöte vorhanden sind. Die Nöte müssen zuerst behoben werden, bevor Wünsche erfüllt werden können» (Goudzwaard 80). Das gilt für das wirtschaftliche Gebaren und für das individuelle Verhalten. Der sog. «Wohlstand», dessen Kehrseite die seelische Armut ist, muß hinterfragt und die Raffiniertheit und Verlogenheit der Reklame aufgedeckt werden; die eigenen kreativen Fähigkeiten und die seelischen Kräfte wollen geweckt und eingeübt werden.

Negativ heißt das: der konkrete Verzicht auf vieles, was angepriesen wird, die Verweigerung der Verführung durch Reklame, der Kampf gegen die Absolutsetzung ökonomischer Probleme in der Öffentlichkeit. «Was nützt es einem Menschen, wenn er die ganze Welt gewinnt, an seiner Seele aber Schaden leidet?» (vgl. Mt 16,26). Dieses Wort ist auch für den, der nicht glaubt, einsichtig: Man kann sich an die Welt, an Besitz und an das Haben verlieren, ja sogar glauben, daß man nur in dem Maße ist, wie man sich dies oder jenes leisten kann. Demgegenüber gilt es, sich im Eigentlichen zu beheimaten, im kreativen Leben vor Gott und den Menschen, im Sein, das bleibt – über den Tod hinaus. Es gilt die unverzweckten Lebensvollzüge neu zu entdecken. Der

Sinn des Lebens ersteht erst da, wo etwas gelebt oder erlebt wird, das keinen vordergründigen bzw. benennbaren Zwecken dient: Erholung, Gebet, Kontemplation, Beziehungen, Spiel, Spielereien.... In der christlichen Tradition hat man das in ein Gegensatzpaar gebracht: Konsum bzw. «ge- bzw. verbrauchen» (= «uti») auf der einen Seite, «von innen heraus genießen und glücklich sein» (= «frui») auf der anderen. So konnte man etwa sagen: Wer sich nur dem Verbrauch der Dinge, dem Konsum, dem «uti» widmet, wird selbst zum Ding und vergeht mit den Dingen; wer aber von innen heraus lebt und genießt, wer das «frui» lebt, erlebt jetzt schon die ewige Lust am Leben.

Man kann das auch anders sagen: Wir müssen uns vom «Konsumismus» abwenden und zu einer «Kultur des Brotes» (P. P. Pasolini) zurückkehren; denn das Brot schmeckt nach Leben, der Konsum nach Tod! Bei jedem Gegenstand, den wir benützen, bei jedem Produkt, das wir kaufen, bei jedem Lebensmittel, das auf den Tisch kommt, ist zu fragen, ob es ein «Symbol des Todes» oder ein «Symbol des Lebens» ist. Nehmen wir zum Beispiel das Lebensmittel Fleisch: Seit Jahren wissen wir, daß der Hunger in vielen Ländern verursacht wird durch unser Bedürfnis nach Fleisch. In einigen Drittweltländern, die in rhythmischen Abständen von Hungersnöten heimgesucht werden, wird an sich genügend Getreide produziert, um die eigene Bevölkerung zu ernähren; doch wird dieser Ertrag ausgeführt, damit es bei uns den Schweinen verfüttert werden kann und wir unser Fleisch auf dem Tisch bekommen. Wir wissen auch, daß wir mit Getreide sieben- bis zehnmal mehr Menschen ernähren können als mit Fleisch. Oder: In Brasilien und Argentinien werden jeden Tag große Flächen des für unsere Erde so wichtigen Tropenwaldes abgeholzt, damit Weideland entsteht und wir unser argentinisches Steak essen können. Oder: Die Schweinemassenhaltung schwächt die Tiere so sehr, daß man als Fremder in einem riesigen Stall nicht einmal mit normaler Stimme reden darf, ohne daß einige Schweine einen Herzinfarkt bekommen. Oder: Die Tiertransporte und Schlachtmethoden auch in Europa sind so grausam, daß jedes Stück Fleisch unsägliches Leid «symbolisiert». Fleisch ist so im Ganzen zu einem «Symbol des Leidens und des Todes» geworden; man kann es nicht unbefangen essen! Zu einer prophetischen Lebensweise gehört heute darum entweder der vollständige Verzicht auf Fleisch oder doch mindestens der gemäßigte und kontrollierte Fleischkonsum, der nur das Fleisch auf den Tisch bringt, das aus tiergerechter und biologisch verantworteter Tierhaltung stammt.

Doch wohlverstanden: Dies Beispiel soll für das Ganze stehen. Es geht, wie wir heute wissen, um nichts weniger als um das Überleben der Menschheit. Wir wissen, daß ihr Fortbestehen nicht auf dem Wege des ständigen Wachstums und des zunehmenden Konsums garantiert werden kann, sondern nur auf dem Weg einer dichteren und zugleich bescheideneren Lebensqualität. Die geltende Ökonomie und die ihr verpflichtete Politik gaukeln uns in dieser Hinsicht etwas vor! Wir werden uns zu einer asketischen Kultur des Lebens durchringen müssen, und zwar insgesamt in der Gesellschaft, und die Orden könnten und müßten hier prophetisch vorausgehen.

Eine Konsumaskese macht ernst mit der Erkenntnis, daß wir im Interesse der Zukunft unseres Planeten und der darauf lebenden Menschen das Wachstum einfrieren oder gar zurückentwickeln müssen. Darum müssen wir uns Fragen wie folgende stellen: «Müssen wir immer den neuesten Schrei haben? Die neueste Bauweise, die neuesten Geräte, die neuesten Werkzeuge? Müßten wir vielleicht nicht gerade Gebrauchtes und Altgewordenes in den Mittelpunkt unseres Lebens stellen?» Einzelne Gemeinschaften könnten sich sogar fragen, ob sie nicht von den Abfällen und Resten der Gesellschaft leben könnten. In fast jeder deutschen Großstadt gibt es heute Laienorganisationen, die bei Hotels, Restaurants, Supermärkten das abholen, was sonst weggeworfen wird. Warum könnten also nicht auch klösterliche Gemeinschaften, vor allem solche, die in der franziskanischen Tradition stehen, von dem leben, was eine Wegwerfgesellschaft nicht mehr ver- oder gebraucht? Das wäre eine überzeugende Art, vom Überfluß zu leben. Unzählige Menschen könnten auf diese Weise ernährt werden. Und eine solche Lebensweise braucht nicht bei der Ernährung Halt zu machen, sondern kann auch auf Wohnungs- und Gebrauchsgegenstände bezogen werden. Viele Zeitungen führen eine Rubrik «Zu verschenken». Gartenmöbel, Fernsehapparate, Klaviere, Videorecorder, Bilderrahmen, Wohnwände, Bücher, Betten, Polstergruppen, Schränke und Buffets, Waschmaschinen, Lavabos, WCs, Gartenplatten, Tische, komplette Zimmereinrichtungen, Autos, PCs und Drucker, Autoreifen, Kleider... – es ist schon erstaunlich, was da alles verschenkt wird. Selbstverständlich sind von diesen Dingen viele veraltet und vielleicht schon fast nicht mehr zu gebrauchen. Darunter gibt es aber immer auch genug Brauchbares. Und vielleicht entstehen im Reparieren des Gebrauchten auch wieder neue handwerkliche Fähigkeiten! Es gibt sogar Beispiele faszinierender Gemeinschaften, die sich ausschließlich mit Müll und seiner Verarbeitung beschäftigen. Ich verweise auf die auf Abbé Pierre zurückgehende «La Poudrière», die «Abstaubgemeinschaft»: Arbeitslose, die sich zusammengetan haben, um Abfall wieder instandzusetzen und zu einem billigen Preis an Arme zu verkaufen. Über 100 Mitglieder haben so nicht nur ein gutes Einkommen gefunden, sondern zeigen auch, wie man ökologisch haushalten und wirtschaften kann. Fast überall gibt es auch »Secondhandgeschäfte«. Ist es denn – für Ordensmänner und -frauen! – so absonderlich, in bereits einmal getragenen Kleidern herumzulaufen?

Einige Prinzipien für alternatives Haushalten

Es gibt heute zum Thema «Alternatives Haushalten» eine Fülle von Informationen, die jedem Interessierten verfügbar sind. Und doch zeigen sie kaum Wirkung innerhalb der Ordensgemeinschaften. Darum möchte ich im folgenden einige Prinzipien für ein alternatives Haushalten anführen. Daß man diese nicht stur handhaben soll, sondern human, freundlich, liebevoll, eben spirituell, dürfte sich von selbst verstehen. Aus diesem Grund habe ich übrigens mein Buch «Gott, der mir Leben schafft» geschrieben, in dem mehr der faszinierende Hintergrund aufleuchtet, vor dem das konkrete Handeln steht. Hier möchte ich jetzt aber auch ein paar ganz praktische Hinweise für dieses Handeln geben:

1. Energie reduzieren: Die Gemeinschaften und jedes einzelne Mitglied können sich verpflichten, jedes Vierteljahr je 2 % Energie weniger zu gebrauchen. Wie dieses Ziel erreicht wird, ist grundsätzlich der Initiative der Häuser und der einzelnen überlassen, doch müßte und könnte man dort anfangen, wo es am einfachsten ist: Fenster und Türen isolieren, auf erneuerbare Energien umstellen, weniger und allmählich überhaupt nicht mehr Autofahren, Elektrogeräte abbauen, Heizung kontrolliert einstellen (aus eigener Erfahrung weiß ich: viele Räume sind überheizt, andere müßten überhaupt nicht geheizt werden!), Produkte kaufen, die mit möglichst geringem Energieaufwand produziert und transportiert wurden, weniger Tiefkühlprodukte verwenden. Die wärmetechnische Sanierung unseres Klosters in Luzern brachte zum Beispiel einen Energiespareffekt von 60 Prozent pro Jahr, was einer Einsparung von 60 000 Litern Erdöl entspricht. Jede Gemeinschaft sollte es auf diesem Hintergrund als moralische Pflicht erachten, sich über ihre Energiesparmöglichkeiten kompetent beraten zu lassen. Ebenso sollten die einzelnen Mitglieder ihren individuellen Bereich befragen: Wie kann ich das gesetzte Ziel von 2 % vierteljährlich erreichen?

2. Saisongerecht einkaufen und kochen: Das «Umweltkompendium», das eine Fülle von Informationen und Ratschlägen für ein umweltbewußtes Leben enthält, oder ähnliche Bücher, sollten in keinem Haushalt fehlen. Es enthält Saisontabellen, aus denen ersichtlich ist, welche Gemüse und Früchte gerade ihre Saison haben. Und es gibt eine ganze Reihe von Kochbüchern, die nach dem Prinzip der «Saisongerechtigkeit» Rezeptvorschläge machen: keine Erdbeeren an Weihnachten, Tomaten nur im Sommer! Auch hier, meine ich, gehört es zur Pflicht jeder Köchin und jedes Koches in den Orden, sich dieses Prinzip anzueignen! Auch bei der Art des Kochens könnte wesentlich gespart werden. Ich führe hier die Regeln des «Umweltkompendiums» an: Pfannendeckel benützen – mit möglichst wenig Wasser kochen – geeignetes Kochgeschirr benützen – bis zu einem Liter Wasser mit dem Tauchsieder, bis zu zwei Litern mit dem elektrischen Wasserkocher kochen – Heißwassergeräte regelmäßig entkalken – Restwärme ausnutzen – lieber Garen und Dünsten als Backen und Grillieren... (1.55 ff.)

3. Einheimische Produkte vorziehen: Je näher ein Produkt am Ort seines Verbrauchs angebaut oder hergestellt wurde, um so besser: keine Blumen aus Kolumbien, keine Trauben aus Südafrika, keine Tomaten aus Holland, keine Drittweltprodukte, und wenn, dann nur, wenn der gerechte Lohn der dortigen Arbeiter gesichert ist. Drittweltorganisationen konnten übrigens mit Boykottmaßnahmen und Verhandlungen mit den Konzernen die Lebenssituation der Arbeiter in den fernen Ländern wesentlich verbessern. Im übrigen sollte es selbstverständlich sein, daß man «Eine-Welt-Läden» bzw. «Dritte-Welt-Läden» bevorzugt und unterstützt, wenn man schon nicht auf Bananen, Kaffee, Tee und andere Produkte, die man in meiner Jugend noch – bezeichnenderweise! – «Kolonialwaren» nannte, verzichten will. – Die Befolgung der beiden letztgenannten Prinzipien würde im übrigen wieder mehr Abwechslung und

Spannung in unsere Küche bringen! Und möglicherweise sind die Mahlzeiten dann sogar noch köstlicher.

4. *Produkte aus biologischem Anbau und tiergerechter Haltung bevorzugen:* Bei Befolgung dieses Prinzips würden wir nicht nur unserer Gesundheit Gutes tun, sondern auch sehr viele Chemikalien, die den Lebenskreislauf auf Jahrzehnte belasten, überflüssig machen. Es dürfte selbstverständlich sein, daß die dadurch entstehende Lebensqualität auch einen höheren Preis verlangt. Gerade in diesem Bereich zeigt sich, wie die Nachfrage Umstellungen im Markt bewirkt.

5. *Produkte kaufen, die keinen oder wenig Abfall zur Folge haben:* Frischprodukte statt Konserven! Wiederverwertbare oder, noch besser, keine Verpackung! Auch hier könnten sich Gemeinschaften und einzelne wieder konkrete Ziele setzen. In ersten Monat reduziert man den Abfall, der beim Einkaufen entsteht, im zweiten den Abfall im Büro usw.

6. *Abfall trennen, kompostieren, in den natürlichen Kreislauf zurückgeben:* Dieses Prinzip ist heute schon so selbstverständlich, daß eine Gemeinschaft, die diese Praxis nicht übt, sich fast schon schämen müßte.

7. *Körper- und Hauspflege mit möglichst wenig Energie- und Chemikalienverbrauch:* Keine unnötigen Pflegeprodukte, keine, die aus der Erdölproduktion stammen oder mit Tierversuchen in Verbindung stehen. Gerade hier verspricht die Reklame oft, was sie nicht halten kann: ewige Jugend, Vergöttlichung von Schönheit und Gesundheit. Da muß man sich doch für die Wahrheit öffnen: Wir werden nun einmal älter, schwächer, hinfällig; dazu können wir doch auch stehen! Darüber hinaus könnte man sich etwa an folgendes halten: feste statt flüssige, biologische und einheimische Produkte ohne Zusatzstoffe zur Konservierung... Nochmals möchte ich auf das «Umweltkompendium» verweisen, das diesbezüglich und auch in vielen anderen Bereichen nützliche Hinweise enthält.

8. Sich grundsätzlich vom «Konsumismus» abwenden: Sich der seelischen und leiblichen Gesundheit verpflichten: Wer einmal das Abenteuer einer Reise nach Innen angefangen hat, müßte den Geschmack an der Seele gefunden haben: am schlichten Dasein, das keinerlei anderen Zwecken dient; an Meditation und Gebet, an Feier und Gottesdienst, an den tausend Bildern, die aus den Tiefen aufscheinen, an den Lichtern, die auf dem Boden des inneren Menschen angezündet sind; aber auch an der Muße, am Flanieren, am Licht der Kerze, an Musik und Gedicht... Vieles, das uns von außen entgegenkommt, bringt den Tod! Lärm führt zum Verstummen der inneren Lieder, seichte Unterhaltung zur Innenweltverschmutzung. Gähnende Langeweile tritt ein, sobald die Fremdbestimmung ausfällt! Wer aber das Wagnis der Seele wagt, wird unendliche Welten entdecken! Er wird niemals Langeweile empfinden, weil er auch dann noch von Innen her erfüllt ist, wenn von Außen her nichts mehr auf ihn eindringt.

Weiter wird die Verbindung mit der Seele auch eine neue Verbundenheit mit den vielgestaltigen Formen des Lebens herstellen: man wird mit neuer Zärtlichkeit die Wesen anschauen, die uns anschauen können, die ein Gesicht haben und einen Blick: ob Fisch, Vogel oder sonst ein Tier – wir haben eine gemeinsame Lebensbasis, eine Seele. Die alten Philosophen haben darum vom «animal» gesprochen und damit alle Tiere gemeint. Der Mensch unterscheidet sich nicht durch die Seele vom Tier, sondern dadurch, daß diese Seele «rationale», also durch die «Vernunft» qualifiziert ist. Allein schon die Tatsache, daß man heute darüber diskutiert, ob das Tier eine Seele hat, ist ein Zeichen der Todverfallenheit unserer Welt. Wer aber annimmt, daß Menschen und Tiere eine Seele haben, wird das Tier nicht einfach auf die «Konsumware» reduzieren können. Das gleiche gilt auch für die Natur, für die Bäume und Pflanzen, für alles, auf das der Begriff «Leben» anwendbar ist. Selbst die anorganische Welt hat eine «Form», wie die alten Philosophen sagen, ein inneres Prinzip, das etwas durchdringt, zusammenhält und am Auseinanderbrechen hindert. «Seele», «Leben», «Form» – das sind die positiven Begriffe, welche das Kontrastprogramm zum «Konsumismus» enthalten.

Auch die leibliche Gesundheit muß wieder als Kriterium der Aszese entdeckt werden. Vieles, was wir heute essen, ist schädlich. Es ist nachgewiesen, daß viele Krankheiten durch den übermäßigen Fleischkonsum und durch eine ungesunde Lebensführung entstehen und daß der Nahrungskreislauf vielfach gestört und vergiftet ist. Seit Jahren sagen Klosterärzte, daß die Küche in den religiös geführten Häusern oft ungesund ist. Daß sich allmählich eine alternative Küche herausgebildet hat, ist in vielen Gemeinschaften unbekannt geblieben, in anderen wird darüber gelächelt. Die Chancen für ein Leben nach unserer Berufung, die damit vorgegeben sind, werden verpaßt.

9. Gerecht leben, Distanz zu Eigentum wahren: Es dürfte deutlich geworden sein, welches Gewicht das Eigentum heute hat. Sofern damit die Werte von «Fürsorglichkeit», «Hüten und Pflegen», «Offenheit für andere», «Solidarität», «Lebendigkeit» usw. verbunden sind, wird man sicher kein grundsätzlicher Gegner des Eigentums sein können. Das Eigentum hat aber, wie wir gesehen haben, heute eine so abgrenzende, individualisierende, ausgrenzende Bedeutung bekommen, daß sich Traditionen, die sich dem «sine proprio», dem «Ohne-Eigentum-leben» (Franziskus), verpflichtet wissen oder dem «Alles-Gemeinsam-haben» der Bibel, schon etwas einfallen lassen müssen. Die Orden dürfen sich nicht als Eigentümer ihrer Häuser und Einkünfte verstehen, sie müssen sich vielmehr in allen Phasen des Wirtschaftens als Verwalter von Gütern sehen, die den Armen gehören. Sie müssen überdies der Anhäufung von Gütern und der Akkumulation von Geldern Grenzen setzen lernen.

Eines der häufigsten Motive mittelalterlicher Heiligenleben ist die Frage: Wie gehe ich um mit dem ungerecht erworbenen Gut? Auf Elisabeth von Thüringen, die von dieser Frage bei jedem Essen verfolgt wurde, habe ich ja schon hingewiesen. Wir leben heute, wie wir gesehen haben, in einer ungerechten Weltwirtschaft. Da muß diese Frage wieder in den Alltag zurückkehren und auf alles bezogen werden, was wir kaufen und konsumieren. Die Weigerung muß vielleicht noch viel grundsätzlichere Formen annehmen als bei Elisabeth. Wir dürfen bei unseren Unternehmungen nicht unbedacht die Gesetze der Banken übernehmen, müssen uns von den meisten Großbanken distanzieren und Banksysteme suchen oder gar erfinden, welche den Armen und ganz allgemein der Verteilungsgerechtigkeit verpflichtet sind. Diesbezüglich gibt es in der Vergangenheit Modelle: So haben zum Beispiel die Franziskaner, die sog. Observanten, welche sich den Armen verpflichtet fühlten, dem Wucher, der mittelalterlichen Form der Spekulation, ihre «Monti di Pietà» entgegengesetzt, Pfandhäuser, die auch den Armen Möglichkeiten eröffneten, finanzielle Engpässe zu überbrücken. Daß das nicht ohne Widerstand der Gesellschaft geschah, zeigt die Tatsache, daß diese Brüder zum Teil Verfolgung und Vertreibung auf sich nehmen mußten. Einem ähnlichen Zweck dienten auch die «montes frumentarii», öffentliche Getreidespeicher, welche Kleinbauern vor Mißernten und Preistreibern schützen sollten. Auch heute gibt es bereits ähnliche Institutionen, die breite Unterstützung benötigen.

Fasten

Zu dieser prophetischen Lebensweise gehört auch die Wiederentdeckung des Fastens. Es ist interessant, daß außerhalb der Orden zahlreiche Menschen diese Übung wiederentdecken. Innerhalb der Orden dagegen reicht es häufig nur zu einem Suppentag. Die Gemeinschaften selbst sind sich nicht bewußt, welche geistlichen Möglichkeiten sie sich damit entgehen lassen. Darum möchte ich die geistliche Dimension des Fastens hervorheben, wie ich es bereits vor Jahren im «Praktischen Lexikon der Spiritualität» (Schütz) getan habe.

Unter Fasten verstehen wir den freiwilligen Verzicht auf Nahrung im Unterschied zum Hungern, das unfreiwillig ist. Als Gegenpol zum Fest gehört das Fasten zu den Urgebärden des menschlichen Lebens.

Für die abendländische Tradition sind vor allem zwei weltanschauliche Hintergründe für das Fasten wichtig geworden:

a) die asketische Tradition der Spätantike. Vor diesem Hintergrund ist das Fasten in sich selbst sinnvoll: Je weniger man ißt, um so weniger ißt man Böses in sich hinein. Das betrifft vor allem das Fleisch von Tieren, die sich auf sexuellem Weg fortpflanzen, wogegen Fische, die sich angeblich asexuell weiterzeugen, erlaubt sind. Eine solche Auffassung ist aus jüdisch-christlicher Sicht nicht annehmbar, weil Gott alles geschaffen hat: das Materielle ebenso wie das Geistige. Der Verzicht darf also nicht aus der wesentlichen Schlechtigkeit der Dinge bzw. Nahrung abgeleitet werden. Er kann sich höchstens so begründen, daß der Gebrauch eines Dinges böse Folgen hat oder schon in sich schlechter Gebrauch ist. Neben der Gerechtigkeit können auch Umwelt, personale Identität, Gesundheit oder sogar politische Ziele den Verzicht auf Nahrung motivieren (das Zurückdrängen der Sahara [SOS Desert], die Unabhängigkeit Indiens [M. Gandhi], die totale Abrüstung oder die Lösung des weltweiten Hungerproblems).

b) die jüdisch-christliche Tradition. Jesus betont, daß das Böse nicht dinglich festgemacht und darum auch nicht in sich hineingegessen werden kann. Der Ort des Bösen sind nicht die Gegenstände, die man ißt, sondern das menschliche Herz (Mt 19,15–20). Für Jesus ist die große Dreiheit von Almosen, Gebet und Fasten (Mt 6,1–18), wie sie sich im Alten Testament als Ausdruck der Frömmigkeit herausgebildet hat, maßgebend. Vielleicht dürfen wir die drei Anliegen, die dahinterstehen, so formulieren: Beim Almosen geht es wesentlich um die soziale Dimension, also darum, daß alle Menschen, auch die Armen, Zugang haben zu den Gütern der Schöpfung und zum Leben. Das Gebet meint die religiöse Dimension, die ganzheitliche Offenheit für das unergründliche Geheimnis, das alle Vernunft übersteigt. Das Fasten jedoch offenbart die geschöpfliche Dimension: die Armut und Abhängigkeit innerhalb der Geschichte und die unaustauschbare Persönlichkeit. Nach Jesus sollen diese drei Dimensionen «im Verborgenen» eingeübt werden, also nicht Gegenstand demonstrativer Selbstgerechtigkeit und Frömmigkeit werden, eine Gefahr, die nicht zu übersehen ist.

Daß alle drei Dimensionen nicht voneinander zu trennen sind, sondern ein inneres Ganzes bilden, zeigen schon die Propheten: Fasten darf nicht einfach negativ als bloß asketische Übung aufgefaßt werden: «Nein, das ist ein Fasten, wie ich es liebe: die Fesseln des Unrechts zu lösen, die Stricke des Jochs zu entfernen, die Versklavten freizulassen, jedes Joch zu zerbrechen, an die Hungrigen dein Brot auszuteilen, die obdachlosen Armen ins Haus aufzunehmen, wenn du einen Nackten siehst, ihn zu bekleiden und dich deinen Verwandten nicht zu entziehen» (Jes 58,6f.; vgl. Jer 14,12). – Die Grundintention des AT wird so auch im Fasten sichtbar: Es geht um Gott, der Leben ist und Leben zeugt, um Jahwe, der aus allen Versklavungen herausführt in das Gelobte Land, um den Exodus aus Knechtschaft und Sünde in das Leben und in die Freiheit, neutestamentlich gesprochen: um das Reich Gottes, in dem alle Menschen Brüder und Schwestern sind. Darum steht Fasten in einem nahen Verhältnis zur «Wüste», in der das Volk Israel bei äußerlich extrem reduzierten Möglichkeiten das Leben Gottes erfährt. Darum will der jüdische Mensch im Fasten von Zeit zu Zeit die äußeren Bedingungen der Wüste (der Leib ist dabei der Partner, nicht der Feind der Seele!) herstellen, um sich ganzheitlich in Gott zu erneuern und heil zu werden.

Fasten ist – praktisch gesehen – keine Heldentat, sondern dem gesunden Menschen leicht möglich. Die wohltuenden Wirkungen eines einmal vollzogenen Fastens werden zur Wiederholung drängen. Zu beachten ist: Viel trinken – sich viel waschen – an alles andere denken, nur nicht an das Fasten – schweigen und sich zurückziehen – mit Sonne und Luft in Verbindung sein – für Gott und die Nöte der Menschen sich öffnen – sich konkrete Ziele und Motive geben. Ein Fasten, das in diesem Sinn regelmäßig vollzogen wird, wird uns immer mehr entfernen von den tödlichen Gesetzen einer lebensbedrohenden Ökonomie.

Sonntägliche Kultur

Zu einer prophetischen Lebensweise gehört auch die Wiederentdeckung des Sabbats bzw. der sonntäglichen Kultur.

Ich bin überzeugt, daß wir nie mehr einen Zustand der Vollbeschäftigung erreichen werden, wenn wir wirklich das Überleben der Welt sichern wollen. Die Gesellschaft kann in Zukunft weder in den europäischen Ländern noch weltweit alle Menschen mit einer gewinnbringenden Arbeit beschäftigen. Das hat zur Folge, daß wir uns wieder neu verstehen lernen müssen. Der Begriff «Arbeit» ist bis heute verbunden mit negativen und recht mühevollen Erfahrungen. Arbeit heißt schon vom Wort her: etwas tun, was zur Situation der Fremde gehört. Der Mensch ist nicht bei sich zuhause, wenn er arbeitet. Die antike Gesellschaft Griechenlands z. B. hatte die Arbeit den Sklaven überlassen; der freie Mensch mußte nicht arbeiten; er konnte sich der Kontemplation hingeben, eben den unverzweckten Lebensvollzügen. Er konnte fragen: Woher komme ich? Wohin gehe ich? Wer bin ich eigentlich? Er konnte spielen und unverzweckt den schönen Dingen nachgehen – das Leben erspielen. So entstand eine Zweiklassenkultur: freie und unfreie

Menschen, müßige und arbeitende Menschen. Das Christentum hat dann zu einer späteren Zeit diese Zweiklassengesellschaft allmählich überwunden, indem es unter anderem das Sonntagsgebot eingeführt hat: Du sollst am Sonntag keine «knechtlichen» Arbeiten verrichten! Also auch die Sklaven sollen wenigstens an einem Tag die Vollzüge der freien Menschen erleben dürfen! Mit der Zeit führte diese Wandlung sogar dazu, daß diese Zweiteilung in Freie und Sklaven überwunden wurde. Wir müssen heute schon deshalb alles daransetzen, daß der Tendenz zur Zweiklassengesellschaft, die als erschreckende Perspektive vor uns steht, mit aller Kraft entgegengewirkt wird. Darum muß erneut das Postulat einer sonntäglichen Kultur formuliert werden.

Bevor ich darauf jedoch näher eingehe, muß etwas über die biblischen Traditionen in diesem Themenraum gesagt werden. Nach der Schrift gehören gewisse Aspekte der Arbeit zur Situation der Fremde: zur Verbannung in diese konkrete Welt. Denn vor dem «Sündenfall» verbrachte der Mensch sein Leben mühelos, ohne Schweiß, wie es heißt, im Garten Gottes. Erst nach seinem Fall wird der Mensch biblisch wesentlich durch Arbeit definiert. Es brauchte aber dennoch Jahrhunderte, bis sich dieses Verständnis in einem positiven Sinne durchsetzte. Zunächst nämlich kennzeichnete das benediktinische «Ora et labora» eine klare Polarität zwischen dem unverzweckten Dasein vor Gott (= Gebet) und der mühevollen Arbeit, die unterschiedlichen Zwecken dienen sollte: der materiellen Bedürfnisdeckung und dem geistlichen Beschäftigtsein, damit das Böse keine Möglichkeit habe, sich in der Seele festzusetzen. Es war überdies das Gebet, welches den Tag strukturierte; die Arbeit wurde in ein religiöses Zeitraster hineingefügt und war mehr oder weniger ein «Zeitvertreib». Franz von Assisi beginnt dann, der Arbeit eine eigene Qualität zu geben: Sie ist eine Gnade, die genützt werden soll, ein Akt der Einbettung in den Humus, der Demut (= «humilitas»), welche letztlich Gottes ureigenes Wesen nachvollzieht, als Anteilnahme und Solidarität mit den Menschen.

Die moderne Ökonomie stützte sich natürlich gerne auf ein solches Verständnis und förderte es sogar, nicht aus geistlichen Motiven heraus, versteht sich, sondern aus sehr materiellen Gründen. Der Mensch wird als Arbeiter definiert und so für die wirtschaftlichen Interessen mißbraucht und verbraucht. Schon bald zeigte sich, daß die benediktinische Polarität sich umdrehte: Arbeite und bete! Die Zeit wird durch Arbeit bestimmt und strukturiert; für die unverzweckten Lebensvollzüge, für das Gebet und anderes, bleibt nur noch wenig Raum. Schlimmer als das sind jedoch die verheerenden Folgen, welche sich daraus für das Selbstverständnis des Menschen ergeben. Jene Menschen, die aus irgendeinem Grund nicht mehr arbeiten können, verlieren oft ihr Selbstwertgefühl. Sie wissen nicht mehr, wer sie sind. Sie fühlen sich nicht mehr gebraucht. Wir sind ja auch alle auf ein solches Verständnis hin erzogen worden. Wir leben, um zu arbeiten! Nicht: Wir arbeiten, um zu leben! Wenn wir dann plötzlich nicht mehr arbeiten können, werden wir, wie wir meinen, nicht mehr gebraucht, ins Abseits gedrängt, unnütz; das Leben ist sinnlos geworden. Vielen bleibt nichts mehr, sie sterben am Nichts, an der inneren Leere. Eine solche Entwicklung muß als eine Herausforderung begriffen werden. Eine Kultur des Sonntags, ein Verhalten, das sich dem jüdischen Sabbat annähert, wird notwendig.

Ein erstes Element einer solchen Kultur wird sichtbar an der Frage: Ist dieser Prozeß, nämlich der heute vielfach zu beobachtende Umstand, daß sich nicht mehr alle Menschen durch Arbeit definieren können, nicht auch eine Chance, eine Herausforderung, das göttliche Bild des Menschen wieder neu zu entdecken? Müssen nicht gerade Ordensleute, welche berufen sind, dieses göttliche Bild darzustellen, diesbezüglich eine Vorreiterrolle übernehmen? Der Mensch ist doch ein Mensch des Sabbats, das heißt: ein Wesen, das durch das Distanznehmenkönnen definiert wird, durch Schauen und Feiern, durch Kontemplation und Muße, durch das unverzweckte Dasein und die befreiende «Ruhe». Wenn es nichts mehr zu tun gibt, verliert der Mensch des Sabbats nichts von seinem Menschsein, es erfüllt sich vielmehr. Der Mensch des Sabbats wird sich freilich nicht um Arbeit drücken. Er wird mit aller Kraft und unermüdlich in der Solidarität der Menschen stehen, sich abmühen für Frieden und Gerechtigkeit, mit Schweiß und Schwielen das tägliche Brot verdienen, in nichts anderen zur Last werden wollen, wie selbstverständlich das Pensum Arbeit auf sich nehmen, das von ihm erwartet wird. Sich für den eigenen Unterhalt und für die Schwachen abmühen wie Paulus (vgl. Apg 20,35) bleibt seine Orientierung.

Der Mensch des Sabbats wird aber keinem anderen Menschen Arbeit wegnehmen. Er wird nicht das tun wollen, was andere tun können, wenn sich herausstellen sollte, daß es zu wenig Arbeit gibt. Er wird vielmehr erfinderisch sein und neue Formen von «Dienstleistungen» entdecken. Theodosius Florentini, der große Sozialapostel aus dem letzten Jahrhundert, wurde mit seinem Motto «Was Bedürfnis der Zeit ist, das ist der Wille Gottes» zum Ordensgründer. Er half an sozialen Brennpunkten, indem er Kongregationen von Schul- und Krankenschwestern ins Leben rief. Heute liegen diese Brennpunkte vielleicht anderswo, andere Bedürfnisse kennzeichnen unsere Zeit, und anderes scheint darum als der Wille Gottes auf! So besteht heute ein großes Bedürfnis nach Sinn, Beheimatung und Orientierung. Drogen, Süchte, hohe Selbstmordraten und seelische Krankheiten sind die Symptome, welche auf das Hoffnungs- und Sinndefizit in unserer Zeit hinweisen. Deswegen müssen sinnstiftende Tätigkeiten, Sinnerfahrungsorte, Identifikationsfiguren entstehen. Hier ist Phantasie und Initiative gefragt! Hier sind die Felder zu suchen, auf denen sich Ordensleute engagieren sollen.

Der Mensch des Sabbats entdeckt aber vor allem wieder neu die wohl größte menschliche Erfindung oder, wenn man will, die schönste und befreiendste göttliche Stiftung: den Sabbat, den Tag der erfüllten Ruhe. An diesem Tag soll alles abfallen können, was knechtet und versklavt, hier soll die Freiheit der Kinder Gottes erlebt und gefeiert werden. An einem solchen Tag sollen die Gesetze der Ökonomie keine Geltung haben, einzig die Gesetze des Lebens sollen zum Zug kommen dürfen. Daß das sogar ein ökonomischer Wert ist, muß die geltende Ökonomie erst noch einsehen lernen. Vorläufig werden gegenläufige Tendenzen gefördert: Maschinen sollen pausenlos laufen, die Arbeiter und Arbeiterinnen lösen sich ab, eine arbeitsfreie Zeit für alle gleichzeitig soll es nicht mehr geben. Die Kosten, die daraus entstehen, werden zukünftige Generationen tragen müssen: Familien, die auseinanderbrechen, Beziehungen, die nicht mehr halten, kompakte Sinnerfahrungsorte gehen verloren, die Menschen werden der Vereinsamung und der inneren Leere entgegengeführt, Drogen, Alkohol und anderes, das die Leere erfüllen soll, tragen das ihre bei zur Zerstörung des Menschen und der Gesellschaft. Auf diesem Hintergrund sollten die Ökonomen den wirtschaftlichen Wert entdekken, den eine arbeitsfreie Zeit für alle und das Ruhen selbst der Maschinen enthalten.

Von daher braucht es nicht nur die Prophetie der großen Kirchen, die den Sonntag verteidigen und entsprechende Freiheitsräume bereitstellen, sondern auch jene der Gruppen, die eine Kultur des Sonntags auch in ihrer Lebensform bezeugen. Ich stelle mir diese Verdichtung einer Kultur des Sabbats so vor, daß ein Kloster sich ganz bewußt für eine ganze Region öffnet: vom Samstagmittag bis Sonntagabend «ruht» das Kloster. In dieser Zeit feiert die Klostergemeinschaft zusammen mit allen, die das suchen, auf eine sehr kompakte Weise den Sinn des Lebens: Selbstverständlich stehen gepflegte Gottesdienste, frohmachende Predigten, Schriftgespräche und Stille- und Meditationszeiten im Zentrum einer solchen Klosterkultur. Dazu gesellen sich aber auch andere Elemente, zum Beispiel: «das aktuelle Gespräch», in dem Themen und Probleme, die in den vorausgehenden Tagen eine besondere Aktualität oder Dringlichkeit erfahren haben, diskutiert werden; «inkulturelle» Ereignisse, in denen eine möglichst fruchtbringende Begegnung des Evangeliums mit verschiedenen Ausdrucksformen der Kultur gesucht wird: Musik, Literatur usw.; das Erleben des gemeinsamen Lebens: ein einfaches gemeinsames Mahl, bei dem geteilt wird, was man mitbringt (damit würden auch die hauswirtschaftlichen Arbeiten wegfallen, niemand müßte stundenlang in der Küche verbringen); Spiele für Erwachsene und Kinder, kreatives Erleben seiner selbst und Entdeckung des Schönen, Guten, Wahren in allen Formen, oder eben: Begegnung mit dem sich offenbarenden und gegenwärtigen Gott.

Ein solches «Ruhen» findet seinen Rhythmus nicht nur wöchentlich, sondern auch sonst in den Monaten und Jahren. Die Bibel kennt ja auch Sabbatszeiten, Sabbatjahre, längeres Distanznehmen und Bilanzziehen. Es ist darum zu begrüßen, wenn in vielen Orden heute die Institution des Sabbatjahres bereits eine Selbstverständlichkeit geworden ist. Was noch fehlt, ist die Wiederentdeckung der ökonomischen Dimension des Sabbatjahres: das Ruhen von Unternehmungen, die bisher im allgemeinen fortgeführt werden, wenn jemand ein Sabbatjahr nimmt; auch diese müssen sich klar werden, ob ihnen noch eine lebensfreundliche Orientierung innewohnt. Unter Umständen muß man etwas «wiederherstellen», was durch Tatkraft und ökonomisches Gebaren zerstört wurde: Gerechtigkeit, Wahrheit und anderes mehr. Sabbat bedeutet Rückkehr zum Ursprung, an dem alle gleiche Bedingungen haben, Wiederherstellung von gerechten Startbedingungen. So böte sich dann auch die Möglichkeit, immer wieder Güter und Institutionen, die ja bald einmal ihre Eigendynamik entfalten und an geistlicher Kraft einbüßen, abzustoßen, um neu die ursprünglichen Werte, die mit dem Rat der Armut verbunden sind, zu realisieren.

3. Die politische Aktualität des Gehorsams

Daß sich unsere Einstellung zu Gott an ökonomischen Fragen entscheidet, dürfte sich in den vorausgehenden Ausführungen hinlänglich gezeigt haben. Sie entscheidet sich darum, wie sich von selbst versteht, auch an der Art und Weise, wie wir Menschen zusammenleben und wie wir uns politisch organisieren. Dies aber hat wesentlich zu tun mit dem, was der Evangelische Rat des Gehorsams meint. Ja, es stellt sich geradezu heraus, daß der – im Sinne des Evangeliums! – gehorsame Mensch, der sich mit anderen gehorsamen Menschen zu einem «Verband» zusammenschließt, die Voraussetzung dafür ist, daß wir überhaupt noch Hoffnung auf Zukunft haben dürfen. Ein solcher Satz dürfte allerdings für viele zunächst einmal wie eine Provokation klingen, und so bedarf er der Erschließung.

Die Macht und ihr Mißbrauch

Die gesellschaftliche Organisation wird wesentlich vom Machtstreben bestimmt. Das zeigt ja schon das Vokabular unserer Zeit: an die Macht kommen, die Macht erringen, die Macht teilen, die Macht verlieren... Dieses Vokabular wird von den meisten Zeitgenossen mehr oder weniger selbstverständlich und fraglos akzeptiert. Daß sich dahinter jedoch eine große Frage verbirgt, bleibt den meisten verborgen. Darum möchte ich zunächst einige provokative Aspekte aufzeigen.

Die Macht korrumpiert

Lange Zeit schien das Phänomen «Korruption» auf die sog. «unterentwickelten Länder» beschränkt, wie man mit einem Nebenton der Verachtung und Überheblichkeit oft feststellte. Inzwischen hat sich herausgestellt, daß es auch in der westlichen Hemisphäre kein Land gibt, in dem die Macht nicht fast schon automatisch die Korruption nach sich zieht: Parteienfinanzierung, Bestechung, Begünstigung, Bereicherung, ja sogar systematische und nahtlose Bespitzelung, Verfolgung, Beseitigung und Ermordung von Menschen, die dem Machterhalt gefährlich erscheinen – das Ausmaß der Korruption wird tagtäglich erschreckender, und die Vergangenheit holt selbst lange Zeit unbescholtene Politiker ein. Wir müssen darum annehmen, daß wir nur die Spitze eines Eisberges sehen. Das wird zum Beispiel deutlich, wenn ich einen geistlichen Direktor eines großen Frauenordens zitiere: «Zu gewöhnlichen tariflichen Bedingungen ist heute kaum mehr etwas zu erreichen. Wenn wir mit unseren Krankenhäusern bestehen wollen, müssen wir, ob wir es wollen oder nicht, notwendigerweise das Spiel mitspielen!» Die Einsicht drängt sich mit unausweichlicher Deutlichkeit auf: Der Umgang mit der Macht korrumpiert, und fast scheint dieser Umstand schon ein Naturgesetz zu sein.

Wir wissen heute, wohin die uneingeschränkte Macht des Menschen über die Natur geführt hat. Der Psychoanalytiker H. E. Richter hat von einem «Gotteskomplex» gesprochen, von einer Krankheit, die ihre Ursache darin hat, daß sich der Mensch die Allmacht Gottes anmaßt. In dem Maße, wie er nicht mehr an die Allmacht Gottes glaubt, wähnt er, alles zu können und alles zu dürfen. Dieser Allmachtswahn des Menschen ist es, der uns vor den heutigen Abgrund geführt hat. Hinter der ökologischen Krise, die ein existenzbedrohliches Ausmaß angenommen hat, steht auch nach Ansicht des Biologen B. Verbeek der hemmungslose Gebrauch der Macht. Die modernen ökologischen Bewegungen und vor allem die feministische Kritik an den geschichtlichen und traditionellen Grundlagen der gesellschaftlichen Organisation haben auf den systematischen Machtmißbrauch hingewiesen, dem vor allem Natur und Frauen ausgesetzt waren und sind. Es ist interessant, wie sich diese Gemeinsamkeit in vielen Bereichen bis in die Sprache hinein zeigt (vgl. Marchant).

Daß Machtmißbrauch sogar das Gewand des Geistlichen trägt und man im Italien Mussolinis gar von einer faschistischen Spiritualität zu sprechen wagte, dürfte nur noch den erstaunen, der ahnungslos der Wirklichkeit gegenübersteht. Als erschreckendes Beispiel, an dem deutlich wird, wie dieser Machtrausch auf die Spitze getrieben ist, möchte ich das erste und zweite «Manifest des Futurismus» anführen, das F. T. Marinetti 1909 bzw. 1910 im Pariser «Figaro» veröffentlichte. Ich hebe einige Stichworte besonders hervor:

«1. Wir wollen die Liebe zur Gefahr besingen, die Vertrautheit mit Energie und Verwegenheit.
2. Mut, Kühnheit und Auflehnung werden die Wesenselemente unserer Dichtung sein.
3. Bis heute hat die Literatur die gedankenschwere Unbeweglichkeit, die Ekstase und den Schlaf gepriesen. Wir wollen preisen *die angriffslustige Bewegung, die fiebrige Schlaflosigkeit, den Laufschritt, den Salto mortale, die Ohrfeige und den Faustschlag.*
4. Wir erklären, daß sich die Herrlichkeit der Welt um eine neue Schönheit bereichert hat: die *Schönheit der Geschwindigkeit. Ein Rennwagen, dessen Karosserie große Rohre schmücken, die Schlangen mit explosivem Atem gleichen... ein aufheulendes Auto, das auf Kartätschen zu laufen scheint, ist schöner als die Nike von Samothrake.*
5. Wir wollen den Mann besingen, der das Steuer hält, dessen Idealachse die Erde durchquert, die selbst auf ihrer Bahn dahinjagt.

6. Der Dichter muß sich glühend, glanzvoll und freigebig verschwenden, um die leidenschaftliche Inbrunst der Urelemente zu vermehren.
7. *Schönheit gibt es nur noch im Kampf. Ein Werk ohne aggressiven Charakter kann kein Meisterwerk sein. Die Dichtung muß aufgefaßt werden als ein heftiger Angriff auf die unbekannten Kräfte, um sie zu zwingen, sich vor dem Menschen zu beugen.*
8. Wir stehen auf dem äußersten Vorgebirge der Jahrhunderte!... Warum sollten wir zurückblicken, wenn wir die geheimnisvollen Tore des Unmöglichen aufbrechen wollen? Zeit und Raum sind gestern gestorben. *Wir leben bereits im Absoluten, denn wir haben schon die ewige, allgegenwärtige Geschwindigkeit erschaffen.*
9. *Wir wollen den Krieg verherrlichen – diese einzige Hygiene der Welt –, den Militarismus, den Patriotismus, die Vernichtungstat der Anarchisten, die schönen Ideen, für die man stirbt, und die Verachtung des Weibes.*
10. Wir wollen die Museen, die Bibliotheken und die Akademien jeder Art zerstören und gegen den Moralismus, den Feminismus und gegen jede Feigheit kämpfen, die auf Zweckmäßigkeit und Eigennutz beruht.
11. *Wir werden die großen Menschenmengen besingen,* die die Arbeit, das Vergnügen oder der Aufruhr erregt; besingen werden wir die vielfarbige, vielstimmige Flut der Revolutionen in den modernen Hauptstädten; besingen werden wir die nächtliche vibrierende Glut der Arsenale und Werften, die von grellen elektrischen Monden erleuchtet werden; die gefräßigen Bahnhöfe, die rauchende Schlangen verzehren; die Fabriken, die mit ihren sich hochwindenden Rauchfäden an den Wolken hängen; die Brücken, die wie gigantische Athleten Flüsse überspannen, die in der Sonne wie Messer aufblitzen; die abenteuersuchenden Dampfer, die den Horizont wittern; die breitbrüstigen Lokomotiven, die auf den Schienen wie riesige, mit Rohren gezäumte Stahl-

rosse einherstampfen und den gleitenden Flug der Flugzeuge, deren Propeller wie eine Fahne im Winde knattert und Beifall zu klatschen scheint wie eine begeisterte Menge.»

«Mit hoher Geschwindigkeit rasen ist ein Gebet. Die Heiligkeit von Rädern und Schienen. Man muß auf den Geleisen knien, um zur göttlichen Geschwindigkeit zu beten. Der Rausch hoher Geschwindigkeiten in Autos ist nichts anderes als das Hochgefühl, sich mit der einzigen Gottheit zu vereinigen. Die Sportler sind die ersten Katechumenen dieser Religion. Zukünftige Zerstörung von Häusern und Städten, um Raum zu schaffen für große Treffplätze für Autos und Flugzeuge» (zit. nach Verbeek 202 und 204).

Dieser erschütternde Text spricht dem Machtrausch offenbar eine religiöse Qualität zu. Hat nun aber das Phänomen «Religion» selbst eine machtkritische Funktion? Als der Mensch ca. 500 Jahre vor Christus zu seiner Umwelt, zur Natur auf Distanz ging und das Göttliche ins «Jenseits» verlagerte, «blieb der Mensch bei der Anbetung der Macht», wie der Kulturphilosoph und Historiker A. Toynbee meint: «Der bedeutungsvollste gemeinsame Zug (von Zarathustra, Deutero-Jesaja, Buddha, Konfuzius und Pythagoras, die alle ungefähr zu dieser Zeit gelebt haben: A. R.) ist die Fähigkeit eines menschlichen Individuums, eine unmittelbare persönliche Beziehung zu der letztgültigen geistigen Realität in und hinter dem Universum zu erlangen, in welchem der Mensch sich selber findet. Ursprünglich war diese Beziehung nicht individuell und persönlich. Vorzivilisatorische Gemeinschaften näherten sich der letztgültigen Realität oder der Gottheit durch das Medium nichtmenschlicher Naturkräfte, deren Gnade der Mensch ausgeliefert war. Nach dem Erreichen der Kulturstufe änderte sich diese Sicht: Der Mensch vergötterte nicht mehr die nichtmenschliche Natur, sondern die Kollektivmacht einer menschlichen Gemeinschaft. Die Errichtung einer menschlichen Kollektivmacht in großem Maßstab hatte die Gewichte im Kampf mit der Natur zum Vorteil des Menschen verschoben. Nachdem er so den Gegenstand seiner Verehrung gewechselt hatte, blieb der Mensch bei der Anbetung der Macht, wo immer er sie am stärksten fand» (zit. bei Verbeek 208).

Es ist also durchaus nicht überflüssig, festzuhalten, daß auch die gegenwärtigen religiösen Institutionen in einem Maß mit Macht zu tun haben, wie es für die Religion selbst nicht gut ist. Es handelt sich bei diesen Institutionen nicht nur, aber auch um «Machtstrukturen», die darauf aus sind, sich mit allen Mitteln durchzusetzen. Bezeichnenderweise wagt man es so in der Kirche – im Widerspruch zur Bibel! – seit der Zeit Kaiser Konstantins, dem Macht- und Herrschaftsgefüge sogar Heiligkeit zuzusprechen: Hierarchie – heilige Herrschaft! Was heilig ist, ist unantastbar und jeder menschlichen Kritik entzogen. Das ist aber nichts anderes als eine der raffiniertesten Weisen, sich selbst göttliche Macht anzueignen, um sich an der Macht zu halten und der Kritik zu entziehen. Die Folgen davon sind auch heute schmerzhaft zu spüren, tagein, tagaus! So war ich vor kurzem Gast einer Ordensgemeinschaft anläßlich eines Jubiläums. Drei Monate vorher hatten die Schwestern den detaillierten Ablauf des Gottesdienstes dem Erzbischof, der ihm vorstehen sollte, zugeschickt. Doch erst am Abend vor dem Jubiläum telefoniert der Erzbischof, daß die vorgesehenen Texte (Schriftworte, Fürbitten, Dichterworte) nicht in Frage kämen und daß dieses und jenes nicht ginge. Und während des Gottesdienstes dirigierte und kommandierte der bischöfliche Zeremonienmeister nach seinem Belieben. Ich nenne hier bewußt dieses Beispiel, das nicht so ins Auge springt wie vielleicht eine willkürliche Gesetzesänderung, wie Vertragsübertretungen oder Verbote und Schikanen bei Bischofs- und Professorenernennungen. Ich halte die Arroganz der Macht, wie sie auf allen Stufen des kirchlichen Amtes tagtäglich anzutreffen ist, für eine der Todsünden der

Kirche, für ein Verhalten, das viel schwerer wiegt als etwa Verletzungen kirchlicher Gesetze wie z. B. des Zölibates. Diese Arroganz der religiösen Institution ist alltäglich, obwohl viele es nicht merken. Und die Macht ist alles andere als heilig, auch wenn man dies immer wieder vorgibt.

Die innerkirchliche Tabuisierung der Macht vergißt nicht nur die grundlegende Herrschaftskritik, zu der der Gläubige aufgrund des Jahweglaubens und des Bekenntnisses zu Christus als dem alleinigen Herrn verpflichtet ist. Sie verharmlost auch die Macht selbst, die, wie wir gesehen haben, eine wesentliche Ursache ist für das Elend, in dem heute schon die Mehrheit der Menschen leben muß, und für die erschreckenden Zukunftsperspektiven, vor denen der Planet Erde insgesamt steht. Die Lebensform, in deren Mitte der biblisch verstandene Gehorsam steht, kann dazu eine echte Alternative schaffen.

Das Milgram-Experiment

Dabei muß allerdings gleich auch darauf hingewiesen werden, daß der «Gehorsame», wenn er im landläufigen Sinn verstanden wird, den Machtinhabern höchst willkommen ist. Macht kann sich eigentlich nur dann erhalten und zur vollen Entfaltung kommen, wenn sich möglichst viele Untertanen möglichst vollständig gefügig und gehorsam zeigen. Davon lebt jede Armee und jede Diktatur! Und davon lebt auch der moderne Staat und eine ausbeuterische Wirtschaftsordnung!

Um ein Gehorsamsverständnis zurückzugewinnen, das solchem Mißbrauch entzogen ist, ist es hilfreich, sich das Milgram-Experiment (vgl. Milgram) vor Augen zu führen: Dieses Experiment fand unter folgenden Bedingungen statt: Eine Anzahl Frauen und Männer wurde über Zeitungsinserate und Briefe für ein psychologisches Experiment gesucht. Sie stellten sich also freiwillig und ohne Aussicht auf Entlohnung zur Verfügung. Das Experiment fand in einer Atmosphäre wissenschaftlicher Ernsthaftigkeit statt – in einem Labor geführt von einem Versuchsleiter usw. Die Versuchspersonen sollten «Lehrer» spielen, also einem Schüler etwas beibringen (der Schüler war in Wirklichkeit ein Schauspieler). Bei falschen Antworten – so lautete die Anweisung – sollten die Lehrer dem Schüler Elektroschocks verabreichen, und zwar anfänglich in kleinen, dann aber in sich allmählich steigernden, schließlich tödlichen Dosierungen. Dabei sei das Ziel des Experiments – so wurde dem «Lehrer» gesagt – zu überprüfen, ob Menschen unter Androhung von Bestrafung besser zu lernen in der Lage seien. Tatsächlich war das Ziel der Untersuchung aber, zu schauen, ob der «Lehrer» unter der Aufsicht einer Autorität dazu bereit war, einen anderen Menschen zu quälen oder gar zu töten. Der Versuchsleiter im weißen Kittel vertrat dabei die Autorität der Wissenschaft. Wenn moralische Hemmungen oder auch nur ein Zögern beim «Lehrer» aufkamen, die entsprechenden elektrischen Schläge zu versetzen, brachte er die «Macht» der Autorität zur Geltung, etwa mit den Worten: «Sie können jetzt nicht einfach aufhören, es kommt darauf an, daß Sie das Experiment durchführen; die Wissenschaft braucht das Ergebnis Ihres Tuns!»

Das Ergebnis des Versuchs ist niederschmetternd: Zwei Drittel der Versuchspersonen verabreichten den «Schülern» Elektroschocks in einer Dosierung bis zu 450 Volt, obgleich ihnen bekannt war, daß von 350 Volt an die Gefahr eines schweren Schocks bestand und obwohl das Opfer schrie oder auch keine Reaktion mehr zeigte. Viele «Lehrer» protestierten zwar, sie wiesen auf die Verantwortungslosigkeit ihres Tuns hin, taten aber dann doch, was die «Wissenschaft» verlangte. Dieser Hinweis war übrigens die einzige Einflußnahme des Versuchsleiters. Er sprach keine Drohungen aus und benützte kein irgendwie geartetes Druckmittel. Durch entsprechende Zusatzexperimente wurde deutlich, daß allein der Gehorsam als Motiv dieses schrecklichen Tuns zu gelten hat. Interessant ist auch, daß die Nachbetreuung der Versuchspersonen ergab, daß diese sich für ihr Tun nicht verantwortlich fühlten; sie hätten ja, wie sie sagten, nur als ausführende Organe gehandelt.

Man könnte dieses Experiment unbeachtet lassen, wenn ihm nicht eine Realität entspräche: Millionenfacher Mord geschieht auf diesem Hintergrund in den Konzentrationslagern, Gefängnissen, Folterzellen, auf den Schlachtfeldern der Welt. Ein Meer von Blut schreit wie das Blut Abels zum Himmel, und «Gehorsame» sind es, die es vergossen haben.

Auf dieser Linie kann und darf also der Gehorsam, der in diesem Buch als rettende Alternative dargestellt werden soll, nicht angesiedelt sein. Und wer solchen Gehorsam in Kirche und Gesellschaft fordert, muß wissen, was er tut. Er ist unentschuldbar schuldig am Blut Abels! Der Gehorsam im eigentlichen Sinn ist dagegen zu verstehen als Protest, Widerstand, letztlich als Freiheit. Milgram definiert das Verhalten der Versuchspersonen als «Agens-Zustand des reibungslosen Funktionierens angesichts einer Autorität». Der Gehorsame, wie er in der Bibel beschrieben wird, ist dagegen Sand im Getriebe, er hindert die Maschinerie der Macht und endet darum mitunter am Kreuz, wie an Jesus Christus deutlich wird.

Illusionsfähigkeit und Aberglaube

Vielleicht ist es überraschend, wenn ich nun zwei klassische, aber falsche «Gegenstrategien» in Abgrenzung zum biblisch verstandenen Gehorsam darstelle. Aber das Ungewohnte ist ja nicht unbedingt falsch. Dabei möchte ich zunächst nochmals darauf hinweisen, daß in unserer Zeit sozusagen alles Gegenstand des Glaubens werden kann: Unsinniges und Vernünftiges, und daß weder Wissenschaftler noch Mächtige davon ausgenommen sind, auch das Unsinnige zum Gegenstand ihrer Überzeugung werden zu lassen. Im Gegenteil: Gerade unter ihnen ist der Hang zur Illusion und zum Aberglauben besonders groß. Beides vernebelt aber den Zugang zur Wirklichkeit. Man macht sich etwas vor: Man konstruiert einen Gott, der im letzten Moment eingreifen soll wie der «Deus ex machina» der antiken Welt: von oben und gegen den Menschen; man bindet sich an angenommene innerseelische oder weltjenseitige rettende Kräfte; man glaubt an noch nicht entdeckte Ressourcen und an die Zuverlässigkeit der Technik, an die Lenkbarkeit der Natur und an die Beherrschbarkeit der Maschinen, an die Unendlichkeit und die Potenz des Geistes, an die biologische Selektion, an die doch noch mögliche Auswanderung ins Weltall; man entscheidet wichtige Staatsgeschäfte nach Befragung des Horoskops... Wie sehr Illusionen unser Dasein bestimmen, mag folgender Vergleich deutlich machen: Viele glauben an ihre Gewinnchancen bei einer Lotterie, hingegen glauben nur wenige an die Möglichkeit, daß ein Atomkraftwerk außer Kontrolle geraten könnte, obwohl in beiden Fällen die Wahrscheinlichkeit ungefähr gleich groß ist. Immer wieder kauft man sich ein Los, aber gegen das AKW bezieht man keine Position. Wir leben so im «Zeitalter des Aberglaubens im aufgeklärten Gewand», in einer Zeit, «in der die Menschen glauben, daß sie mehr wissen, als es in Wirklichkeit der Fall ist. In diesem Sinne war das zwanzigste Jahrhundert gewiß ein hervorragendes Jahrhundert des Aberglaubens, und der Grund dafür liegt in der Überschätzung dessen, was die Wissenschaft erreicht hat – nicht auf dem Feld der verhältnismäßig einfachen Phänomene, wo die Forschung in der Tat außerordentlich erfolgreich gewesen ist, sondern auf dem Gebiet komplexer Phänomene...» (F. von Hayek zit. bei Verbeek 88). Wissenschaft kann – so müssen wir bedenken – über zukünftige Entwicklungen nur weniges aussagen. Denn sie geht immer von Erfahrungen aus, und diese Erfahrungen liegen allesamt in der Vergangenheit. Noch nicht gemachte Erfahrungen, plötzliches Hereinbrechen neuer Faktoren, sprunghafte Veränderungen – all das ist im wissenschaftlichen Experiment nicht zu berücksichtigen. Wir können die Straße, die vor uns liegt, nicht im Rückspiegel sehen. Wer auf die Wissenschaft baut, gleicht darum einem Autofahrer, dessen Frontscheibe total verschmiert ist und der dennoch glaubt, er könne mit Hilfe des Rückspiegels ans Ziel kommen. Es wird nicht lange dauern, bis es kracht!

Es ist zu beobachten, daß offenbar gerade Politiker ein hohes Maß an Illusionsfähigkeit und Aberglauben zeigen. Keiner hat so sehr an die Vorsehung geglaubt wie Adolf Hitler: «Das ist das Wunder der Zeit, daß ihr mich gefunden habt... unter so vielen Millionen! Und daß ich euch gefunden habe, das ist Deutschlands Glück» (zit. bei Verbeek 85). «Ich gehe den Weg, den mir die Vorsehung vorgezeichnet hat, mit nachtwandlerischer Sicherheit» (aus dem Gedächtnis zitiert). Nun trifft das natürlich nicht auf jeden Politiker gleicherweise zu, aber wenn man genauer hinschaut, wird man bei vielen irrationales, abergläubisches und illusionäres Vorstellungsmuster entdecken. Der neue Bundesvorsitzende der FDP, Wolfgang Gerhardt, rügte so in seiner ersten großen Rede die «moralische Überheblichkeit der Grünen» und behauptete: «Wir sind die Kinder der Aufklärung!» Selbstverständlich ist es nie richtig, sich überheblich zu zeigen, schon gar nicht in moralischer Hinsicht. Aber die gerügte Überheblichkeit steckt doch auch in der Aussage über die eigene Partei! Zudem ist das Vertrauen in die Aufklärung, das heißt mit anderen Worten: in Wissenschaft und Technik, schon lange zerbrochen. Philosophen, Psychologen und viele andere Experten, die keineswegs den Grünen angehören, kennzeichnen unsere Zeit als «Zeitalter nach der Aufklärung». Da sind die Konzepte und Perspektiven, auf welche die Parteien setzen, schon lange als Illusion und Aberglaube «im aufgeklärten Gewand» entlarvt. Dennoch folgen weite Teile der Bevölkerung blind diesen politischen «Führern».

Der biblisch verstandene Gehorsam muß sich von diesen Formen des Aberglaubens und der Illusion verabschieden.

Der Hang zur Illusion besteht ja gerade darin, daß der Mensch die Wirklichkeit, wie sie nun einmal ist, nicht wahrhaben, nicht vernehmen will; der Gehorsame jedoch läßt sich gerade von der Wirklichkeit bestimmen und innerlich verändern, er nimmt die Wirklichkeit an und verhält sich ihr entsprechend. Der Aberglaube sieht Zusammenhänge, wo es keine gibt, Sinngehalte, die keiner Wirklichkeit entsprechen, Hoffnungen, die sich als Täuschungen erweisen werden. Der Gehorsam dagegen entdeckt die objektiven Strukturen der Wirklichkeit, öffnet sich illusionslos den wahren Zusammenhängen. Gehorsam ist darum die kritische Auseinandersetzung, die objektive Wahrnehmung, gefeit gegenüber Verführung und Machtansprüchen. Gehorsam in diesem Sinne wäre also das Verhalten, das primär Männer und Frauen kennzeichnen sollte, die zu einer Führungsaufgabe berufen sind.

Selbstverständlich sind die Illusionsfähigkeit und der Aberglaube etwas anderes als utopische und visionäre Perspektiven. Diese signalisieren positive Zielvorstellungen, die sich ein Mensch setzt, um die Gesellschaft einer besseren Zukunft entgegenzuführen. Jene aber vernebeln die Gegenwart und blenden die konkreten Gefahren, die in ihr liegen, aus.

Informationsfülle

Wissen ist Macht, hört man immer wieder. Eine besondere Form des Wissens ist die Information. Es ist mittlerweile deutlich, daß es große Machtkonzentrationen im Bereich der Information gibt. Wenige Menschen beherrschen viele andere Menschen über das Fernsehen: Murdok, Kirch, Berlusconi sind nur einige Namen, die für diesen Zusammenhang stehen. G. Wisnewski spricht auf diesem Hintergrund schon von einer Fernsehdiktatur.

Weiterhin: die Fülle der Informationen, die heute auf uns eindringen, ist ein eigenes Problem. Die Fragen werden immer komplexer, die Welt immer komplizierter, die Informationen immer unübersichtlicher. Die Menschen in einer Gemeinde, in der Gesellschaft wissen kaum mehr, wie sie sich orientieren und wie sie entscheiden können. Unzählig sind die Antworten, Expertenaussagen, Stellungnahmen, die sich zu allem Überfluß dann auch noch widersprechen. Viele sind darum geneigt, die Ohren zu schließen und sich jeder Information zu verweigern.

Gerade hieran wird nochmals deutlich, was Gehorsam im biblischen Sinn bedeuten könnte: das hellhörige Erspüren der Wahrheit hinter der Fülle von Informationen, das Durchschauen der Verführungskünste der Medienzaren, das gegenseitige Verwiesensein aufeinander, um Informationen auszutauschen, zu prüfen, zu verarbeiten. Eine Gemeinschaft könnte sich berufen fühlen, sich als Orientierungsort und Informationsverarbeitungsgemeinschaft verstehen zu lernen.

Die Rettung: der «homo humilis» – der demütige Mensch

Worin besteht nun aber die rettende Alternative des Gehorsams genau und im einzelnen? Ich möchte mich – auf diese Frage antwortend – schrittweise dem Modell des «homo humilis», des demütigen Menschen annähern, in dem ich die alternative Lebensweise des «Gehorsams» verkörpert sehe.

Der Mensch – ein hoffnungslos egoistisches Wesen?

Allerdings kann ich nicht verschweigen, daß in naturwissenschaftlichen Kreisen dem nachstehenden Versuch mit Argwohn begegnet wird. Man ist hier häufig der Meinung, daß der Mensch ein unverbesserliches Machtwesen ist und daß darum der Schwächere immer unterliegen muß. Deswegen sei es realistischer, sagt man, mit dem grundlegenden

Machtstreben des Menschen zu rechnen. Man müsse ihn darauf aufmerksam machen, daß er nur überleben könne, wenn er seine eigenen Machtinteressen mit den Machtinteressen anderer verbindet. Aus egoistischen Gründen müsse der Mensch mit anderen zusammenarbeiten. Nicht die Moral oder die Religion könnten ihm helfen, sondern nur das eigene egoistische Streben. Und Tatsache ist ja auch, daß die Natur und die Geschichte immer wieder beweisen, daß Veränderungen nur eintreten und durchzusetzen sind, wenn Menschen erkennen, daß sie ihnen nützen und daß sie selbst einen Vorteil daraus ziehen. Darum scheint es wichtig, daß der Druck der Bedrohung noch mehr zunimmt, so daß man letztlich aus Liebe zu sich selbst sich gezwungen sieht, auf dieses und jenes zu verzichten und dies oder jenes zu verändern. Selbstlosigkeit und Nächstenliebe, das Sich-Einfügen in einen übergeordneten Lebensverbund ohne egoistische Motive, scheinen eher Seltenheitswert zu haben. Dennoch meine ich, daß wir die Hoffnung auf eine neue Moral und auf einen neuen Menschen nicht so schnell aufgeben sollten.

Die Macht neu definieren?

So wird ja bereits in einigen theoretischen Zusammenhängen versucht, der Macht ihren dämonischen Charakter zu nehmen, indem man sie neu definiert und mit einer geläuterten inneren Haltung durchwirkt.

Vor allem in feministischen Kreisen will man zwischen «Gewalt» und «Macht» unterscheiden. Gewalt beinhaltet dabei die Einschränkung der Freiheit: Wer Gewalt erleidet, kann sich nur beschränkt wehren. Macht dagegen hebt die Freiheit dessen, der der Macht ausgesetzt ist, nicht auf. Er hat immer noch die Möglichkeit, sich zwischen Gehorsam und Ungehorsam zu entscheiden. Manipulation gehört eigentlich dem Phänomen Gewalt an, nicht der Macht. Sie wird gerade dann angewendet, wenn jemand die Macht verloren hat bzw. Angst hat, sie zu verlieren. So hilfreich eine solche Unterscheidung ist, muß man sich dennoch fragen, ob hier die Macht selbst nicht verharmlost wird. «Was uns so zerstört, ist das Ringen um die Macht», sagt zum Beispiel der Psychoanalytiker A. Gruen. Nebenbei kann ich hier die Definition des Patriarchates in Erinnerung rufen, wie sie sich aus der Unterscheidung von Gewalt und Macht ergibt: Das Patriarchat ist das «System der Gewalt, in dem das Recht des Stärkeren körperlich, intellektuell und ökonomisch Gesetz ist» (H. Mabry in einer Diskussion im Anschluß an eine Vorlesung, welche ich an der Universität München hielt).

Reinhold Schneider hat sich Zeit seines Lebens, vor allem aber nach den bösen Erfahrungen der nationalsozialistischen Zeit, mit dem Thema «Macht» auseinandergesetzt. Immer wieder stellt er Heilige Herrschern gegenüber, um dem Thema «Religion und Macht» bzw. «Macht und Gnade» nachzuspüren. Eines der Werke, das sich damit beschäftigt, steht mir besonders nahe: «Innozenz und Franziskus». Innozenz III., der mächtigste Papstkaiser, der über Könige und Reiche gebot, auf der einen Seite, und auf der anderen: Franz von Assisi, der keinerlei Waffen haben, sondern nur die Logik der Liebe leben wollte. Knisternde Spannung zwischen beiden, ein Stoff von großer dramatischer Kraft. R. Schneider bringt sämtliche Brennpunkte des politischen Lebens, alle mächtigen Könige, Grafen, Bischöfe... und auch alle geistlichen Strömungen der Zeit auf die Bühne. «Wo dein Wille ist, da muß Macht sein, wo Heiliges, Glanz. Ist nicht gesagt, daß die Heiligen herrschen werden auf Erden...», sagt Innozenz an einer Stelle. Und gleich darauf tritt dann Franziskus auf, der dem Papst sagt: «Der Arme kann Licht werden, wenn er brennt vom Wort». Diese Begegnung bringt den Papst zur Erkenntnis, daß Christus alle Macht aufgezehrt und an sich gezogen hätte, und daß darum jeder Machtentfaltung der Boden entzogen ist. Trotzdem zieht Innozenz die Konsequenzen nicht, er bleibt der Logik der Macht verpflichtet. So läßt er ganze

Städte, die von Albigensern bewohnt werden – einer bestimmten Glaubensrichtung, die gegen die Kirche gerichtet war – in Südfrankreich in Brand stecken. In einer Erscheinung hört er dann eine der verbrannten Seelen sagen: «Meinst du, die Flammen hätten die Irrlehre widerlegt? Denk an Lavour und Béziers, wo ihr Frauen und Kinder in Kirchen verbrannt habt. Ihr habt wortwörtlich bewiesen, daß die Kirche die Hölle ist.» Ganz am Schluß, als der Papst stirbt, begegnet ihm noch einmal Franziskus. Er sagt: «Der Kreis deiner Gewalt ist ausgefüllt.» Und der Papst erkennt im stigmatisierten Franziskus, daß seine Logik der Macht ein Irrtum war. Ein großartiges zeitgeschichtliches Gemälde! Mehr noch: ein theologisches Drama über die Logik des Evangeliums und die falsche Logik der Macht. Die gleiche Polarität zeigt sich in einem berühmten Gebet, das oft, freilich auch mit falschen Deutungen, zitiert wird:

Allein den Betern kann es noch gelingen,
Das Schwert ob unsern Häuptern aufzuhalten
Und diese Welt den richtenden Gewalten
Durch ein geheiligt Leben abzuringen.

Denn Täter werden nie den Himmel zwingen:
Was sie vereinen, wird sich wieder spalten,
Was sie erneuern, über Nacht veralten,
Und was sie stiften, Not und Unheil bringen.

Jetzt ist die Zeit, da sich das Heil verbirgt,
Und Menschenhochmut auf dem Markte feiert,
Indes im Dom die Beter sich verhüllen.

Bis Gott aus unsern Opfern Segen wirkt,
Und in den Tiefen, die kein Aug' entschleiert,
Die trocknen Brunnen sich mit Leben füllen.

Um dieses Gedicht recht zu verstehen, muß man die extrem dämonische Situation vor Augen haben, die der Dichter anspricht: Die Macht der Täter ist im nationalsozialistischen System so in die Irre gegangen, daß alles hoffnungslos vergeblich ist, was jemand aus der eigenen Kraft heraus zu tun versuchen könnte. Nur die Beter, die Menschen, welche durchlässig geworden sind für eine andere Macht, können noch Veränderung schaffen. Daraus darf man freilich nicht ableiten, daß die Beter die Hand in den Schoß legen und abwarten sollten, bis Gott handelt. Der Beter wird zum neuen Täter! Auf jeden Fall darf man, meint R. Schneider, die Politik, mit anderen Worten: die Macht, nicht einfach den anderen überlassen. Das wird auch deutlich in einem berühmten Dialog, den R. Schneider in die Zeit des Zaren Nikolaus I. verlegt. Er handelt zwischen einem, der sich entschlossen hat, sich in die Einsamkeit der Wälder zurückzuziehen, und einem anderen, der sich berufen fühlt, in der Politik zu wirken. Deutlich tritt hervor, wie beide aufeinander verwiesen sind.

Stefan, der sich zurückziehen will, sagt: «Ich gehe nicht, um zu nehmen, sondern um zu geben. Nur will ich Besseres geben als zuvor. Und sofern wir heute nicht um das Äußerste ringen, wovon soll dann morgen das Volk zehren, wenn es – was der Herr nicht wolle – dorthin gelangen sollte, wo wir einst waren? Aber ich werde gewiß verloren sein, wenn mir die Beter nicht beistehen. Unser Irrweg war ohne Beispiel, und das Furchtbare ist, daß er so offen daliegt wie ein falsches Buch und daß wir die Menschen nicht hindern können, ihn zu gehen. Vielleicht müßte auch die Sühne ohne Beispiel sein. Ich bin auf weiten, mühevollen Wegen durch die Ebene gewandert; nun erst habe ich den Fuß des Berges erreicht, und ich stehe dort, wo ich mit frischen Kräften hätte beginnen müssen.»

Paul, der Politiker, antwortet: «Ich möchte dir folgen, wüßte ich nur, ob dein Weg auch der meine ist. *Aber wir haben denselben Beruf: Gottes Reich zu verbreiten auf der Erde; die Verbreitung dieses Reiches und der Kampf darum ist der einzige Inhalt der Geschichte, die wir so lange nicht verstanden haben.* In ihm hat ein jedes Volk seine Aufgabe; für diese Aufgabe muß es sich opfern. Es gibt keinen Ort und keine Stunde, wo dieser Kampf nicht geführt werden muß. *Ich will meinen Posten zu halten suchen, damit er nicht dem Bösen zufalle.*»

Darauf Stefan: «Die Männer, die vor zwanzig oder dreißig Jahren sich in den Wäldern verloren, werden heute wieder sichtbar, ohne ihr Zutun, nur weil sie sich in der furchtbaren Einsamkeit ein reines Herz und einen starken Glauben erworben haben. *Das Reine leuchtet und sammelt die Menschen um sich aus eigener Kraft, nicht aus der Kraft der Welt.* Und wenn es mehreren gelänge, rein zu werden, so wüßten wir, daß Gott die Welt noch nicht verworfen hat, sosehr sie es auch verdient. Aber wenn wieder zwanzig oder dreißig Jahre um sein werden, so müssen andere sichtbar werden und leben mit den weit verstreuten, suchenden Seelen und ihr Leid tragen und ihnen helfen und sie beraten. Wieder andere treten in die Wälder ein und verlieren sich auf immer; und vielleicht müssen viele sich verlieren, damit jene wenigen einmal aufleuchten in der grauenvollen Nacht, die sich die Menschen auf Gottes Erde bereitet haben.»

Paul: «Vielleicht müssen sich viele andere unter den Menschen verlieren wie die Einsamen in den Wäldern. Der geringste Widerschein des ewigen Lichtes kann ein Herz verwandeln. *Darauf allein kommt es an, daß wir von Christus ergriffen werden.*»

Stefan: «Er ist die ewige Gegenwart über der Geschichte. Doch wir kennen Gottes Willen nicht. Vielleicht sendet er Vorposten an den Weg, den ein Volk einmal auf seiner Wanderung beschreiten wird. Die den Befehl zu hören glauben, müssen gehen» (Macht und Gnade, 172 ff.).

Sowohl die Differenzierung in «Gewalt» und «Macht» wie dieses «die Macht nicht dem Bösen überlassen» macht aber nochmals eine Besinnung auf die Bibel notwendig. Diese gibt diesbezüglich noch vieles her, was bisher noch kaum beachtet wurde (vgl. Schroer). Wer kein fest umrissenes Vorverständnis von «Macht» in die Bibel hineinträgt, wird sofort feststellen, daß Macht dort identisch ist mit «Lebensmacht», mit innerer «Ermächtigung», mit «Authentizität». Wo Jesus «mit Macht auftritt», «mit Vollmacht», «wie einer der Vollmacht hat», da werden die Leute von ihrer Schuld befreit, verlieren ihre Krankheit, ihre Lähmung, alles, was «böse» und «schlecht» , lebenshinderlich ist. Macht im biblischen Sinne ist Liebesmacht, nicht Allmacht! Das biblische Machtverständnis unterscheidet sich also grundsätzlich von der korrumpierenden Macht, von der bisher meistens die Rede war.

Die Selbsteingrenzung Gottes

Schon mehrfach habe ich in diesem Buch auf die «Kenosis» Gottes hingewiesen. Gerade diese Selbstentäußerung Gottes ist eine revolutionäre Neuinterpretation seines Wesens.

Gott will sich von Jesus her überhaupt nicht mehr als «Machtfaktor» verstanden wissen. Gott grenzt sich ein, ist demütig, erscheint im puren Gegenteil von Macht, in der Ohnmacht eines gekreuzigten Menschen und bei denen, die gesellschaftlich am Rande stehen. Zwar wird auch neutestamentlich vom «allmächtigen» Gott gesprochen, aber ganz offensichtlich ist damit etwas anderes gemeint: das Vermögen der Liebe, sich völlig hinzugeben, den Tod und so die Gottlosigkeit an sich zu ziehen, die Ohnmacht auf sich zu nehmen und durch sie hindurch neues Leben zu schaffen.

Vom ohnmächtigen und demütigen Gott zu reden, ist für die Zukunft der Welt wichtig. Von daher läßt sich auch nicht in Kategorien des Rechtes und der Macht von der Wahrheit sprechen. Religion kann sich darum nie mit Mitteln der Macht durchsetzen wollen. In dem Maße, wie sie das tut, pervertiert sie. Wenn sich Religion jedoch auf der Linie völliger Machtlosigkeit verstehen lernt, dann wird sie etwas beitragen können für die Zukunft des Menschen.

Nochmals anders gewendet: Gott ist demütig, «humilis», der Erde nahe. Und nur der Erdnahe, der Mensch, der der Erde verbunden, treu und gehorsam bleibt, ist der neue Mystiker, der Gotterfahrene. Ich wage es, in diesem Zusammenhang von einem «Mem» zu sprechen, wie das B. Verbeek im Anschluß an R. Dawkins tut. «Mit Memen meint er Ideen, Gedanken, jedenfalls allein materiell nicht beschreibbares, an Gehirne gebundenes Informationsgut, welches sich ausbreiten, modifizieren, rekombinieren, weiterentwickeln und auch wieder aussterben kann, wenn es nicht die nötigen Lebensbedingungen findet bzw. nicht die nötige Vitalität in der aktuellen Umwelt beweist. Beispiele gibt es genug, daß Gedanken, die in die kulturelle Evolutionslandschaft ihrer Zeit nicht hineinpaßten, nicht zur Kenntnis genommen wurden. *Nicht der Wahrheitsgehalt, sondern die faktische Akzeptanz durch den berühmten Zeitgeist ist das Selektionskriterium.* Es kommt vermutlich sehr oft vor, daß Meme von hohem Wahrheitsgehalt und hoher Entwicklungsstufe wieder untergehen, wie das einem atmenden Tier in der reduzierenden Uratmosphäre passiert wäre. Bekannt sind uns übrigens nur die Beispiele, bei denen die Meme auf einer Art ‹Membank›, also normalerweise durch schriftliche Aufzeichnung, ‹fossiliert› waren. Sie konnten dann in einem für sie günstigeren Klima wieder reaktiviert oder völlig neu entwickelt werden» (Verbeek 221).

Das «Mem» vom demütigen und gehorsamen Gott gehört, theologisch gesehen, zu diesen «fossilierten» Gedanken. Seit 2000 Jahren liegt es auf der «Membank», aber nur ganz wenige – zum Beispiel Franz von Assisi – ließen sich davon leiten, indem sie es zu ihrem Lebensinhalt machten. Jetzt aber, angesichts der Bedrohungen unserer Tage, muß es zum Durchbruch und zur Entfaltung kommen. Jeder Mensch kann und muß vom Pferd der Macht heruntersteigen, um Gott, das Leben, die Zukunft zu finden. Erst recht kann und muß sich derjenige, der zu einem Amt in Gesellschaft und Kirche berufen oder erwählt ist, von diesem

«Mem» leiten lassen! Dieses «Mem» könnte die Evolution des Menschen in eine positive Richtung lenken und unseren Planeten retten.

Der homo humilis

Die Evolution kennt, wie wir wissen, ja verschiedene Menschwerdungsstufen:

Da unterscheidet man zuerst den «homo habilis», den «Menschen», der die Fähigkeit hat, sich mit besonderen Geschicklichkeiten in der Natur zu bewegen und z. B. geplant Werkzeuge zu benutzen. Es folgt der «homo erectus», der «Mensch», der sich aufrichtet und mit einem aufrechten Gang durch die Welt zieht. Schließlich sieht man den «homo sapiens», das Wesen, zu dem wir heutigen Menschen gehören, das mit Vernunft begabt und zu allem, eben auch zur Vernichtung, fähig ist. Dabei ist vielleicht schon diese Benennung ein Mißverständnis, denn das Wort «sapere» meint das Verkosten des Guten. «Vieles wissen und nichts kosten, was nützt das», sagt der heilige Bonaventura und setzt damit die Akzente richtig, denn man verstand das «sapiens» nicht so, sondern im Sinne von Wissenwollen und Machtgewinnen.

Warum aber soll der «homo sapiens» in diesem Sinn die letzte Stufe der Evolution sein? Eine weitere Stufe ist möglich, der «homo humilis», weil das «Mem» des demütigen Gottes schon lange in uns ist und uns zur Nachfolge drängt. Nichts weniger als diesen «homo humilis», den demütigen Menschen von morgen, möchten jene Brüder und Schwestern verwirklichen und repräsentieren, die sich dem biblischen Gehorsamsverständnis verbunden wissen.

Dieser «homo humilis» unterscheidet sich noch um einige Aspekte vom «homo oecologicus» (E. Meinberg), der heute z. T. als Vision gezeichnet wird. Für sein Verständnis ist vor allem die biblische Adamtheologie maßgebend: Der Mensch ist der Von-der-Erde-genommene, der

Irdene mit dem göttlichen Atem. Diese Sicht des Menschen verbirgt sich auch im Wort «humilis», das wir im Deutschen mit «demütig» übersetzen können. Gemeint ist damit im eigentlichen Sinne aber die Herkunft des Menschen aus dem «Humus», und das Wort deutet an, daß sich der Mensch nur dann verwirklicht, wenn er eingebettet bleibt in den Humus der Erde.

Man könnte diesen Menschen auch als «homo oboediens» bezeichnen: als gehorsamen Menschen! Dieser Mensch lebt aus den Impulsen, die ihm aus der Erde entgegenkommen, aus seinem eigenen Inneren, aus dem Inneren der anderen Menschen, aus allen Wesen – letztlich aus dem Geheimnis Gottes, der in die Wirklichkeit der Erde eingegangen ist. Der Gehorsame folgt also nicht einem egoistischen und egozentrischen Machtstreben, sondern vernimmt grundsätzlich den göttlichen und lebensorientierten Ruf, der ihm aus der Schöpfung entgegenkommt. Er verbindet sich mit anderen Menschen, die auch diesem Impuls folgen wollen, zu einer neuen Verbundenheit im Leben.

Ordensgemeinschaften sollten darum dem Impuls des Lebens verpflichtet sein. Sie sollten von daher übersichtliche, bergende Lebensgemeinschaften sein, in denen Menschen wirklich ein Zuhause erleben und in denen sie keine Angst voreinander zu haben brauchen. Dazu müssen sie eine neue Gesprächskultur entwickeln, in der jeder und jede seine Meinung sagen kann und in der man aufeinander hört. Das setzt natürlich voraus, daß diese neue Gesprächskultur dem heutigen Pluralismus angepaßt ist. Gegenseitiges Aufeinander-hören, Einander-gelten-lassen, Aufeinanderzugehen, Miteinander-streiten-können, Konflikte-austragen-können – das sind die Elemente einer solchen Gesprächskultur. Um eine Sache streiten ist nichts Abnormales, sondern ist heute der Normalfall! Entscheidend jedoch ist, daß im Geist der «humilitas» und des Gehorsams gestritten wird.

Es wird nie mehr eine Welt geben, in der man geschlossen einer Meinung ist. In einer solchen Zeit bekommt die Kunst der «Mäeutik» des Philosophen Sokrates von neuem eine Bedeutung. Es geht darum, sich in der Hebammenkunst zu üben, daß wir einander «Hebammen» sind, Geburtshelfer des Lebens. Das Amt des Obern, der Oberin, der Verantwortungsträger überall und auf allen Ebenen ist das der «Hebamme».

Es ist doch bezeichnend, daß derjenige, von dem ich gesagt habe, daß er etwas vom demütigen Gott und sich auf diesen Gott berufenden demütigen Menschen verstanden hat, Franz von Assisi, alle Amtsbezeichnungen abgelehnt hat, die mit einer Vorstellung von Macht verbunden waren. «Knecht», «Diener», «Hüter», «Mutter» – das waren seine bevorzugten Funktionsbezeichnungen, und er benutzte diese Worte nicht nur als Hülsen, sondern lebte sie in seinem konkreten Verhalten, das jede Herrschaft und Macht ausschloß.

Mir selbst ist die Vorstellung, quasi als «Hebamme» tätig zu sein, liebgeworden. Ich erlebe das als Priester. Ich versuche in meinem Zusammenleben und Zusammenwirken mit verschiedenen Gruppen, die ich über Jahre hinweg begleite, diese Hebammenkunst zu üben und verstehe meine priesterliche Funktion als Hebammendienst, indem ich mich zurücknehme und feststelle: «Es ist im Grunde alles in euch drin, in euren Herzen, in euren Seelen. In der Tiefe eurer Persönlichkeit ist so viel vorhanden an Licht, an Leben, an schöpferischen Kräften. Das alles wartet eigentlich nur darauf, bis jemand kommt und dieser Tiefe hilft, das Licht der Welt zu erblicken.» Ich bin in den letzten Jahren sehr bereichert worden durch Menschen, welche sich selbst zeigen, offenbaren konnten, weil ich mich ihnen gegenüber wie ein Geburtshelfer verhielt und sie nicht mit meiner eigenen Idee bedrängte. Da ist so viel in den einzelnen Menschen, so viel an Kraft, an Leben, und alles wartet darauf, geboren zu werden. Ich muß – im Bild gesprochen – darum nicht mehr mein eigenes Kind auf die Welt bringen, sondern darf das Kind der anderen gebären helfen. In diesen Gruppen, in denen ich tätig bin, gibt es Menschen, Frauen vor allem, die jetzt selbstbewußt auftreten und reden können. Vor zwei, drei Jahren hatten sie noch solche Minderwertigkeitsgefühle, daß sie sich nicht trauten, sich zu äußern; inzwischen wissen sie, wer sie sind und können auftreten. Das ist für mich eine große Freude, daß Menschen befreit wurden zu sich selbst.

In einer Ordensgemeinschaft könnten solche Befreiungserlebnisse tägliche Erfahrung und tägliches Bemühen werden. Eine Chance könnten die Orden gerade in der Ausbildung einer alternativen Gemeinschaft haben: Sie könnten eine Alternative sein, nicht nur zur Gesellschaft als solcher, zu Gemeinden und politischen Organisationen in der Welt, sondern auch zu den religiösen Angeboten der Sekten und der Esoterik, die weitgehend nur darin bestehen, daß man den Leuten etwas überstülpt, aber ihnen nicht hilft, das eigene Leben zu gestalten. In esoterischen, fundamentalistischen und sektiererischen Gruppen wird oft nicht nur die Vernunft unterdrückt, sondern das Leben selbst erstickt; die einzelne Persönlichkeit wird oft teilweise, wenn nicht ganz zerstört. Gerade darum ist es eine Hoffnung der Menschen, sich in alternativen Lebenszusammenhängen erlösen zu lassen von den unheilvollen Mechanismen der Macht!

Zur sozialen Bedeutsamkeit der Jungfräulichkeit

Die Gottesfrage entscheidet sich, so wurde im Vorausgegangenen immer wieder deutlich, an ökonomischen (Armut) und politischen (Gehorsam) Fragen. Es bleibt hinzuzufügen: Sie entscheidet sich auch an sozialen Fragen!

Eigentlich ist ja, wie einsichtig sein dürfte, die soziale Frage schon immer der gemeinsame Hintergrund der beiden anderen Räte. Die Armut erweist sich als die evangelische Alternative zu einer Ökonomie der Geldvermehrung, anders gesagt: zur Gier und zur Habsucht, zum Haben- und Besitzenwollen. Der Gehorsam hinwiederum zeigt sich als Alternative zu einer politischen Ordnung, die sich durch Macht und Herrschaft definiert. Beides mündet nun notwendigerweise ein in die Jungfräulichkeit, die die Armut und den Gehorsam bis in die geschlechtliche Differenz hineinträgt. So offenbart sich die Jungfräulichkeit als Alternative zu einem sexuellen Machtverhalten, das sich durch Gier und Besitzenwollen bestimmen läßt. Dies gilt es, wenigstens in einigen Punkten deutlicher zu machen.

Sexualität und Gott

Zunächst gilt es, nochmals zu betonen, daß mit «Jungfräulichkeit» im Kontext der Evangelischen Räte primär die personale und intim-mystische Gottesbeziehung des Menschen gemeint ist. Da ich diese Dimension in diesem Nachspiel, in dem es um die Zeichen der Zeit geht, bereits behandelt habe (vgl. das erste Kapitel dieses Teils), kann ich mich hier auf die soziale Polarität von Mann und Frau bzw. auf die geschlechtliche Differenz beschränken. Im religiösen Umfeld betrachtet gibt es auch bezüglich dieser Polarität Entwicklungen, die nicht ohne Rückwirkungen darauf sein können, wie der «jungfräuliche» Mensch seine Sexualität erlebt und gestaltet.

Die vergangenen Jahrhunderte waren mehr oder weniger

durch einen Dualismus geprägt, in dem die Sexualität zur negativen Seite der Wirklichkeit gehörte. Sie war nicht nur ein Hindernis, Gott zu begegnen, sondern geradezu der Ausdruck der Sünde und des Bösen. Ganz selbstverständlich mußte sich darum der Mensch, der sein Leben auf Gott setzte, von der Sexualität distanzieren. Mehr noch: Er mußte sie mit allen Mitteln und um nahezu jeden Preis bekämpfen wie den Teufel selbst. Ich erinnere an die Versuchungen des heiligen Antonius von Ägypten bzw. an die Art und Weise, wie diese in der Kunst dargestellt wurden. Auch Hieronymus Bosch zum Beispiel gab dem Teufel weibliche Geschlechtsmerkmale.

Der Dualismus hat dabei durchaus einen verstehbaren Ansatz in der Erfahrung des Mannes bzw. der Frau. Was ist es denn, was da aus dem Innersten des Menschen so gewaltsam hochkommen will und immer wieder unerwartet und oft ungewollt aufbricht? Sexualität wird erfahren als unbändige Kraft, die wie ein ungezähmtes Pferd sich kaum zügeln läßt und dem Willen und dem Verstehen immer wieder davongaloppiert. Viele erlebten und erleben diese Kraft als existentielle, eben ganz persönliche Bedrohung. Sie verweisen dann auf die chaotischen und zerstörerischen Wirkungen, die von der Sexualität ausgehen: auf König David, der Batseba «haben» will und darum ihren Gatten Urias tötet, und auf alle Not und den vielfältigen Tod, der auf eine chaotische Sexualität zurückzuführen ist. Was also ist zu tun, muß man sich fragen, damit diese Gewalt nicht durchbricht? Der Dualismus beantwortet diese Frage mit der teuflischen Herkunft der Sexualität und muß darum von «Abtötung» reden. «Aus der Sexualität ausziehen!» ist sein Motto.

Heute sind wir Zeugen eines Wandels. Erotik und Sexualität werden nicht mehr von vornherein als negative Kräfte verstanden, sondern erhalten eine theologische Wertigkeit, die nicht ohne Folgen sein kann für den Rat der «Jungfräulichkeit». So sagt K. Rahner: «Eros ist eine tiefgreifende Offenheit der menschlichen Person und das innerste Verlangen, das den Menschen fähig macht, die unverdiente Liebe Gottes festlich zu empfangen.» Und B. Stoeckle, der Rahner zitiert, führt hinzu: «Ohne Einbeziehung des Eros in die Agape würde christliche Frömmigkeit unbedingt Schaden nehmen, ja sogar verkümmern. Insofern vermag die Aufnahme des Eros in die christliche Spiritualität einem ‹supranaturalistischen› Verständnis des Übernatürlichen entgegenzuwirken und dazu verhelfen, daß Gottes- und Nächstenliebe menschlich verstehbar und vollziehbar bleiben» (zit. bei Schütz 334f.).

Auch die Sexualität muß als positive Kraft in die Spiritualität bzw. die Gottesliebe einbezogen werden. Daß dies gelingen kann, läßt sich schon von der Erfahrung her belegen. Immer wieder treffe ich im persönlichen Gespräch, in der Beichte und im Sprechzimmer, Menschen, die betonen, daß sie nach einer sexuellen Begegnung mit einem Partner besser beten können. Sie sagen das selbst dann, wenn diese Begegnung außerhalb der Moralvorstellungen der offiziellen Kirche steht. Die vollzogene Sexualität ist für viele nicht nur zur Voraussetzung einer intensiveren Gottesbeziehung geworden, sondern auch zum heiligen Dornbusch, aus dem heraus Gott sie unbedingt und erst recht anspricht. Nicht nur Romane binden dabei Bekehrungserlebnisse oft an erlebte Sexualität, sondern auch Biographien. So wird die Atheistin Dorothy Day nach dem Erlebnis von Sexualität, Empfängnis und Schwangerschaft eine glühende Gotteszeugin und Friedensprophetin. Und in einer mir während der Arbeiten an diesem Kapitel zugegangenen Hochzeitsanzeige heißt es:

Matutin
küß mich mit dem Kuß
deines Mundes Hauch
öffnet die Ikonostase
zwischen den Lippen

eine Welt streifen wir
den Morgen mit der Stirn
des Tages aus Licht
und Beginnen die Vogelstimmen
in der Stille
mit dem Kuß im Erwachen
küß mich mit dem Kuß
(Marquart-Spitzlei)

Matutin ist die Gebetszeit des Mönches – der Morgenkuß also Gottesbegegnung. Und die Ikonostase, die Wand mit den Bildern, die Gott vergegenwärtigen, ist zwischen den Lippen aufgerichtet – der Kuß wird zur Anbetung des gegenwärtigen Gottes! Der Autor, von dem dieses Gedicht vermutlich stammt, kennt sich, wie ich weiß, in der mittelalterlichen Brautmystik aus. Sie bewegt sich in den gleichen Sprachbildern, nur ist hier Bild und Sprache in der sexuellen Erfahrung Wahrheit und Wirklichkeit.

Wie weit man heute in der positiven Beurteilung von Sexualität gehen kann, zeigt das Buch der Theologin H. M. Emmermann, die nach Quittierung des kirchlichen Dienstes zeitweilig als Prostituierte arbeitete. Wenn sich ihr Werk auch auf weiten Strecken als bloße Pornographie erweist, so ist es unter anderer Hinsicht doch ein beachtenswertes Buch. Es entlarvt die Scheinheiligkeit der bürgerlichen Gesellschaft und auch der Vertreter der Kirche, und es enthält ungewohnte theologische Gedanken. So heißt es in der Einleitung: «Ich glaube an Gott und sein Fleisch. An Gott, dessen Ebenbild ich bin, dessen Partner, dessen Geschöpf, also auch dessen Fleisch.... Ich glaube an Gott, der mir meine Liebe, meine Leidenschaften, meine Abhängigkeiten gibt, die ich nicht tragen will wie ein Kreuz, sondern annehmen wie einen Auftrag. Ich will mich nicht herumdrücken, will nichts in den psychischen Abgrund, ins moralistische Schattenreich verbannen, ich will meine Leidenschaften leben, sie austragen, ertragen. ‹Stark wie der Tod ist die Liebe, die Leidenschaft ist hart wie die Unterwelt. Ihre Gluten sind Feuergluten, gewaltige Flammen›, heißt es schon im Alten Testament, im Hohelied (8,6). Dem will ich mich stellen. Denn wenn ich davon ausgehe, daß alles, aber auch alles, was ich bin und habe, von Gott kommt, dann habe ich kein Recht, ängstlich etwas zu verdrängen, zu verbannen. Im Gegenteil: In meinen Leidenschaften spüre ich Gottes Faust, hier fordert ER mich ganz ein, ohne Kompromiß. Hier muß ich Stellung beziehen, wach werden, erwachsen werden, handeln, selber die Verantwortung übernehmen, mich nicht verstecken hinter strukturellen Vorschriften. Denn Gott ist nicht so klein, daß er sich nur in menschlichen Strukturen aufhält. Gott ist all-umfassend, kata holos. Nur wenn ich mich nicht meinen Ängsten, meinen Wahrheiten stelle, die ich manchmal als Abgründe empfinde, wenn ich lau bin, wird alles Gelebte falsch, abartig, krank. Aber ich will heiß sein, und ich will kalt sein, und ich will leben in der Gewißheit, daß nichts uns scheiden kann von der Liebe Christi. ‹Denn ich bin gewiß: Weder Tod noch Leben, weder Engel noch Mächte, weder Gegenwärtiges noch Zukünftiges, weder Gewalten der Höhe oder Tiefe noch irgendeine andere Kreatur können uns scheiden von der Liebe Gottes, die in Christus Jesus ist, unserem Herrn› (Röm 8,38,39) (9f.).»

Die Sexualität erweist sich heute so nicht mehr als unüberbrückbarer Gegensatz zu Gott. Im Gegenteil: Die Gefahr ihrer Verabsolutierung und «Vergöttlichung» – ich möchte ausdrücklich betonen, daß ich diese Gefahr nicht auf die beiden Textbeispiele beziehe! – ist viel größer. Zwar muß sich eine solche Vergötzung nicht notwendig in religiösen Kategorien ausdrücken, es genügt, Sexualität vom religiösen Horizont abzulösen und in ihr aufzugehen. Wo Sexualität nicht mehr Sakrament ist, glückliche Erfahrung des Unaussprechlichen, am eigenen Fleisch erlebter Hinweis des Unbegreiflichen, die erfahrene Präsenz dessen, der alles übersteigt und allem innewohnt, da ist sie bereits grundlegend verkannt, nicht bei sich selbst, nur ein Abklatsch dessen, was sie sein könnte.

Angesichts dieser Gefahr gibt es neben der Ehe, die sich in der sexuellen Erfahrung vollzieht und diese als Vergegenwärtigung des liebenden Gottes versteht und feiert, auch jene Berufung, die das alles übersteigende und in nichts aufzulösende Geheimnis Gottes ausdrücklich bezeugt: die freiwillige Ehelosigkeit, die den Platz offen hält für den, der erst am Ende der Geschichte ganz und gar da ist.

Mannsein und Frausein

Daß die geschlechtliche Differenz ebenso zur Schöpfungsordnung gehört wie das gegenseitige Verwiesensein von Mann und Frau aufeinander, wurde bereits früher gesagt.

Nun muß man aber auch da auf Entwicklungen in der Theologie hinweisen. Bisher war es ja so, daß die geschlechtliche Differenz kaum ins Bewußtsein der Theologie trat. Abälard, der geniale Gelehrte des 12. Jahrhunderts, gründete eine Frauengemeinschaft und schrieb für sie eine Regel. Er hatte nur vergessen, wie Héloise, seine frühere Geliebte und Oberin der genannten Gemeinschaft, beklagt, daß doch in einer Ordensregel für Frauen Frauenspezifisches notwendig wäre. Dies ist nur ein Beispiel für die geschlechtslose Theologie (des Ordenslebens), die bis vor kurzem allgemein vertreten wurde.

Allerdings wird im Rahmen feministischer Forschung die Geschichte neu gelesen. So wissen wir heute, daß die Klosterfrauen des Mittelalters nicht einfach nur die Theologie der Männer reproduziert haben. Es gibt immer mehr wissenschaftliche Arbeiten, die deutlich machen, wie einzelne Mystikerinnen und ganze Frauenklöster in ihren Chroniken nicht nur andere Akzente als die Männer setzten, sondern auch eine andere Art des Denkens als sie pflegten.

Plötzlich tauchen sogar Formen einer eigentlich feministischen Theologie auf. Eine solche hat sich zum Beispiel im Umkreis Vilelmas (1210–1281), der Schwester der heiligen Agnes von Prag (1205–1282), ausgebildet: Die sog. «Vilemiten» dachten über eine «Inkarnation Gottes im Fleisch der Frau» nach, über die «Konsubstanzialität des Leibes Christi mit dem Leib Vilelmas», über das Defizit, das mit einer Theologie verbunden ist, die sich exklusiv am Mannsein Christi orientiert. Sie begnügten sich nicht damit, solche und andere Ideen zu entwickeln, sondern forderten auch Konsequenzen: das Amt des Papstes für Mayfreda, die Anführerin der Vilemiten, sämtliche anderen Ämter auch für Frauen, und an Ostern 1300 zelebrierte Mayfreda in einer großen Kirche Mailands sogar ein Hochamt nach dem Ritus der katholischen Kirche – mit der Folge, daß ihr und ihren Anhängerinnen und Anhängern der Inquisitionsprozeß gemacht wurde: Schließlich wurden sie verbrannt, Vilelma selbst wurde aus dem Gedächtnis der Geschichte ausgetilgt (vgl. Muraro).

Die feministische Forschung holt Vilelma und ganz allgemein die Frauen wieder in unsere Erinnerung zurück. Heute wissen wir, daß die Geschichte reich ist an Möglichkeiten, reicher auch als man in Rom glauben will, und daß zum Beispiel dem Priestertum der Frau historisch nichts im Wege steht.

So stellt sich also heute theologisch und psychologisch das Frausein der Frau und das Mannsein des Mannes anders dar als, sagen wir, vor fünfzig Jahren. Wer das Frausein oder das Mannsein in der Lebensform der Jungfräulichkeit nicht verleugnen will, muß sich dafür einsetzen, daß das neue Wissen zu einer produktiven Kraft wird im Zusammenleben der Geschlechter. Der «jungfräuliche» Mensch hat sich ja, hoffentlich, von Besitz- und Machtansprüchen befreit und müßte darum früher als andere die Konsequenzen für die Praxis vollziehen können. Diesbezüglich ist in den europäischen Ordensgemeinschaften, im

Gegensatz etwa zu den nordamerikanischen, sehr wenig Sensibilität anzutreffen.

Die Reaktionen, die in kirchlichen Kreisen und bei Ordensleuten festzustellen sind, sobald feministische Themen auf die Tagesordnung gesetzt werden, sind oft solche der Abwehr. Auf Priester und Ordensmänner, aber auch auf einen besonderen Typ Frau, wirken diese bedrohlich und einengend; man reagiert mit Angst, oft versteckt hinter Zorn und Tränen. Der jungfräuliche Mensch hat aber nichts zu verlieren, denn er definiert sich ja nicht durch das, was er kann oder hat: So kann man ihm auch nichts nehmen. Er kann dagegen nur gewinnen, indem er sich auf einen Prozeß des Mannwerdens einläßt. Und auch der dazugehörige Frauentyp bekommt die Chance, sich neu zu entdecken und zu erleben. In den Frauengemeinschaften treffe ich überdies immer wieder auf ein weitverbreitetes Desinteresse der Frauenbewegung gegenüber. Schwestern erleben sich in ihrem Beruf meist – Gott sei Dank! – als erfüllte Frauen, aber können eben darum ihre weltlichen Schwestern, die sich kirchlich und gesellschaftlich benachteiligt fühlen, kaum verstehen. Hier wäre eine größere Solidarität zu wünschen. Gleichzeitig würden auch sie die Chance wahrnehmen können, über ihr Selbstverständnis hinauszuwachsen und zu einer tieferen Identität als Frau zu finden.

Daß die feministische Bewegung ihrerseits wieder der Korrektur und der Kritik bedarf, dürfte sich von selbst verstehen. Im übrigen hat sich ja auch eine auf die feministische Herausforderung antwortende männliche Emanzipationsbewegung formiert, die ebenfalls wieder eine produktive Kraft im Dialog entwickeln kann (vgl. etwa R. Rohr und W. Wieck).

Im Zusammenhang mit dem Mannsein des Mannes und dem Frausein der Frau muß jedoch nochmals aus anderer Perspektive von der Sexualität die Rede sein. Mir bekannte einmal eine schon ältere Schwester, masturbiert zu haben. Sie hatte in einer Tageszeitung einen Abschnitt aus einem Roman gelesen, in dem ein sexueller Akt bis in alle Einzelheiten hinein geschildert wurde. Daß ihr dann die Phantasie durchbrach, ist verständlich, interessant ist jedoch, wie sie ihre Reaktion dann bewertete. Sie sagte: «Zuerst habe ich mich geschämt und mich schuldig gefühlt. Und ich möchte es auch beichten, wenn es denn Sünde ist. Aber dann – nach einer Weile! – stieg in mir unbändige Freude auf: Das bin doch ich, ich bin immer noch eine Frau, ich lebe! Und dann habe ich ein Alleluja gesungen!» Franziskus – geprägt vom Dualismus! – hätte sich nackt in Dornen oder im Schnee gewälzt. Unter anderen Voraussetzungen wird die Erfahrung von Sexualität jedoch zur Selbstbestätigung, zur beglückenden Erfahrung, Frau bzw. Mann und darin Geschöpf Gottes zu sein.

Aber, das muß hier gleich hinzugefügt werden, die Sexualität ist auch der Ort, an dem sich der Mensch auch am weitesten von sich entfernen kann. Wir kennen es aus der Zeitung: Frauen werden systematisch vergewaltigt, um ein Volk in die Knie zu zwingen. Immer wieder werden Frauen, junge Mädchen auf der Straße oder auf Wegen angefallen und mißbraucht; Frauen und Kinder werden sexuell ausgebeutet. Honorige Bürger verbringen ihre Zeit mit Callgirls, Hostessen, Animierdamen, «Tänzerinnen», von denen der weitaus größte Teil aus den armen Ländern kommt, oft geschoben und verkauft von skrupellosen Geschäftsmännern, die im Grunde Mädchen- und Frauenhändler, Sklavenhalter sind. Das Schweizer Fernsehen darf bezeichnenderweise während der Sitzungen des Parlamentes in den Bars und Clubs der Bundeshauptstadt keine Aufnahmen machen;

nicht nur die Boulevardpresse, sondern auch seriöse Zeitungen, füllen ganze Seiten mit den unterschiedlichsten Sex-Angeboten; Psychiater, Priester, Lehrer, ja sogar Eltern und Verwandte, vergehen sich an denen, die ihnen anvertraut sind oder ihre Hilfe benötigen; Macht, Gewalt, Anspruch, Gier entwürdigen den Menschen zum Objekt, zur Sache, zur Ware, und Sexualität hat in diesem Raum mit Liebe und Beziehung, mit beglückender Erfahrung des Mann- und Frauseins nichts mehr zu tun. Die Sexualität ist in die Fremde geraten, der Mensch in seiner Sexualität entmenscht.

Ein Beispiel dafür, was das bedeuten kann, ist auch die oben erwähnte Theologin , H. M. Emmermann, die ihre Erfahrungen als Domina beschreibt, als Prostituierte, die Männer auf deren eigenen Wunsch hin demütigen muß. Sie deutet dabei unsinnigerweise auch krankhafte Formen der Sexualität als Gotteserfahrung und Gotteszeugnis. Es ist gut, hier einen längeren Abschnitt einzufügen, in dem das Wunder der Sexualität allmählich in Pornographie hinübergleitet: «Was ist Liebe? Auf alle Fälle etwas völlig anderes als das Befriedigen eines Bedürfnisses. Innerhalb der Liebeserfahrung ist das Ego aufgelöst – als würde das Gehirn wegfliegen. Jegliche Raum- und Zeiterfahrung ist aufgehoben, in diesem Zustand gilt eine andere Dimension. Seins-Vergessenheit oder Seins-Allwissenheit, beides ist gleich gültig. Und das Ganze ist ein Seins-Zustand des Nicht-Seins und doch völligen Klar-Seins. Wenn es ein All-Sein in der Ewigkeit gibt, ein Gleichzeitig-Sein aller Erfahrungsebenen, dann ist es annäherungsweise das, wovon ich zu sprechen versuche. Das Wort ‹Liebe› ist fast zu schwach dafür. Es ist vielleicht eher die ‹Essenz› von Liebe. Denn es handelt sich um blanke, pure, klare Existenz. Das mag für manche Menschen kalt klingen. Nicht gemütlich, nicht kuschelig, nicht behaglich. Aber die Wahrheit ist nicht kuschelig. Wahrheit ist absolute Klarheit. Ohne Drumherum. Und wer nun meint, dabei ginge die Zärtlichkeit verloren, auch der irrt sich: Zärtlichkeit, aus dieser wahrhaftigen Klarheit erwachsen, ist echt und nicht klebrig. Und in diesem Sinne ist die Klarheit der Wahrheit ein Synonym für Liebe. Das ist der Begriff von Liebe, wie ihn das Alte Testament meint, wenn es heißt, daß Adam und Eva sich lieben: ‹Der Mensch (Adam) erkannte Eva, sie wurde schwanger und gebar Kain› (Gen 4,1). Das Alte Testament sieht also den Geschlechtsakt als Erkenntnisakt! Wenn ich versuche, das zu beschreiben, was beide vereint, dann gerate ich ins Stocken. Denn dafür gibt es kaum Sprache. Aber ich meine, wenn ein Mensch, der hoch diszipliniert ist, sich selten gehenlassen kann, hohe Verantwortung trägt, wenn der sich losläßt, wenn der explodiert, zusammen mit einem anderen, ganz gegeben, ganz ge-löst, er-löst, dann vereinigt beide *die kosmische Verschmelzung, die Erfahrung von Gott.* Mit Bedürfnisbefriedigung hat das nichts zu tun. Im Gegenteil: Dies ist ein Feuer, das das Ego verbrennt, und wo das Ego verbrennt, dort ist Wahrheit. Dort ist Gott. Aber ich weiß: Das ist nichts für jeden. Dazu ist es eine zu große Herausforderung. Und: Wer es nicht erlebt hat, der rutscht automatisch zum Anfang meiner Überlegungen und sagt wieder: Kann mit Liebe nichts zu tun haben. Wer es jedoch erlebt hat, bekommt eine andere Sicht auf alles. Auf dem Hintergrund dieser Erfahrung bekommen Alltagskleinigkeiten und -rechthabereien den Platz, der ihnen zukommt.... Liebe – das ist Ausgeliefertsein, Macht und Ohnmacht zugleich! In diesem Moment wünsche ich mir nur eins: Ausgeliefertsein an Deine Macht, an Deinen Stock, wünsche mir nur eines: Deine Sklavin zu sein, Dir ganz zu gehören. Wünsche mir nur Deinen Befehl, meine Beine auseinanderzunehmen, die Schläge Deiner Hände auf der Innenseite meiner Oberschenkel zu spüren, bis ich ganz weich bin, ganz ergeben. Und dann: Nimmst Du mich. Wie sehr ich mir wünsche: Du sperrst mich dann in einen Turm ein, isolierst mich, weil ich Dein Besitz bin! Ich komme nach Hause, höre Deine Stimme nur auf dem Anrufbeantworter: O große Freude, o tiefe Demut» (Emmermann 124–127).

Bevor ich auf die zweite Hälfte dieses Abschnittes eingehe, möchte ich festhalten: Vieles, was Frau Emmermann sagt, ist unzweifelhaft eine Beschreibung des Unbeschreiblichen, das Stammeln dessen, der etwas sagen will und muß, was eigentlich unsagbar bleibt. Erotik und Mystik haben mehr miteinander zu tun, als die Sprache auszudrücken vermag. Die Dichter wissen es, die Künstler auch! So hat Bernini 1651 die hl. Teresa von Avila in einem eindrücklichen Bild dargestellt: Amor sticht auf sie ein, und sie liegt da: ganz und gar offen, innig, völlig hingegeben, sich völlig verlierend (vgl. R. Garaudy). Die Mystiker haben es erfahren! Und doch ist die Struktur der Mystik, wie sie in der jüdisch-christlichen Tradition aufscheint, eine ganz andere. Da führt die Vereinigung mit Gott gerade nicht zur konturlosen Verschmelzung, sondern zur größeren Erfahrung des Selbst. Die Distanz zwischen Gott und Mensch wird umso größer, je näher sie sich kommen und je intimer sie sich umarmen! Die Erfahrung läßt sich nicht mit «Wir» umschreiben, sondern mit «Ich bin mir geschenkt! Ich bin Ich!» Gott vernichtet nicht sein geliebtes Geschöpf, sondern läßt seine Identität klarer hervortreten. Darum ist nur jene sexuelle Erfahrung wirklich menschlich und göttlich, welche die Würde beider Partner herausstellt.

Darum muß gefragt werden: Darf ein Mensch einen anderen so kleinmachen wie im Text von Frau Emmermann? Darf er ihn so demütigen und auf ein Nichts reduzieren? Darf jemand so Gewalt und Macht ausüben über einen anderen? Und umgekehrt: Darf sich jemand so vernichten lassen? Darf er auf die Stufe eines kleinen Kindes zurückfallen, das bestraft werden muß und das in der Bestrafung Lust empfindet? Sind Sadismus und Masochismus noch Formen der Liebe? Wenn wir das bejahen, dann sind auch ekstatische Gewaltausbrüche und andere Exzesse gerechtfertigt: die Lust der Henker, die Massenmorde, der Blutrausch…

Nein: die Erniedrigung des anderen kann keine Form der Gotteserfahrung sein. Gott ist nicht eine Faust, die auf den

Menschen niederschmettert, und der daran dann auch noch Lust hätte. Und keiner darf sich zur Faust Gottes machen! Hier greifen wir das verheerendste Mißverständnis, das sich auf Gott bezieht. Gott ist doch vielmehr, wir haben es gesehen, identisch mit der Demut, mit dem totalen Machtverzicht, mit der Liebe, die sich verausgabt und Gewalt und Macht erleidet, aber diese nicht ausübt. Auf der anderen Seite ist die Hörigkeit des Masochisten nicht gleichzusetzen mit der Liebeshingabe des Mystikers. Denn der eine sucht das Leiden, der andere sucht es nicht, er ist bereit, es zu erleiden! Die letzten Sätze sind geschmacklos und lassen die Frage aufkommen, ob hier Gott nicht auf unzulässige Weise mit dem irdischen Peiniger identifiziert wird, der sich über den Telefonbeantworter meldet. Also doch Vergötzung und Absolutsetzung irdischer Sexualität! Auf jeden Fall aber Sexualität in einer Form, in der weder das Menschliche noch das Göttliche erkennbar ist.

Angesichts solcher Verirrungen braucht es gerade das Zeugnis derer, die die Enge der irdischen Existenz aufsprengen – auf Gott hin, der der ganz andere ist und der jeden Tag neu auf die Welt zukommt. Es braucht Menschen, die in der Welt, die auf sich selbst zurückgebogen ist, die göttliche Perspektive wahren, deren Fluchtpunkt jenseits des Irdischen liegt, auch wenn er alles Irdische innerlich bestimmt.

Notwendige Relativierung der Bande des Blutes

Wie sehr eine Relativierung der Sexualität und der Beziehungen, die darauf aufbauen, notwendig ist, zeigt ein Blick auf die politischen Problemfelder unserer Tage. Im 20. Jahrhundert sind schon viele erschreckende Trümmerfelder entstanden, welche auf nationalistische und ethnische Ursachen zurückzuführen sind, auf die Faktoren «Blut» und «Boden», auf Beziehungen, die auf Verwandtschaft, Stammeszugehörigkeit und letztlich auf den Grundfaktor «Sexualität» zurückgehen. Eigentlich müßte man auf die Weisheit bauen können, die aufgrund gemachter Erfahrungen allmählich wächst. Doch müssen wir leider immer mehr erkennen, daß sich diese Hoffnung als trügerisch erweist. Selbst in den Ländern, die wegen der Götzen «Blut» und «Boden» vor über 50 Jahren Tod und Zerstörung erlebt haben, nimmt allmählich wieder die gleiche Philosophie zu. Nicht nur Extremisten, sondern auch Politiker, die sich «in der Mitte» ansiedeln, sind einem Vokabular verfallen, das an den Nationalsozialismus erinnert. Dies ist der Nährboden für Anschläge auf Asylantenheime, Synagogen, jüdische Friedhöfe, Zigeuner und Fremdarbeiterwohnungen. Schon viele mußten wieder ihr Leben lassen. In vielen anderen Teilen der Welt hat das national-ethnische Selbstbewußtsein zu andauernden Krisenherden und Kriegen, zur Zerstörung ganzer Länder und zu unzähligen Toten geführt: der Bosnienkonflikt, Tscheschenien und andere Nationalitätenkonflikte in der ehemaligen Sowjetunion, Ruanda, Burundi, die Türkei, Israel und die arabischen Länder, das Baskenland, Nordirland, um nur einige «Feuerstellen» zu nennen.

Dazu ist das Leben, das in der Nachfolge Jesu steht, eine klare Alternative. Das Markusevangelium stellt den Gegensatz klar heraus, der zwischen den «Jüngern» Jesu und dessen «Angehörigen» besteht: «Jesus ging in ein Haus, und wieder kamen so viele Menschen zusammen, daß er und die Jünger nicht einmal mehr essen konnten. Als seine Angehörigen davon hörten, machten sie sich auf den Weg, um ihn mit Gewalt zurückzuholen; denn sie sagten: Er ist von Sinnen. ... Da kamen seine Mutter und seine Brüder; sie blieben vor dem Haus stehen und ließen ihn herausrufen. Es saßen viele Leute um ihn herum, und man sagte zu ihm: Deine Mutter und deine Brüder stehen draußen und fragen nach dir. Er erwiderte: Wer ist meine Mutter, und wer sind meine Brüder? Und er blickte auf die Menschen, die im Kreis um ihn herumsaßen, und sagte: Das hier sind meine Mutter und meine Brüder. Wer den Willen Gottes erfüllt, der ist für mich Bruder und Schwester und Mutter (Mk

3,20f. 31–35). Die Gemeinschaft, wie Jesus sie sich vorstellt, gründet also nicht im Boden, von dem man stammt, und auch nicht in den Banden des Blutes. Auf diesem Hintergrund werden auch Worte Jesu verständlich, die für uns hart und unbarmherzig klingen, weil wir sie mit der Brille der Familienzugehörigkeit lesen. Jesus verlangt für den, der ihm nachfolgen will, nichts weniger als den Bruch mit der eigenen Familie. Nicht einmal Abschiednehmen darf man, nicht einmal die Toten der Familie begraben (Lk 9,61 f.).

Jesus will mit solch harten Worten einen neuen Anfang in der Geschichte der Menschen setzen. Seine Jünger müssen sich einem Ur-Sprung, einem Sprung in eine ganz neue Realität verpflichten, wie eine urchristliche Taufformel bezeugt: «Es gibt nicht mehr Juden und Griechen, nicht Sklaven und Freie, nicht Mann und Frau, denn ihr alle seid eine neue Wirklichkeit in Christus» (Gal 3,28). Die Christen konnten offenbar an ihrem Ursprung einen Ur-Sprung, einen Riesen-Sprung wagen, weil die Kraft Jesu, des Auferstandenen, von ihnen Besitz ergriffen hat.

In drei Problemfeldern also, die heute zur Beschämung der Christen immer noch Kristallisationspunkte vielfältiger Konflikte sind, verwirklicht sich die Alternative Jesu. Da ist zunächst, wie vorhin schon gesagt, das *national-ethnische Problem*: Die Christen konnten in der Kraft Jesu einen Riesensprung machen in eine Welt, in der es nationale Unterschiede nicht mehr gibt. Natürlich bezieht sich das nicht auf den Reichtum der Kultur: Jedes Volk darf und soll seine eigene Kultur haben, seine eigene Sprache, seine eigenen Lebensformen. Nur so ist es sich selber treu und mit sich selbst im reinen. Doch bezieht sich die Taufverpflichtung auf das Werturteil: Es gibt keine Nation mehr, die mehr wert wäre als die andere; es gibt keinen Grund mehr für die Überheblichkeit des einen Landes über das andere. Ob einer Jude oder Grieche ist, Schweizer oder Tamile, Deutscher oder Türke, Österreicher oder Slovene, Einheimischer oder Fremder darf für die persönliche Zuwendung, für das Zusammenleben der Menschen und auch für eine wirklich christliche Politik keine Rolle mehr spielen. Die Taufe beinhaltet einen Riesensprung in die Liebe Christi hinein, die alle Nationen umfaßt. Welche Perspektive, welch faszinierende Utopie, für die sich zu leben lohnt! Und wie erschrekkend ist die Kleinbürgerlichkeit, mit der wir uns auch heute noch für besser halten als die anderen! Wie befremdlich ist es, wenn etwa während des Falklandkrieges die britischen Bischöfe ihre Armee gesegnet haben und die argentinischen die ihre! Zwei «christliche» Länder, die ihre Unchristlichkeit bewiesen haben.

Die Taufformel nennt dann das *soziale Problem:* Die Christen konnten offenbar an ihrem Ursprung in der Kraft Jesu einen Riesensprung machen – in eine Welt, in der es sozialbedingte Unterschiede nicht mehr gibt. Natürlich bezieht sich das nicht auf die unterschiedliche Geschichte, welche Menschen haben können, nicht auf die vielfältigen Charaktere, die unsere Beziehungen so reich machen. Jeder Mensch darf seine eigene Prägung und seine eigene Lebensform haben. Der Riesensprung, den sie tun konnten, bezieht sich vielmehr auf die Ungerechtigkeit, die in unseren Beziehungen herrscht. Es darf keine Reichen geben, die auf Kosten der Armen leben. Es darf nicht solche geben, die alles dürfen, und solche, denen alles verboten ist; nicht Menschen, die befehlen, und andere, die gehorchen; nicht Gruppen, die herrschen, und andere, die beherrscht werden. Nur eines darf es noch geben: Geschwisterlichkeit, sich hingebende Liebe, Solidarität, gegenseitiges Hören und Aufeinandereingehen. Die Taufe ist ein Riesensprung in die Liebe Christi hinein, die sich bedingungslos hingibt. Welche Perspektive! Welch faszinierende Utopie, die es in Kirche und Gesellschaft zu verwirklichen gilt. Und wie elend ist dem gegenüber die unersättliche Gier, mehr als andere haben und über andere bestimmen zu wollen. Es ist schlechthin unbegreiflich, daß sich eine Politik «christlich» zu nennen wagt, die zur «Neuen Armut», zur kontinuierlichen Bereicherung der Reichen und zur zunehmenden Verarmung der Armen führt, eine Politik, die darauf aus ist, zwei Drittel der Menschheit wirtschaftlich klein zu halten, nur damit die übrige Menschheit im Reichtum leben kann. Ebenso wie es nicht verständlich ist, wenn heute ein Verteidigungsminister, der schuldig geworden ist an tausendfachem Töten, zur Taufe angenommen wird.

Schließlich weist die Taufformel auf das *Problem hin, das uns in diesem Kapitel ja besonders beschäftigt: auf die geschlechtliche Differenzierung*: Die Christen konnten an ihrem Ursprung in der Kraft Jesu einen Riesensprung machen in eine Welt, in der geschlechtlich bedingte Unterschiede bedeutungslos geworden sind. Natürlich bezieht sich das nicht auf die notwendig männliche und frauliche Ausprägung des Menschen. Vielleicht haben wir viel zu wenig männliche Männer und zu wenig frauliche Frauen. Es darf aber keine Rolle mehr spielen, ob jemand Frau ist oder Mann, wenn es darum geht, eine Funktion in Gesellschaft und Kirche zu übernehmen. Es darf einfach nicht sein, daß eine Frau für die gleiche Arbeit einen geringeren Lohn empfängt, nur weil sie Frau ist. Es darf den alltäglichen Krieg der Geschlechter nicht mehr geben, in dem das eine Geschlecht über das andere siegt, in dem die Frauen ausgebeutet und geschlagen werden. Es darf diese Kultur nicht mehr geben, in der die Väter allein bestimmen und die Männer allein entscheiden. Es darf auch hier nur noch Geschwisterlichkeit geben, eine gegenseitige Liebe und Rücksichtnahme, eine hin- und herfließende Einfühlung, ein gemeinsames Streben. Die Taufe ist ein Riesensprung in die Liebe Christi hinein, die Frauen und Männer gleichermaßen betrifft. Und noch einmal: welche Perspektive! Welch faszinierendes Ziel, das sich lohnt, in Kirche und Welt einzufordern und zu verwirklichen! Und wie kleinkariert ist dagegen das Denken, das sich auf allen Ebenen in Kirche und Welt breitgemacht hat; das Denken, das den Mann auf das Podest stellt und die Frau auf die Knie zwingt – oder umgekehrt!

Die Taufe bzw. Pfingsten, das diesen absoluten Neubeginn meint, könnte zum wirklichen Fest für die ganze Menschheit werden. Aber nur dann, wenn es genügend Menschen gibt, die sich dieser göttlichen Kraft anheimgeben. Denn der Geist Gottes will hier auf Erden eine Dynamik entfesseln, welche die Konflikte im Ansatz überwindet. Der Ursprung muß zum Ur-Sprung werden!

Jungfräulichkeit meint von daher ein Leben, das, ohne die Grundkraft der Sexualität zu verleugnen oder zu verdrängen, auf eine Gemeinschaft setzt, die sich letztlich nicht ihr verdankt, sondern allein der Kraft und der Liebe Gottes. Darum spricht Franz von Assisi in seinem Testament davon, daß es Gott war, «der mir Brüder gegeben hat». Frauen und Männer in den Orden können ihre Schwestern und Brüder im allgemeinen nicht wählen, die Beziehungen gründen auch nicht auf der Blutsverwandtschaft und gemeinsamer sozialer Herkunft, sondern allein in der Berufung zu einem Leben in der Gemeinschaft Jesu. Und diese ist im Ansatz universal!

Verbindliche Beziehung

Dabei ist jedoch daran zu erinnern, daß es universale Gemeinschaft als solche nicht gibt, außer sie verwirkliche sich im tagtäglichen Miteinander kleiner Gemeinschaften.

Nun ist aber gerade auch die Beziehung als solche in die Krise geragten. Fast alle Beziehungen sind brüchig geworden. Eheliche Partnerschaften und Freundschaften tragen nicht mehr. Fast jede dritte Ehe wird heute bei uns geschieden. Auch die Beziehungen in der Kirche und in den Orden sind nicht mehr «ewig». Viele verlassen ihr (Priester)Amt, das doch nach der alten Theologie ein ewiges Amt ist und ein unauslöschliches Zeichen in die Seele prägt («Sacerdos in aeternum»: Priester auf ewig!). Die christliche Ehe, die als Sakrament gilt und im Prinzip «unauflöslich» ist, kann den Auflösungserscheinungen nicht entgehen. Und Ordensleute, die eine «ewige Profeß» abgelegt haben, verlassen unter Umständen bereits ein oder zwei Jahre danach die Gemeinschaft.

Es ist mir fern, hier ein Urteil zu fällen. Jesus würde mit einem großen Herzen jedem dieser Menschen begegnen. Er würde wohl nicht diese Hartherzigkeit haben, welche die Kirche bis heute an den Tag legt. Wir müssen uns schon fragen, welche Wege Gott uns heute führt, und wir müssen uns auch klar machen, ob es nicht ein Ausdruck der Hybris ist, das ganze Leben zu überblicken und dann in einem einzigen Augenblick die ganze Zukunft bestimmen zu wollen! Ganzhingabe des Menschen steht unter der Bedingung des Menschlichen. Sie kann eigentlich immer nur unter dem Vorbehalt geschehen: «in der Weise, wie Gott mich in der Zukunft führt».

Auf der anderen Seite gilt es das Wort Ganzhingabe bzw. Liebe ernstzunehmen! Der hl. Aelred hat in seinem Buch über die geistliche Freundschaft behauptet, daß eine Freundschaft, die in die Brüche geht, bereits vorher keine wahre Freundschaft gewesen sein kann. Das mag wiederum eine zu absolute Aussage sein, aber darüber nachdenken sollten wir schon! Ordensleute, die ausgetreten sind, sehen heute oft keinen Bruch in ihrem Leben; sie betrachten ihre Zeit im Orden als gut, notwendig und letztlich als etwas, das geradlinig in ihr jetziges Leben geführt hat. Auch dieses Gefühl ist ernstzunehmen.

Was aber auf jeden Fall aus dem Wort Ganzhingabe bzw. Liebe abzuleiten ist, ist die Verbindlichkeit. Die Beziehungen, welche mit der Lebensform «Jungfräulichkeit» angezeigt werden, müssen bis in die letzte Faser hinein verbindlich sein. Das bedeutet, daß man alles daransetzt, die Voraussetzungen zu schaffen, daß diese Beziehungen auf einem tragfähigen Boden stehen und in einem ständigen Bemühen ausgestaltet werden. Liebe ist tatsächlich auf Ewigkeit angelegt: unwiderruflich, das ganze Leben umfassend. Man sage nicht, das sei nicht modern! Denn in diesem Sinn war Ordensleben nie modern. Es stand immer quer zur gesellschaftlichen Wirklichkeit! So wie die Armut eine Alternative darstellt zur «modernen» Geldvermehrungsgesellschaft, wie der Gehorsam eine Alternative ist zur «modernen» Machtgier, so steht diese Auffassung von Liebe im Gegensatz zur «modernen» Liebe. Das Querstehen erweist sich als das moderne Postulat schlechthin; denn in ihm allein verbergen sich die heilenden Kräfte und die Zukunft des Lebens.

Wir müssen also alle Aufmerksamkeit darauf verwenden, tragende Beziehungen zu leben! Das ist einerseits die vertikale Beziehung zu Gott, die trägt und tragen könnte. Deswegen kommt dem Gebet, der Kontemplation, dem «Leben in der Gegenwart Gottes» eine große Bedeutung zu, und zwar sowohl für den einzelnen als auch für die Gemeinschaft. Vor allem müssen die Beziehungen in den Gemeinschaften, ja die Gemeinschaft selbst tragen.

Selbstdefinition statt Fremddefiniton

Tragende Beziehungen werden noch einmal zu einem notwendigen Zeugnis, wenn wir daran denken, daß es immer mehr Menschen gibt, die allein leben (müssen) und keinen Menschen haben, an dem sie Halt finden. Trotzdem tut die Gesellschaft so, als wären alle Frauen und Männer verheiratet. Wer nicht verheiratet ist, muß sein «Nichtverheiratetsein» in der Gesellschaft rechtfertigen. Der Mann, der nicht geheiratet hat, und die unverheiratete Frau werden oft in ihrem Menschsein von vornherein angezweifelt. Sie gelten irgendwie als nicht normal. Es gibt immer wieder Leute, die können nicht begreifen, daß man Motive hat, um derentwillen man auf die Ehe verzichtet, und daß es Gründe gibt, die nicht einmal in der Person selbst liegen müssen, daß viele nicht heiraten können. Alle Welt gibt zudem den Eindruck, daß der Sinn des Lebens immer nur vom Partner her, vom «Verheiratetsein» herkommt. Die Frage einer eigenständigen, mündigen, vollwertigen Menschlichkeit als unverheiratete Frau, als lediger Mann ist eine Frage, die gesellschaftlich von ungeheurer Bedeutung ist. Der Mensch definiert sich doch nicht durch den anderen, nicht aufgrund des «Verheiratetseins», sondern aus sich selbst heraus.

Freiwillige Ehelosigkeit hat darum auch eine gesellschaftliche Aufgabe zu erfüllen. Wer sich zu dieser Lebensform entscheidet, kann viele Frauen und Männer, die aus irgendwelchen Gründen gezwungen sind, ledig zu bleiben, in ihrem Selbstwertgefühl stärken. Da ist noch einmal ein Stück Solidarität möglich zu den vielen Frauen und Männern, die aus irgendwelchen Gründen nicht heiraten können, obwohl sie es vielleicht wollen. Allerdings setzt eine solche Solidarität voraus, daß die «Ehelosen um des Himmelreiches willen» (Mt 19,12) wirklich ein authentische Zeugnis des Lebens geben, das autonom ist, besser «theonom», von Gott her und aus dem eigenen Inneren heraus überzeugend und faszinierend!

Literaturverzeichnis

Aelred von Rieval, Über die geistliche Freundschaft, Trier 1978

Allenbach, B., Die Existenzsicherung ins Zentrum rücken. Revolutionäre Tessiner Vorschläge zur sozialen Sicherheit, in: Zürcher Tages-Anzeiger vom 10. Mai 1995, S. 11

Antonius von Padua, Sermones I und II: Sermones dominicales et festivi ad fidem codicum recogniti. Introductio: Sermones dominicales, Padua 1979

Ausserleitner, W., In Ihm leben wir. Eine beziehungstheologische und beziehungsdynamische Sicht religiöser Entwicklung (Europäische Hochschulschriften), Bern 1994

Balaguer, J. E. de, Der Weg, Köln 1977

Bäuerle, M. «Ich bin heiser in der Kehle meiner Keuschheit», in: Gnüg, H. – Möhrmann, R. (Hg), Frauen, Literatur, Geschichte. Schreibende Frauen im Mittelalter bis zur Gegenwart, Frankfurt 1989

Berger, P. L., Sehnsucht nach Sinn. Glauben in einer Zeit der Leichtgläubigkeit, Frankfurt 1994

Besret, B., Lieber Bruder Papst. Offener Brief an Johannes Paul II., der uns die absolute Wahrheit in ihrer ganzen Herrlichkeit um die Ohren hauen will, Olten 1994

Biser, E., Glaubensbekenntnis und Vaterunser. Eine Neuauslegung, Düsseldorf 1993

Böts, H., Einführung in die Umwelterziehung. Grundlagen, Kritik und Modelle für die Praxis, Darmstadt 1995

Botschaft der Bischofssynode über das Ordensleben, in: Deutsche Tagespost 3. November 1994, S. 5

Bresch, C., Ein Schimmer von Alpha. Warum der Ablauf der Evolution Ehrfurcht entstehen läßt. Karl-Josef Kuschel im Gespräch mit dem Molekularbiologen Carsten Bresch, in: Publik-Forum 1994/Nr. 10, S. 19–22

Buber, M., Zu einer neuen Verdeutschung der Schrift. Beilage zum ersten Band: Die fünf Bücher der Weisung, Gerlingen 1976

Buber, M., Der Weg des Menschen nach der chassidischen Lehre, Gerlingen 1960

Cash. Die Wirtschaftszeitung der Schweiz vom 25. August 1995

Charlemagne, B., Ein Kamel im Nadelöhr. Die Abenteuer eines Lebens mit den Armen, Düsseldorf 1981

Congregavit nos: Verlautbarungen des Apostolischen Stuhls 116: Kongregation für die Institute des geweihten Lebens und die Gesellschaften des apostolischen Lebens: Das brüderliche und schwesterliche Leben in Gemeinschaft (2. Februar 1994), Bonn 1994

Delbrêl, M., Wir Nachbarn der Kommunisten, Einsiedeln 1975

Der Fischer Almanach 1994

Duchrow, U., Alternativen zur kapitalistischen Weltwirtschaft. Biblische Erinnerung und politische Ansätze zur Überwindung einer lebensbedrohlichen Ökonomie, Gütersloh/Mainz 1994

Emmermann, H.-M., Credo an Gott und sein Fleisch. Erfahrungen mit irdischer und himmlischer Liebe, Hamburg 1991

Erdmenger, Chr./Seifert-Granzin, Weltgeld: Immer auf der Flucht. Ein Börsenkrach in Tokio kann in Kiel die Sozialhilfe gefährden. Die Folgen von Spekulationen und mögliche Gegenreaktionen, in: Publik-Forum 1995/Nr. 6, S. 16

Eyraud, J. B., «Kampf gegen das Elend hat leider Zukunft», in: Tagesanzeiger vom 6. Mai 1995, S. 5

Fabritzek, U. G., South Nord Dialogue. Forum on International Development Problems 1984/3, Unkel 192–207

Falk, W., Die Ordnung in der Geschichte. Eine alternative Deutung des Fortschritts, Sachsenheim 1985

Forum der Orden: (Info 1 und 2) J. Dantscher 1991/92: Eine Einladung an alle katholischen Orden in Deutschland

Forum der Orden: Info 3 (April 1992): Eine Einladung an alle katholischen Orden in Deutschland

Forum der Orden: Info 4 (Januar 1993): «Menschensohn, glaubst du, daß diese Gebeine wieder lebendig werden?» (Ez 37,3)

Forum der Orden: Info 5 (Oktober 1993): Eine Einladung an alle katholischen Orden in Deutschland

Forum der Orden: Info 7 (Juni 1994) «Ein Plädoyer für mehr Menschlichkeit (Leporello)

Fromm, E., Haben oder Sein. Die seelischen Grundlagen einer neuen Gesellschaft, Stuttgart 1976

Fynn, «Hallo Mister Gott – hier spricht Anna», Bern 1974

Garaudy, R., Ludmilla Tcherina, Erotisme et Mystique, Paris 1975
Goudzwaard, B. – de Lange, H. M., Weder Armut noch Überfluß. Plädoyer für eine neue Ökonomie, München 1990
Gruen, A., Was uns so zerstört, ist das Ringen um die Macht, in: Zürcher Tages Anzeiger vom 27. März 1991, 11
Grün, A. / Müller, W. (Hg.), Intimität und zölibatäres Leben. Erfahrungsberichte von Priestern und Ordensleuten, Würzburg 1995

Haag, H. / Elliger, K., Wenn er mich doch küßte... Das Hohelied der Liebe, Solothurn 1994
Handke, P., «Und plötzlich wird das Paar wieder denkbar», in: Schreiber, H., Singles – Allein leben. Besser zu zweit? München 1978, 74–88
Hawking, St. W., Eine kurze Geschichte der Zeit. Die Suche nach der Urkraft des Universums, Reinbek bei Hamburg 1988
Huber, P., Deregulierung – das ‹Zauberwort des Jahres›. Jeder sich selbst der Nächste? Gedanken eines Sozialdemokraten zu einem politischen Trend, in: Zürcher Tages-Anzeiger vom 22. Dezember 1993, S. 2
Hürlimann, Chr., Mich aufmachen und heimkehren. Stationen zu einem persönlichen Lebensrhythmus, Freiburg / Schw., 1994

Jacobelli, M. C., Ostergelächter. Sexualität und Lust im Raum des Heiligen, Regensburg 1992
Johannes Paul II., Die Schwelle der Hoffnung überschreiten, Hamburg 1994
Johnson, E. A., Ich bin die Ich bin. Wenn Frauen Gott sagen, Düsseldorf 1994
Juanes, F. de., Papst Johannes Paul III tritt zurück. Eine Zukunftsvision, Solothurn / Düsseldorf 1994

Künzli, A., Mein und Dein. Zur Ideengeschichte der Eigentumsfeindschaft, Köln 1986

Langemeyer, G. B., Als Mann und Frau leben. Biblische Perspektiven der Ehe, Zürich 1984

Maise, F., Mehr Öko-Effizienz. Die Basler Chemie macht Vorschläge zum künftigen Schweizer Umweltrecht, in: Zürcher Tages-Anzeiger vom 6. Mai 1995, S. 29
Marchant, C., Der Tod der Natur. Ökologie, Frauen und neuzeitliche Naturwissenschaft, München 1987

Marti, K./Mächler, R., Damit der Mensch endlich wird, was er sein könnte. Ein Streitgespräch zwischen einem Christen und einem Agnostiker, Zürich 1993

Meier, M., Gott erfahren in einer religionslosen Zeit, Tages-Anzeiger vom 7.4.1995,S. 2 (Hintergrund)

Meinberg, E., Homo oecologicus. Das neue Menschenbild im Zeichen der ökologischen Krise, Darmstadt 1995

Messerschmied, E., Raumfahrt, Religion und die verbrannte Erde. Ein Gespräch mit dem Astronauten und Physiker E. Messerschmied, in: Publik-Forum 1995/Nr. 9, S. 22–25

Metz, J. B., Zeit der Orden? Zur Mystik und Politik der Nachfolge, Freiburg 1977

Metz, J. B./Peters, T. R., Gottespassion. Zur Ordensexistenz heute, Freiburg 1991

Milgram, St., Das Milgram-Experiment. Zur Gehorsamsbereitschaft gegenüber Autorität, Reinbek 1974

Müller, M./Hennicke, P., Wohlstand durch Vermeiden. Mit der Ökologie aus der Krise, Darmstadt 1994

Müller, M., Mehr Wohlstand mit weniger Waren, in: Publik-Forum 1995/Nr 8, 6–8

Müller, M./Hennicke, P., Mehr Wohlstand mit weniger Energie. Einsparkonzepte, Effizienzrevolution und Solarwirtschaft, Darmstadt 1995

Muraro, L., Vilemina und Mayfreda. Die Geschichte einer feministischen Häresie, Freiburg 1987

Nell-Breuning, O. von, Arbeitet der Mensch zuviel?, Freiburg 1985

Nientiedt, K., Autonomie und Abhängigkeit. Zur IX. ordentlichen Bischofssynode über die Orden, in: HK 48 (1994) 611–616

Nigg, W., Des Pilgers Wiederkehr, Zürich 1954

Ott, H., Wirklichkeit und Glaube, Basel 1966

Piore, M. J./Sabel, Ch. F., Das Ende der Massenproduktion. Studie über die Requalifizierung der Arbeit und die Rückkehr der Ökonomie in die Gesellschaft, Berlin 1985

Porete, M., Der Spiegel der einfachen Seelen. Wege der Frauenmystik, Zürich 1987

Richter, H. E., Der Gotteskomplex. Die Geburt und die Krise des Glaubens an die Allmacht des Menschen, Reinbek bei Hamburg 1979

Rohr, R., Der wilde Mann, München 1986

Rossi, M. / Sartoris, E., Ripensare la Solidarietà, Lugano 1995
Rotzetter, A., Die Spiritualität der ledigen Frau, in: ders., Geist und Geistesgaben. Die Erscheinungsformen des geistlichen Lebens (Seminar Spiritualität 2), Zürich 1980, 37–44
Rotzetter, A., Selbstverwirklichung des Christen, Zürich 1983
Rotzetter, A., Orden und Initiativen zwischen Bekenntnis und Protest. Für eine Spiritualität weltweiter Verantwortung, in: Leidenschaft für Gottes Welt. Aspekte einer zeitgemäßen Spiritualität, Zürich 1988, 105–117
Rotzetter, A., Herr, eile mir zu helfen. Vertraute Gebete neu gedeutet, Freiburg 1990
Rotzetter, A., Gott, der mir Leben schafft. Meditationen, Freiburg 1994
Rotzetter, A., Klara und Franziskus. Bilder einer Freundschaft, Freiburg/Schw. 1994
Rotzetter, A., Klara von Assisi. Die erste franziskanische Frau, Freiburg 1994 (3. Auflage)

Schnackenburg, R., Freundschaft mit Jesus, Freiburg 1995
Schneider, R., Macht und Gnade. Gestalten, Geschichte und Werte in der Geschichte, Leipzig 1941
Schneider, R., Die Verwaltung der Macht, Freiburg 1945
Schneider, R., Innozenz und Franziskus, Wiesbaden 1952
Schneider, R., Herrscher und Heilige, Köln / Olten 1953
Schneider, R., Philipp der Zweite oder Religion und Macht, Frankfurt/Hamburg 1953
Schroer, S., Der «allmächtige» Gott. Eine Diskussion, in: Christ in der Gegenwart 45 (1993) 260
Schumacher, E. E., Small is Beautiful. Die Rückkehr zum menschlichen Maß, Reinbek / Hamburg 1985
Schütz, Chr. (Hg.), Praktisches Lexikon der Spiritualität, Freiburg 1992
Strahm, R. H., Wirtschaftsbuch Schweiz. Das moderne Grundwissen mit 90 Schaubildern und Kommentaren, Zürich 1987
Sutermeister, P., Papst Petrus der Zweite. Eine Parabel, Basel 1992

Taubes, J., Die Politische Theologie des Paulus. Vorträge, gehalten an der Forschungsstätte der evangelischen Studiengemeinschaft in Heidelberg (23.–27. Februar 1987), München 1993
Thomatis, A., Der Klang des Lebens. Vorgeburtliche Kommunikation. Die Anfänge der seelischen Entwicklung, Reinbek / Hamburg 1990

Umweltkompendium für den privaten Haushalt in der Schweiz, Basel 1990

Verbeek, B., Die Anthropologie der Umweltzerstörung. Die Evolution und der Schatten der Zukunft, Darmstadt 1994
Vontobel, W., Rückfrage: Warum wird das Einkommen als Kapital anders besteuert als der Arbeitslohn?, in: Die Weltwoche 1995/Nr 15, S. 23

Walter, S., Der Tanz des Gehorsams oder: Die Strohmatte, Zürich 1970
Wehner, B., Die Logik der Politik und das Elend der Ökonomie. Grundelemente einer neuen Staats- und Gesellschaftstheorie, Darmstadt 1995
Weizsäcker, E. U. v. (Hg.), Erdpolitik. Ökologische Realpolitik an der Schwelle zum Jahrhundert der Umwelt, Darmstadt 1989
Weizsäcker, E. U. v. (Hg.), Humanökologie und Umweltschutz, Stuttgart/München 1972
Weizsäcker, E. U. von (und andere), Faktor Vier. Doppelter Wohlstand – halbierter Naturverbrauch. Der neue Bericht an den Club of Rome, München 1995
White, M.,/Gribbin, J., Stephen Hawking. Die Biographie, Reinbek bei Hamburg 1994
Wieck, W., Männer lassen lieben. Die Sucht nach der Frau, Stuttgart 1987
Wisnewski, G., Die Fernsehdiktatur. Kippen Medienzaren die Demokratie? München 1995